修身养性，培养圆融透彻的智者眼光

匡时济世，展现心系民众的仁者胸怀

《论语》中的领导文化

索宝祥 著

上海财经大学出版社

图书在版编目(CIP)数据

《论语》中的领导文化/索宝祥著.一上海:上海财经大学出版社,2015.1

ISBN 978-7-5642-1942-0/F·1942

Ⅰ.①论… Ⅱ.①索… Ⅲ.①儒家 ②《论语》-通俗读物 ③领导学-通俗读物 Ⅳ.①B222.2-49 ②C933-49

中国版本图书馆 CIP 数据核字(2014)第 142927 号

□ 责任编辑 台啸天

□ 封面设计 张克瑶

□ 责任校对 林佳依 卓 妍

LUNYU ZHONGDE LINGDAO WENHUA

《论语》中的领导文化

索宝祥 著

上海财经大学出版社出版发行

(上海市武东路 321 号乙 邮编 200434)

网 址:http://www.sufep.com

电子邮箱:webmaster @ sufep.com

全国新华书店经销

上海华教印务有限公司印刷

上海景条印刷有限公司装订

2015 年 1 月第 1 版 2015 年 1 月第 1 次印刷

890mm×1240mm 1/32 9.25 印张(插页:1) 198 千字

印数:0 001—4 000 定价:32.00 元

君子:中国式领导哲学的化身

（代序）

2013年11月26日,国家主席习近平在曲阜孔府考察,并来到孔子研究院。桌子上摆放着展示孔子研究院系列研究成果的书籍和刊物,他一本本饶有兴趣地翻看。看到《孔子家语通解》《论语诠解》两本书,他拿起来翻阅,说:“这两本书我要仔细看看。”随后,习近平同有关专家学者代表座谈,听取他们发言后表示,中华民族有着源远流长的传统文化,也一定能创造中华文化新的辉煌。研究孔子和儒家思想要坚持历史唯物主义立场,坚持古为今用,去粗取精,去伪存真,因势利导,深化研究,使其在新的时代条件下发挥积极作用。

这是一个全球化的时代。文化是一个民族、一个国家地球生存的身份证,任何一个民族都不能妄自菲薄,否则,便难以守住自己的“根”。对中国文化复兴的期盼,曾令我们兴奋不已,以致有人因为太过喜爱自己的文化而意乱情迷。事实上,恐怕只有在中西文化的差异对比中,我们才能把自己看清楚。举个例子,中国文化重道德与伦理,西方文化重制度与秩序,是以国人崇尚作为道德典范的圣贤,多有崇拜清官的情结,而西人崇敬制度完备之法律。圣贤并非人人可做，法律却适用于万民。法律公正严明，有章可循，违者无处遁逃；而道德却如随物赋形之水，于自律者而言如日月高悬，于狎忽者则如内裤之花边。法律的尊严可使美国"国父"华盛顿 64 岁退休，绝不做第三任总统；道德规范却使曹操下"罪己诏"割发代首以自罚，足见其"作秀"而轻责。法律是坚实的，百姓不越藩篱便平平安安，官员以权谋私则可人人得而诛之，故腐败虽有而不得坐大；道德是脆弱的，政府教育百姓听话，不许点灯，百姓却奈何不得官员"放火三日"，是以腐败无人监督，如野蓬追风，浩浩荡荡。近代以降，国人引入西方法制概念，然得其形而略其髓，法律条文日渐丰富而崇敬法律之精神不尽如人意。法律挂在嘴上，写在文件上，遇事却每每长官意志决定一切。

所以，秉持中华文化惯有的开放心态，在东西方文化的比较中前行，在自我批判的洗礼中去伪存真，吸纳包容，才是宣扬中国传统文化的正途之一。

西方人的领导智慧，是从管理层面解读的。中国人讲领导智慧，则是从影响力角度解读的，以自身的正气影响、引领下属与群众的正气。孔子的三千弟子，堪称当时统治集团的人才储备库。而孔门的领导智慧，就是不断地向圣贤学习，检讨自己的不足，逐渐修炼成"君子"，以此充任领导力的旗帜。

关于"君子"的品德特征，孔子规定为如下几点：以道自任，重义轻利；仁慈宽厚，忠信坦诚；博学多才，讷言敏行。

君子既然承担天下大道，就应以"道"、"义"为重要的价值指向。重义轻利、舍利取义因而成为君子的首要品格特征。在孔子的思想中，"义"和"利"是一对不可调和的矛盾关系，要么取义，要么取利，义利兼顾似乎永远是难以实现的。这一点也正是孔子甄别有德君子与无德小人的重要尺度:“君子喻于义,小人喻于利。”君子思天下大道,故能“见利思义”,小人则相反,丝毫不关心修德行善,往往“见利忘义”。对“义”的推崇,同样适用于人际关系中的交友标准。君子之交,以义相尚,故能以天下大道为统率,调和人际关系。君子对于天下事物,没有一定模式确定要怎样干,也没有一定模式确定要不怎样干,关键是看怎样合于情理,怎样合于正义,便可怎样干,即所谓“义之与比”。鉴于此,他认为君子应“食无求饱,居无求安,敏于事而慎于言,就有道而正焉。”孔子反对将关注的焦点放在物质上,因为如果刻意追求个人的物质享受,必然远离道义。他还以义、礼、孙(逊)、信来描画“君子”面孔:“君子义以为质,礼以行之,孙以出之,信以成之,君子哉!”在四个要素之中,“义”居其一,并成为君子区别于他人的本质特征。

仁爱宽厚,忠信坦诚,是君子修己的第二个目标。“仁”是儒家确立的最高修养境界,是较难达到的。尽管如此,还是要不懈追求的。因为君子应该与“仁”长相伴,无论是幸遇顺境,还是身处逆境,也无论是开门授徒之时,还是流离在外之际,“君子去仁,恶乎成名?君子无终食之间违仁,造次必于是,颠沛必于是”。士君子读圣贤书,习上古礼,希冀当政者对自己青眼有加,但机遇并不是平均分配给每一个人的,故而不被赏识也是常有的事情。对待逆境的不同态度,也能检验不同人的不同修养水平。孔子告诫弟子们:“人不知而不愠,不亦君子乎?”对待逆境大可不必急躁怨艾。

忠、信,也是孔子十分重视的品德。他在许多场合都谈到过这一点。如“君子……主忠信”、“君子矜而不争,群而不党”、“君子不以言举人,不以人废言"、"君子贞而不谅,"(忠贞守信而不拘泥于一般的小礼节)。君子仪态端正庄重,谦逊自律,克己奉公,不为蝇头小利而斤斤计较。评价别人客观公正,不因为某人一句话说得好便高度赞扬他的人品德行,也不因为某人品行不佳而对他全盘否定,包括他所说的话。关于"忠"和"信",曾子举例说明:"可以托六尺之孤,可以寄百里之命,临大节而不可夺也,君子人与? 君子人也。"朋友敢把未成年的孤儿托付给他,国君相信他能对方圆百里的国家的命运负责,在生死存亡的紧要关头毫不动摇。这样的人无疑是十分可靠的忠臣、君子。此外,作为君子,还应胸怀坦荡,光明磊落,"不忧不惧"。当时弟子司马牛的哥哥桓魋扬言要追杀孔子。此人作恶多端,凶残无比,司马牛为此忧心忡忡。当问孔子怎样才算君子时,孔子借机告诉他"君子不忧不惧",因为君子"内省不疚",即内向反省时毫无愧疚之事,自然坦荡安泰。

博学多能,讷言敏行,是君子修己的第三个目标。孔子说:"君子博学于文,约之以礼,亦可以弗畔矣夫。"他认为君子应广泛地学习文献、典制,为为官从政作准备,再以礼节约束、规范他的行为,这样就不会远离大道。孔子在这里强调"博学",实际上赋予士人的君子风度以内在的知识涵养和文化厚度,使之免于浅薄与苍白之弊。孔子还有另一流芳千古的教诲:"君子欲讷于言而敏于行。"君子在言语上应该出语谨慎,不"打诳语",不轻易许诺,这样便可免除"言而无信"的不良后果,保持稳重可信的人格形象。与此同时,君子应积极行事,对自己所负责的工作兢兢业业,勤勉有加。基于此,他格外重视士人的政治才干与实践能力,反对士人不学无术、胸无点墨却又到处哗众取宠,寻求职位:"君子病无能焉,不病人之不已知。"

在他的思想中，个人内在的素质与外在的“循礼”同等重要。只有当士人具备了丰富的知识内涵和精明才干，外表上彬彬有礼，才能称得上一个完美的“君子”。于是，他提出了“文质彬彬”这一理想人格模式：“质胜文则野，文胜质则史。文质彬彬，然后君子。”“文”与“质”处于对立统一、相互依存的关系。对个人而言，如果其内在的质朴纯直远远超过其外示于人的文采，就会显得粗野蠢笨，如果在别人眼中他文采飞扬、才华横溢但缺乏质朴之美，那就无异于轻浮虚夸之徒。“文”与“质”的适度配比，是“君子”十分重要的人格特征。

为了衬托“君子”，《论语》还刻画了“小人”形象作为对立面。

在孔子的道德体系中，“君子”与“小人”构成一个二元对立的集合。敬君子，贬小人，是他进行道德批判的出发点。这里需要注意的是“小人”含义的演变。古时对统治者与贵族男子通称“君子”，奴隶、平民等被统治者则一概称作“小人”或“野人”。春秋以后，二词所指略有变化，以有无才德为区别。孔子所指正是如此。他认为“君子”与“小人”的区别主要有三：是否有仁德，是否重道义，是否坦荡。

“君子”以德立世，情操高洁，“小人”则无德无义。他说：“君子怀德，小人怀土。”“君子”胸怀天下，道德高尚，所思所想皆国家大事，而“小人”终日关心的不过是个人得失与眼前利益而已。至于“仁”，也是小人所不可企及的：“君子而不仁者有矣夫，未有小人而仁者。”仁，是很高的修炼境界，并非所有的君子都能达到。换言之，君子将“仁”作为修炼目标，不过有可能做不到，但小人却是绝对与“仁”无缘的。是故“君子成人之美，不成人之恶，小人反是”。君子古道心肠，与人为善，随时都会对处于危难的人伸出援助之手。小人则不然，当别人落难时，他幸灾乐祸，甚至落井下石；当别人作出成绩时，他又心怀妒忌，冷嘲热讽。

“义利之辨”向来也是区分君子与小人的重要尺度。“君子喻于义，小人喻于利”。对君子而言，“义”字当头。他不仅视“义”重如泰山，而且能够“见利思义”，而小人则相反，“见利忘义”。正是由于对待“义与利”的态度有着云泥之别，二者在处理社会关系时也采用截然不同的手段。君子同声相应，同气相求，以同道为朋，故当人情世故与道义发生冲突时可以互相协调，无须结党营私，盲目跟随。小人以利相交，以同利为朋，当彼此间利益发生冲突时便钩心斗角，尔虞我诈，道义早被抛到九霄云外。孔子很精辟地将其概括为两句话：“君子和而不同，小人同而不和”、“君子周而不比，小人比而不周”。

君子之“和”需要依靠道义之“同”，在“人以类聚，物以群分”的人际关系准则支配下，君子团结而不勾结，小人相互勾结而不团结。区别“团结”与“勾结”的关键，在于判断凝聚这个集团的“黏合剂”是道义还是私利。若以天下大道为共同志向，“群而不党”，则为君子无疑。倘为一己之私利或小集团利益而纠集于一处，置天下大道于不顾，则为小人无疑。

有了“德”与“义”的坚强支撑，君子的人格便高度提升，心胸豁达，襟怀坦荡。“君子泰而不骄，小人骄而不泰”、“君子坦荡荡，小人长戚戚”，说的都是这个道理。君子行事顺天命，合情理，无论公事还是私事都上无怍于天地，下无愧于良心，严于律己，宽以待人，是故无所忧虑，成功也好，失败也罢，皆能泰然处之。小人时时处处拨打着自己的小算盘，为蝇头小利而处心积虑，是故得意之时狂妄骄横，不可一世，失志之时又悲嗟不已，一筹莫展。

为了与“小人”进一步划清界限，孔子特意提出君子的“三畏”、“三戒”、“三想”、“九思”等。

“君子有三畏：畏天命、畏大人、畏圣人之言。小人不知天命而不畏也，狎大人，侮圣人之言。”孔子所谓的“敬畏”，兼具崇尚追求与服从统治之意。天命，即冥冥之中的大道。大人，即德高望重之人。圣人，则指上古时代的尧、舜、禹等帝王。他们都是仁义、道德与礼乐方面的典范。君子对于这些人，既然仰慕其品德，学习其高行，便安于天命之所安排，安于大人之统治，并能时时以礼约束自己的行为。小人则不然，不畏天命，不敬大人，亵渎圣人言辞。这些人在孔子看来，都是道德水准极其低下之徒，只能成为他的批判对象。

当然，作为不断修炼的君子和儒家弟子，其终极目标必须是胸怀天下，壮志凌云。子路问何为君子时，“子曰：‘修己以敬。’曰：‘如斯而已乎？’曰：‘修己以安人。’曰：‘如斯而已乎？’曰：‘修己以安百姓。修己以安百姓，尧舜其犹病诸！”从这一段师徒对话中，我们可以清楚地看出孔子对学生的期待和要求。修己、安人、安百姓，是呈递进关系的三个阶段，由低到高，由易到难。既然一生都处于修炼之中，就难免犯这样那样的错误和过失，但只要诚心改过，就无损于君子的品德，甚至有益于其自身形象的塑造。子贡说：“君子之过，如日月之食焉：过也，人皆见之；更也，人皆仰之。”人不犯错误是不可能的，改正自己的错误又是需要相当勇气的，尤其是身居显位之时。君子心怀坦荡，自然没有什么顾虑和忌讳，坦然面对，使自己的品行不断得到提升，人格日趋完美，这样才能以天下为己任。

君子应当兼具三种优秀品德："仁者不忧，知者不惑，勇者不惧。"仁、智、勇，是通行天下之达德，也是士子修行的重要内容。由此，他将儒生分作两类，要求学生子贡"为君子儒，无为小人儒"，因为君子儒通晓礼法，大智大勇，独步天下，而小人儒以精通典籍相尚，死守书斋，不敢越雷池一步。"君子不器"，说的是同样的道理，即君子不象器具一样只有一种用处，也不是单学某一种技艺并从事具体的工作，而应大用于天下，以所修之仁义道德影响百姓，造福四方。

《论语》中的为官戒规如当头棒喝，令闻者醍醐灌顶。身为领导干部，个人形象至关重要。而成就一个光辉的个人形象，只能靠自我省思、友朋督促，除此之外，别无他途，亦无捷径。子曰："君子不重则不威，学则不固"，说的就是君子如果不自重，不爱惜自己的名誉，就不能真正地树立威信，所学习的道理也不能在自己的生活实践中奉行不疑。孔子在这里把"自重"与"威信"之间的因果关系讲得很明白。君子居上位，执掌行政权力，就是在无人监督的情况下也必须自重(所谓"慎独"是也)，否则将会失去公信力，败坏国家形象。古代有不少清官拒贿的故事，如对夤夜送礼者警以"天知地知，你知我知"。那位太守把送来的鱼晾干了是一种明智的行为，为一条鱼而失去后半生的俸禄，显然得不偿失。可今天有多少贪官坐在主席台上做报告时道貌岸然，慷慨激昂，背过身去几十万、上百万地贪污。也有的在日常生活中扮作清苦相，似乎比谁都节俭，然而一旦东窗事发，检察机关可以从他的家中搜出数目惊人的现金。更有新闻讲道，审计人员连日接受被审计单位的宴请，导致一人酒后猝死。这样的官员，还谈什么威信？关于这个问题，有一位退休的老领导是看透了："你大权在握，人家准备给你送礼时就没拿你当好人看。你一接受礼物，人家更加确认你不是个好人。所以收受贿赂的人，实际上是自己把自己糟蹋啦！"以此为鉴，为官之人焉能不"重"？好色乃人之常情，荷尔蒙的驱动力终究比学问的作用来得更自然而猛烈，因而也就成为道德修炼的大忌，孔子叹道："吾未见好德如好色者也。"有人说，试金可以用火，试女人可以用金，试男人可以用女人。可男人往往都经不住这么一试。所以夫子教导在处理夫妻关系上要"贤贤易色"。想当年，齐国赠送鲁君 80 名美女，鲁昭公羞答答地应承下来，三日不朝，孔子失望至极，于是开始了长达 14 年的出国巡游。

2013 年，一个自称是孔子的 N 世正宗后人——孔健，宣称新出土了"孔子遗言"，以期增加人们对孔子的崇敬感。这份遗言的真实性虽然可疑，却较准确地反映了孔教的特点和统治艺术（把它称为"领导哲学"，似乎亦无不可）。其中有这样一段："御民者，缚其魂为上，囚其身为不得已，毁其体则下之。授男子以权羁女子，君劳半也。授父以权辖子，君劳半之半也。吾所言忠者，义者，孝者，实乃不违上者也……礼者，钳民魂、体之枷也。锁之在君，启之亦在君。古来未闻君束于礼，却见制礼者多被枷之，况于布衣呼？礼虽无形，乃锐器也，胜骁勇万千……乐者，君之颂章也。乐清则民思君如甘露，乐浊则渔于惑众者。隘民异音，犯上者则无为。不智君王，只知戟可屠众，未识言能溃堤，其国皆亡之。故鼓舌者，必戳之。"让男人把女人都管住，国王就只用管一半的老百姓；再让父亲把子女都管住，国王就只用管四分之一的老百姓。看来"三纲五常"真不是白玩的。

中国人的精神结构与处世哲学无外乎儒、释、道，原本是自成体系的。但今日身处全球化时代，各种思想意识交流、交融、交锋，所以要领悟《论语》中蕴藏的领导哲学，需要具备几个基本条件：既有文本解读能力，又有现代意识和国际视野，诸如平民的权利意识、公共舆论的作用、政府危机管理等，这样才能把准时代的脉搏；对普通民众生活多一些“了解之同情”，抛弃“驯民以治”的僵化思维方式，既以正确的价值观引导领导干部，又尝试用经典所蕴含的道理帮助领导干部解决面临的管理问题；把持住士阶层的社会道义，既要完善个人道德形象，又要履行使命，向民众释放经典著作内蕴的巨大的“正能量”！

笔者愿为此作出努力，故不揣浅陋，野人献芹，博读者诸君一哂。

目录

君子:中国式领导哲学的化身(代序)……1

环境篇:孔子和《论语》

一、孔子的青少年期……7
二、孔子从政……14
三、尴尬夫子列国游……15
四、《论语》简说……24
五、儒学的百年坎坷……27
六、百年沦丧结恶果……31
七、《论语》的当代价值……39
八、半部《论语》到底能不能治天下?……43
九、今日《论语》之讲法……47
十、今日《论语》之读法……49

资源篇:《论语》中的领导力资源

一、领导观念的确立……59
二、领导形象的塑造……63

三、领导实践的检验……69
四、领导心态的调适……77

素养篇:《论语》中的为官素养

一、仁者何其高……83
二、仁之评价标准……86
三、仁之日常表现……94
四、仁之益处……98
五、仁之实践渠道……102
六、忠者何义……106
七、忠心何向……110
八、军人之忠动云天……114
九、秉持公明,无忧无欺……117
十、孝之三层次……122
十一、父母在,不远游?……131
十二、寿诞怎么过?……134
十三、祭神如神在……136
十四、自古忠孝难两全?……138
十五、你读懂父母了吗?……144

心态篇:《论语》中的仕宦心态

一、出仕,还是隐居,这是一个问题……151
二、你有过“野花”心态吗?……155
三、失意者的心态调适……159

四、小心驶得万年船……163
五、道不行，怎么办？……168
六、人人都有性格缺陷……169
七、蓄势待发……174
八、中庸行事少偏颇……179
九、宠辱进退平常心……181

规诫篇：《论语》中的为官戒律

一、官人当自警……189
二、酒文化的驳杂……191
三、成功男人多好色？……195
四、不义之财谁敢取？……199
五、盛气凌人焉能久？……205
六、管好子女防“坑爹”……207
七、交友谨慎少麻烦……210
八、三省吾身常检点……215
九、自省乃是大功夫……219
十、德治之剑今再拭……225

艺术篇：《论语》中的领导艺术

一、“恭则不侮”事何难……238
二、以道事君，可犯而不可欺……240
三、以礼待人……243
四、以己度人……245

五、宽容雅量养君子……248
六、慈悲为怀容小人……251
七、女子与小人难养？……255
八、民无信不立……257
九、敏则有功业易建……265
十、惠以使人巧用“利”……267

附录：廉政建设与民众价值观关联探讨……271

环境篇

孔子和《论语》

子曰："吾少也贱，故多能鄙事。君子多乎哉？不多也。"

子曰："吾十有五而志于学，三十而立，四十而不惑，五十而知天命，六十而耳顺，七十而从心所欲，不逾矩。"

子曰："苟有用我者。期月而已可也，三年有成。"

叶公问孔子于子路，子路不对。子曰："女奚不曰，其为人也，发愤忘食，乐以忘忧，不知老之将至云尔。"

美国人一直在讲“文化软实力”，并且通过影视、饮食等载体输出其价值观，“麦当劳”之类的形象在世界各地大行其道，俨然就是美国文化的名片。那么，中国的“文化名片”在哪里呢？从2008年北京奥运会的开幕式以来，伴随着全球孔子学院的燎原之势，孔子无疑已经夺得了这一宝座。在这一进程中，《论语》也悄然重现于中国人的文化视野。由于现代历史的原因，孔子在人们的印象中似乎并非“成功者”形象。但是，在现代化转型中，有人陡然发现，我们不慎遗落的宝贵精神遗产，居然在《论语》中保存得如此完好！

在礼崩乐坏的时代，孔子完全是个“另类”，而如屈子之流步其后尘者不绝如缕。

一位心理学家在演讲中说：“屈原绝对是心理有毛病的——你总给人家国君提意见，人家不接受，你就头不梳脸不洗，穿个破衣服在汨罗江边晃悠。还说什么众人皆醉我独醒，哦，难道这世上就你一个明白人？”窃以为，此心理学家只关注当世人的心理健康问题，关心人们如何能“合群”，跟周围人和谐相处，却完全忽略了社会道义的价值，并否定了前贤为此作出的努力。试问，鲁迅先生要冲破铁屋子，喊醒这一屋子沉睡的人们，难道也是心理不正常，也要一并否定吗？王小波提出“沉默的大多数”说法，就是着眼于清醒的少数人的社会价值，他们为着民众的利益鼓与呼，甚至不惜遭受周围人的误解与指责。他们清楚，永驻自己心中的是正义与公平，是社会的进步。不错，一个群体之中的少数人常常被视为“另类”，然而另类就一定不好吗？且不说“真理往往掌握在少数人手中”这一格言的正确性，因为孰对孰错要随着时代与地域的变化才能作出接近事实的判断。比如有东方人到澳大利亚墨尔本的天体浴场，面对众多的裸体惊呆了,但不久就感觉到周围射来锐利的目光,如芒在背,因为整个海滩就他还穿着衣服!他感叹道:“此刻仿佛尴尬的不是他们,而是我自己。”是啊,对这种事情的确不好妄评,喜好者认为此举是人类回归大自然,所以没必要加上所谓道德的评说,而反对者则认为此举有伤风化。公说公有理,婆说婆有理。这又涉及人们对“自由”这一概念的不同理解,太复杂了,可以姑且搁置一边,我们单单拿少数人的孤独来说。中国历来没有西方“知识分子”一说,只有“文人”之称。西方的公共知识分子,一定是社会的脊梁,正义的化身,公平的使者。他们的价值观疏离主流,批判现实,愤世嫉俗,不会依附于任何政治势力,也不会为着利益而丢弃自己的人格与尊严。因此,他们总是孤独的。孤独,是一种高尚的人类情感,是一种当世稀知音的倾诉障碍。作诗的人讲究“穷而后工”,像乾隆皇帝那样出门前呼后拥,做事八面威风,日子过得贼舒服,没事了就下下江南,泡泡美眉,那样是做不出好诗的。你看他虽说写了万首诗,但流传下来的有几多呢?凡是创造惊人艺术成果的,在世时都日子不大好过:梵高活着时孤独得把耳朵都割了下来;爱因斯坦自许为“孤独的旅客”:“我对社会正义和社会责任的强烈感觉,同我显然的对别人和社会直接接触的淡漠,两者总是形成古怪的对照。”(《我的世界观》)陈子昂假如不孤独,恐怕也吟不出“前不见古人,后不见来者”的绝唱。他们在任何场合下都有与众不同的表现,不为当时社会和人们所容,内心常有一种难以排遣的孤独。司汤达活着时,声名并不显赫,但他预言要等到 1880 年左右才会有人欣赏他;贝多芬很清楚,他的几部钢琴奏鸣曲是为未来世纪的听众而创作的。

孔子正是这样一个执拗而孤独的愤青,明知其不可为而为之的行者。

北大教授李零新作《丧家狗——我读论语》如此描摹孔子：

孔子不是圣，只是人，一个出身卑贱，"学而不厌、诲人不倦"的人；一个传递古代文化，教人阅读经典的人；一个有道德学问却无权无势，敢于批评当世权贵的人；一个四处游说，替统治者操心，与虎谋皮，拼命劝他们改邪归正的人；一个空怀周公之梦，梦想恢复西周盛世，安定天下百姓的人。

他很执着，唇焦口燥，颠沛流离，像个无家可归的流浪狗。

公元前492年，60岁的孔子，颠颠簸簸，坐着马车，来到郑国的东门，有个擅长相面的专家，叫姑布子卿，给他相面。他说，孔子的上半身像尧、舜、禹，倒有点圣人气象，但下半身像丧家狗，垂头丧气。孔子不以为忤，反而说，形象并不重要，不过，要说丧家狗么，"然哉然哉"。

他只承认自己是丧家狗。

孔子失望于自己的祖国，徒兴浮海居夷之叹，可是遍干诸侯，还是一无所获，最后老死于鲁国。在他身上，我看到了很多知识分子的宿命。

任何怀抱理想，在现实世界找不到精神家园的人，都是丧家狗。

此书出版后，有人批评李零先生这是借古人杯酒，浇自己心中块垒，也有人对其大加挞伐，以为辱没了孔圣人。陈明说："李零将孔子描述为丧家狗，则是把自己的心态和心量当成了孔子的精神和事业。"[①]只有秦晖先生堪称作者的知音，认识到这是对孔子的最高

① 原道—儒学联合网，http://www.yuandao.com/dispbbs.asp?boardID=9&ID=24644&page=1。

评价。这一结论是对比得来的："丧家狗"追求理想而不得，为天下苍生谋幸福而无力，虽落魄但理想犹存；"看家狗"则彻底放弃理想，投靠肉食者，谋得一官半职，只想过好自己的小日子，是故虽荣华但人格矮化，士林不屑。

孔子走过了怎样的人生道路呢？他出身没落贵族，从少不更事的少年、志存高远热心政治的青年，到坚韧不拔、矢志不渝的中年，再到忧道不忧贫、桃李满天下的老年。孔子捧着一颗仁爱之心，在社会底层与没落贵族的夹缝中尴尬生存，在周游列国的泥泞中艰难行走，在整理文献典籍的书桌上自如挥洒，从而成功实现了这一系列人生角色的转换。于是，闭上眼睛，孔子在我的头脑中只有一个形象，那就是——行者。他孤独地行走在求"道"的道路上，一个人，执拗而倔强……

要认识《论语》里面大量从政智慧的由来，我们不妨借用中医看病的"四步法"——望、闻、问、切。望——孔子在自己的想象中勾勒了一个先王执政的大同社会，这是一个比上古三代还要遥远的理想世界，先王对自身的道德要求甚严，不贪不占，亲民爱民，孔子不自觉地把这种政治诉求带入所处的历史环境之中；闻——在整理古籍的过程中，孔子"述而不作"，虔诚而谨慎地记录古圣贤的政治作为，"唯天为大，唯尧则之"，"舜有臣五人而天下治"，禹"菲饮食，而致孝乎鬼神；恶衣服，而致美乎黻冕；卑宫室，而尽力乎沟洫"（《论语·泰伯》）；问——周游列国前后，孔子接触了不少的诸侯君王，相互问政，讨论切磋，著名的"君君臣臣、父父子子"就是显例；切——知天命之年，孔子作了中都宰、大司寇、摄相事，亲身体验政治的酸甜苦辣。几十年的游历，让热心从政的孔子百感交集，欲说还休……

这里，我们按照时间顺序来描画一下孔子的人生轨迹，以此窥探孔子及《论语》从政知识的由来。

一、孔子的青少年期

公元前551年，周灵王21年，鲁襄公22年，夏历八月廿七日，孔子生于鲁国陬(zōu)邑昌平乡(今山东省曲阜城东南尼山附近；今尼山下有“坤灵洞”，传说为孔子诞生地)。因父母祷于尼丘山而生，故名丘，字仲尼。其父姓孔名纥，人们习惯上称之叔梁纥，乃一勇猛大将，与施氏女生九女；娶妾生子孟皮。孟皮生而跛足，于是孔纥在古稀之年娶了颜氏女。孔子三岁时丧父，与母亲移居鲁国的首都曲阜阙里，孤儿寡母，家境贫寒。在母亲颜征在的教育下，自幼好礼，“为儿嬉戏，常陈俎豆，设礼容”(《史记・孔子世家》)，演习礼仪。十岁时，郑国发生著名的“子产不毁乡校”事，孔子对子产尊重民意的执政文明评价很高。孔子说：“吾少也贱，故多能鄙事。”(《论语・子罕》)说明少年时代曾从事过各种劳动。他还说，“吾十有五而志于学。”(《论语・为政》)可见孔子在童年艰苦学习的基础上，更自觉地在学业和品德上不断提高完善自己。也就在他十五岁这年，鲁国改三军为四军，叔孙、孟孙各领一军，季孙领二军。当时军、赋统一，分军即分赋，所以当时称此举为“四分公室”(《左传・昭公五年》)。鲁侯弱而三桓强的格局在孔子少年已经形成。

公元前535年，孔子十六岁，母亲去世。此后不久，季氏宴请士一级贵族，尚在居丧的孔子赴宴，被季氏家臣阳虎拒之门外。人在少年时期难免有鲁莽之举，即所谓“少不更事”是也，可见圣人也不例外。

据李零先生考证，孔子被世人称为"长人"，身高达 221.76cm（其父 230cm，更高）。"文革"时期，"梁效"班子分为写作组和研究组，冯友兰等老教授在研究组（后改名注释组），主要任务是负责为写作组的文章"把关"。在 1976 年批判邓小平公开化之前，"梁效"班子受命写了一篇《再论孔丘其人》，矛头指邓极为明显，有人意犹未尽，问说："能不能把孔老二描绘成身材矮小的人呢?"周一良立即指出，孔丘身材高大，孔武有力，决不能说矮小。

孔子在 19 岁这年娶宋女亓（qí）官氏为妻。次年生子（民间称"坐床喜"，不太好，果然 49 岁卒），因鲁昭公以鲤鱼赐孔子，所以取名鲤，字伯鱼。这一年孔子开始担任委吏，相当于仓库主任。21 岁，孔子改做乘（shèng）田吏（管理牛羊畜牧的小吏）。孟子说："孔子尝为委吏矣，曰：'会计当而已矣。'尝为乘田吏，曰：'牛羊茁壮长而已矣。'"可见孔子在平凡的岗位上都作出了不俗的成绩。

"三十而立"是今人耳熟能详的话。立什么？怎么立？各人自有各人见解。较为一致的看法是，人到三十就要确立自己的人生奋斗目标，或从政，或经商，或治学，在人生道路选择上就要有个说法了。古人寿命相对短一些，人生的选择也较为单纯，所以三十以后变化就不大了，故有"四十不学艺"之说。但放在今天，情况大不相同，人们活到老学到老，有人退休以后才正式开始做自己喜欢做的事，比如国务院原副总理吴仪宣布退休后专心学习中医。三十岁，不过是人的职业生涯中一个相对重要的点而已。孔子自称"三十而立"（《论语·为政》）。根据《史记》记载，这年前后，他开始创办平民教育，收徒讲学，在最早的弟子中，比较知名的有颜路（颜回的父亲）、曾点（曾参的父亲）、子路等人。当时官学没落，"天子失官，学在四夷”,“礼失求诸野”。所以民办教育蓬勃发展,并出现较为充分的竞争。据《论衡·讲瑞篇》,少正卯在鲁,与孔子一样聚徒讲学。孔子之门三盈三虚,可见那时圣人的教学也不是一帆风顺。

关于孔子收门徒问题,《论语·述而》留下了一句解释空间极大的话,让人难以揣摩:“自行束脩以上,吾未尝无诲焉。”看来“束脩”是进入孔门的基本条件,但到底什么是“束脩”呢?历史上的注解可谓众说纷纭,除了“拿肉干缴学费”这一主流解释外,还有不少,如“束带修饰”、“十五岁以上”、“束身修行”等说法。如朱熹《四书集注》注曰:“脩,脯也。十脡为束,古者相见,必执贽以为礼,束脩,其至薄者……苟以礼来,则无不有以教之也。”钱穆《论语新解》道:“从带着十干脯为礼来求见的起,吾从没有不与以教诲的。”都把它理解为礼物层面的肉干。南怀瑾先生《论语别裁》提出不同意见:“如果真的是向孔子缴一捆腊肉,何必说自行,不说自行,就说自缴也可以……问题在‘自行’两个字上,自行束修是自行检点的意思……凡是那些能反省自己、检束自己而又肯上进向学的人,我从来没有不教的。”

脩与修同音,故二字常通用,唯一不同之处在于,脩作“干肉”解时绝不可书为“修”。解作“肉干”和“检束”都是有道理的。孔子为什么要把入学门槛定得那么低呢?我想原因恐怕有三:一则这是当时普通人家都能承受的;二则学费过高有悖平民教育之宗旨;三则象征性地收点礼物便于确立师生名分。据中央电视台 2007 年一则新闻说,甘肃定西刘福酷爱唱秦腔戏,创建民间戏剧团刘山三,几十年来收徒 494 人(据说最后一个是中央电视台的朱军),每人 2 元,且终身包教,可以随时来学。收费 2 元,不为经济效益,只为师徒名分,以后可以“说”(指教)你,等于说缴了学费你就要承认我这个师父。

作为补充,笔者以为解作“学习”亦无不可,因为“脩”与“修”通用,有“修饰”、“研究、学习”、“治理”、“高、长”、“善、美好”、“撰写”等义项,《论语》开篇即强调“学而时习之”。这里,只要一个人存有勤奋好学之心并付诸行动,那么孔老先生是不会计较他的出身和家境的,得天下之英才而教之,固师者一大乐事也。与本章同在《述而》篇的另一则材料可资证明:“互乡难与言,童子见,门人惑。子曰:‘与其进也,不与其退也,唯何甚!人洁己以进,与其洁也,不保其往也。”互乡这个地方民风不佳,难与其人言善。其乡有童子慕名拜谒孔子以求教,门人意欲阻之,孔子闻后嘉赞其“洁己以进”从而“不保其往”。夫子之所以不加计较,来则教之,就是因为他秉持“与其进也,不与其退也”的辩证态度,对年轻人热情鼓励。只要人家愿意“自行检束”,一心向善,虚心请教,“学而时习之”,孔子都表示欢迎,这是本章的关键所在。

鲁昭公二十四年,孔子 34 岁,他得到国君支持,与南宫敬叔到周都洛阳拜见了老聃与苌弘,学礼,学乐,收获极大。老子为周藏书室之史(相当于国家图书馆馆长、档案馆馆长、天文台台长)。孔子手捧大雁为礼,向老子请教了许多东西:丧时逢日食怎么办?小孩子死了葬在近处还是远处?国家有丧事时不避战争对不对?等等。临别时老子嘱孔子:“子所言者,其人与骨皆已朽矣,独其言在耳。且君子得其时则驾,不得其时则篷累而行。吾闻之,良贾深藏若虚,君子盛德,容貌若愚。去子之骄气与多欲,态色(架子)与淫志(妄想),是皆无益于子之身。吾所以告子,若是而已。”孔子得了这一人生忠告，不由感喟：“鸟，吾知其能飞；鱼，吾知其能游；兽，吾知其能走。走者可以为网，游者可以为纶，飞者可以为缯。至于龙，吾不能知，其乘风云而上天。吾今日见老子，其犹龙耶！”

35岁这一年，鲁国发生了一件大事，鲁昭公率师攻伐季孙氏，季孙、孟孙、叔孙三家联合反抗昭公，昭公兵败奔齐。孔子因鲁乱带弟子适齐，路经泰山，遇一妇人哭诉亲人被虎咬死仍不愿离开此地时，不由发出“苛政猛于虎”的慨叹。到齐国后，一行人在高昭子家栖身，希望借以晋见齐景公。《论语·颜渊》说，齐景公问政于孔子，孔子对曰：“君君，臣臣，父父，子子。”公曰：“善哉！信如君不君，臣不臣，父不父，子不子，虽有粟，吾岂能得而食诸！”从孔子的话里，我们闻不出任何“君教臣死，臣不得不死”的味道。有古汉语常识的人都知道，文言文中有“名词用如动词”一说。倘若把“君君，臣臣，父父，子子”中前一个字作为名词理解，后一个解作动词，那就是说君、臣、父、子都要扮演好自己的社会角色，当什么像什么。试想，作国君的如果一天到晚不理朝政，不谋国事，天天和伶人混在一起，演戏作乐，吟诗作曲，不落个“故国不堪回首月明中”的下场才怪！作臣子的如果总是觊觎皇位，拉帮结派，篡国夺权，成功了，还能风光几天，若是不成功，身首异处就在所难免！家庭中的父子关系也是一样道理。一言以蔽之，忠实履行自己的岗位职责，这也属于“忠”的范畴。相反，倘若把“君君，臣臣，父父，子子”中前一个字作为动词理解，而后一个解作名词，那就意味着分别对臣、君、子、父提出相应的道德要求。在“君臣”这一对矛盾关系中，作臣子的要“君君”，即拿君王当君王看，敬重有加，万不可称兄道弟，轻佻亵渎，而作君王的则要“臣臣”，即拿大臣当大臣用，视作国家之栋梁，朝政之帮手，绝不能当伶人用，命其在朝廷之上涂油抹彩，群丑狂欢，亦不可当仆人用，呼来唤去，驱若猪狗。这都是有历史教训、付出过历史代价的。亡国是其最常见的谢幕方式。同样道理，在家庭之中，当儿子的对父亲要“敬”，然后才能谈得上“孝”。要是总嫌老爹没本事，不能给自己赚来万贯家财，由此不拿父亲当父亲敬着，甚至都不拿他当朋友、邻人看，切莫忘了，背后还有你儿子的眼睛盯着呢，他会学得很快！对当爹的来说，也要拿儿子当家族的希望、明天的太阳看待，古话不是说“老婆是别人的好，儿子是自己的亲”嘛，这是人之常情，一般也不难做到。怕就怕“望子成龙”的心太切，总是恨铁不成钢，看到邻家的儿子比自家的还亲，把事儿弄拧巴了。这可是和今天提倡的“赏识教育”也相悖啊！

综上所述，从语法关系分析，“君君，臣臣，父父，子子”只能有两种解释：要么是说人们要尽力演好自己的人生大戏，要么是说在朝廷和家庭中处理好矛盾关系，善待他人。我们哪里可以读出所谓的封建腐朽气息？

也就在这一年，孔子在齐与齐太师谈论音乐，听到《韶》乐（相传是舜时音乐），三月不知肉味，兴奋地说：“不图为乐之至于斯也！”（《论语·述而》）

孔子在齐国的好日子并没有多久，有大夫扬言欲害孔子，齐景公也对孔子说：“吾老矣，弗能用也。”于是孔子自齐返鲁（见《史记》·孔子世家）。据说返鲁时迫于形势险恶，仓促中把正在淘的米未及做饭即提起来一面走路一面滤干。（《孟子·万章下》：“孔子之去齐，接淅而行。”）

孔子三十八岁时，晋魏舒（魏献子）执政，灭祁氏、羊舌氏，分祁氏之田为七县,羊舌氏之田为三县,选派贤能之士(包括其子在内)为县宰。孔子十分赞赏,说魏子之举“近不失亲,远不失举,可谓义矣。”(《左传·昭公二十八年》)

时光如梭,孔子很快就到了自己所谓的“不惑”之年,即“而立”时确立的世界观、人生观已坚定不移。惑与不惑,到底有多大区别?四十岁时,活着的重要性还没有完全呈现,人的欲望还没有完全滤净,还想有所作为。这恐怕也是很多人应该“不惑”却还是时常困惑的根本原因之所在。黑格尔在《历史哲学》中说:“青年人收集材料要建造一座通往月亮的桥,或者也可能在地球上建造一座宫殿或寺庙,中年人最终决定用它们建一幢木屋。”意思是说,人在这个年龄段会变得更为实际。

公元前505年6月,鲁国权臣季平子卒,其家臣阳虎囚其子季孙斯(季桓子),而专鲁政。阳虎欲见孔子,孔子不见,于是以大夫身份馈士人孔子以豚,欲待孔子遵礼回拜时说服他。孔子不想见,打听阳虎不在家时前往拜谢,但阳虎更狡猾,还是在路上堵住了孔子。阳虎劝孔子出仕,孔子口头答应,但不知何因,终究未仕。(见《论语·阳货》)

知天命之年,孔子可是真的想出山了。

季桓子有势力的家臣共三人:仲梁怀、阳虎和公山不狃。先是仲与阳不和,公山出面调停,无果,仲不服,被阳囚禁。季桓子干涉此事,也被囚禁,直到认输才被阳虎放出。看到阳虎胆子大、势力大,公山便决意与阳虎勾结,将季桓子逮捕并准备杀掉,但季仓皇逃跑。重整旗鼓,把阳虎赶到齐国。这样,公山与主子闹翻了,却又势单力薄,便占据费城(今山东费县)作根据地,与季桓子对峙。他派人来请孔子。孔子想到从前周文王就是以丰、镐那个小地方为据点统一了北中国，他也有心仿效之。子路强烈反对老师辅佐一个叛臣。孔子作了辩解，不过最终还是没有去。

二、孔子从政

51岁时，孔子出任中都（今山东省汶上县西）宰。这是孔子一生中正经做官的时期，他把全部心血和才智都投入其中，政绩卓著，只用了一年时间就跃升为兄弟单位前来取经的榜样。这年夏天，齐国打着与鲁国讲和的幌子想搞点小动作，邀请鲁定公与齐景公会于夹谷（今山东省莱芜市南）。孔子以大司寇身份为定公相礼，事先做了必要的军事准备。齐相则为著名的晏婴。两国君会见时，齐国歌舞队乱哄哄地上来了。孔子斥退之。又过了一会儿，齐国耍把戏的（实际上是准备劫持鲁定公的打手）又来了。孔子喝道："戏弄诸侯，依法应该斩首！"齐国执法官只好斩之。齐君敬畏，遂定盟约，并将侵占的郓、讙（欢）、龟阴等地归还鲁国。（《谷梁传·定公十年》）

鲁定公十二年（公元前498年），孔子任鲁国大司寇，子路为季氏宰。孔子为了改变大臣强而公室弱的格局，向鲁定公建议拆除势力强大的三桓的城墙。其中，叔孙、季孙支持这一主张，于是先拆毁了叔孙氏的郈邑（今山东省东平县南）和季孙氏的费邑（今山东省费县）。但拆孟孙氏的郕邑（今山东省宁阳县东北）时，却受到孟氏家臣公敛处父的抵制而失败。"堕三都"行动至此半途而废。（《史记·孔子世家》）

齐国外交谋利的如意算盘落空，便使出美人计。挑选美女80

人，打扮得花枝招展，连同96匹好马一并馈赠鲁君。鲁定公想要却不好意思，主政的季桓子看透了这一点，就代其接受。鲁君臣荒于女色，怠于政事，多日不听朝政，也不按礼制送膰肉（当时郊祭用的供肉）给孔子，孔子失望，于是离开父母之邦，开始了十四年周游列国的活动。

三、尴尬夫子列国游

带着一帮弟子，孔子先后到达卫、曹、宋、郑、陈、蔡、楚七个国家。停留时间长短不一，去的次数也各不相同。其中入陈二次，居住近四年。入卫五次，居住近十年。可以说，卫国是和孔子关系最好的诸侯国。

孔子到卫国后，居住在子路妻兄颜浊邹家。卫灵公按照孔子在鲁国的待遇给予俸禄。后卫灵公听信谗言，监视孔子，于是孔子便在这一年的十月离开卫国到陈国去。在过匡地（今河南省长垣县境）时，有个被卫灵公所驱逐的卫国贵族公孙戍占据匡城谋反。他们见到孔子带了这么多人，形迹可疑（据说孔子和阳虎相貌相似，而阳虎又曾欺压过匡人），便将孔子一行人围困了5天。混乱之中，颜渊掉了队，孔子一度以为颜渊就此牺牲。孔子有一个弟子公良孺，高大勇敢，带5辆车与匡人拼杀。公孙戍来和孔子谈判，说只要不再到卫国去，就放你走。孔子答应之后就准备到晋国去，走到黄河边，忽然听说晋国当权的赵简子杀害了两个贤人，便止步。经再三考虑，决定还是回到卫国。子贡说你不是和公孙戍订过盟约吗？孔子说那是强迫之下签订的，这样的事，就是神都不管。遂返回卫都，住在蘧伯玉家。可见夫子并不“迂”。据《吕氏春秋·察微篇》记载

"鲁国之法,鲁人为人臣妾于诸侯,有能赎之者,取其金于府。子贡赎鲁人于诸侯,来而让不取其金。孔子曰:'赐失之矣。自今以往,鲁人不赎人矣。取其金则无损于行,不取其金则不复赎人矣'。子路拯溺者,其人拜之以牛,子路受之。孔子曰:'鲁人必拯溺者矣'。孔子见之以细,观化远也"。子贡的"高风亮节"无意中抬高了道德标杆,让别人做好事时多了一层顾虑,这显然不利于良好政策的顺利执行,所以受到孔子的批评。而大大咧咧的子路接受人家的礼物,为制度的实施做了生动的注解,孔子于是大加鼓励。

59 岁时,孔子见卫灵公不能用他,喟然叹曰:"苟有用我者,期月而已,三年有成。"卫灵公问陈(阵)于孔子,孔子说:"俎豆之事则尝闻之,军旅之事未之学也。"(《史记·孔子世家》)卫灵公的这个逐客令实在下得高明,你不是擅长礼教典章吗?我偏不问这个,就问打仗的事,存心让你难堪。由此,孔子决计离开卫国,到宋国去。在去宋国的路途上,孔子与弟子习礼于桧树之下,宋司马桓魋欲害孔子,派人把大树砍倒了。孔子微服而行,逃到郑国,郑国也没有接待他,一行人只好取道适陈。

转眼间,孔子已经 60 岁了,他很想回到家乡,能为鲁国贡献自己的力量。但收不到鲁君的聘书,这样回去自然是很没面子的。他只好继续前行。63 岁时离陈过蔡地去负函(楚地,今河南信阳,楚有贤大夫沈诸梁即叶公驻此),在陈蔡间被困,绝粮七日,弟子饥馁皆病,孔子依然讲诵,弦歌不止。子路等由于屡遭挫折,对孔子之道产生了怀疑,只有颜回认识到孔子道大,不为当时所容,"是有国者之丑"。孔子为有颜回这样的弟子感到高兴。(《史记·孔子世家》)

孔子在负函与地方官叶公(就是成语"叶公好龙"中的那一位)

见面。叶公问政，孔子说："近者说(悦)，远者来。"(要使境内的人都喜悦，使境外的人都向往而来)。叶公又通过子路问起孔子是怎样的一个人物，子路不知如何回答。孔子听说后，对子路讲，你怎么不告诉他，我的生活是"发愤忘食，乐以忘忧，不知老之将至"。(《论语·述而》)

楚昭王有重用孔子的意思，派使者奉币来聘。但是，由于楚令尹子西的阻拦，这事半途而废，因为人家的干部要从自己单位内部产生嘛。

公元前485年，孔子夫人亓官氏卒。这对67岁的孔子是个不小的打击。好在第二年春，齐师伐鲁，孔子弟子冉求为季氏将左师，与齐军战于鲁郊，克之。季康子问他是怎样学会作战的，冉求说，学于孔子，遂荐孔子于季氏。季康子派公华、公宾、公林以币迎孔子归鲁。至此，孔子结束了访问列国诸侯十四年颠沛流离的生活。然而父母之邦终究不能用他，孔子也就此断了做官的念头，专心从事文献整理和教育事业，删《诗》《书》，定《礼》《乐》，修《春秋》，并继续聚徒授业，培育治国贤才，据史载："弟子盖三千焉，身通六艺者七十有二人。"(《史记·孔子世家》)。

《史记·十二诸侯年表序》："是以孔子明王道，干七十余君，莫能用，故西观周室，论史记旧闻，兴于鲁而次《春秋》，上记隐(鲁隐公)，下至哀(公)之获麟，约其辞文，去其繁重，以制义法……鲁君子左丘明惧弟子从异端，各安其意，失其真，故因孔子史记具论其语，成《左氏春秋》。"

左丘明为孔子弟子，鲁大夫，一说即子夏。左丘明，乃是子夏晚年的自号或别称。《左氏春秋传》与《公羊传》《穀梁传》皆源于子夏。

他在孔子殁后入魏西河（今临汾隰县北四十里）讲学，为魏文侯师。其子死，哭之失明。司马迁说“左丘失明，厥有《国语》”，此《国语》实为《左氏春秋传》。魏文侯将儒教立为国教。

由于子夏偏重于整理与传授（有点像今天《百家讲坛》作大众化宣传的意思），而相对忽略孔子义理的阐释（学院派精英化的研究），因而未被韩非列入儒家八派，反而因注重培养弟子“洒扫应对进退”被孟子斥为“贱儒”：“正其衣冠，齐其颜色，谦然而终日不言，是子夏之贱儒也。”当然，这里的“贱”指学理而言，并无人格谴责。

也就在这一年，刚刚经历了丧偶之苦的孔子又不得不承受老来失子之痛——儿子伯鱼辞世。白发人送黑发人，这让孔子体验到不同于流离之苦的别样悲伤。“七十而从心所欲，不逾矩”的孔子晚年特别喜欢《易经》，爱不释手，以至于“韦编三绝”。原本打算“五十以学《易》的孔子现在有了充裕的时间研读经典之作了。这年春天，管山林的人（“虞人”）在曲阜西边的“大野”打猎，捕获一只怪兽，据说是麟，孔子说：“吾道穷矣！”于是绝笔，停止了修《春秋》。他最钟爱的弟子颜回也把自己生命的句号划在了32岁这一年，孔子哭得十分伤心，说：“噫！天丧予！天丧予！”（《论语·先进》）六月，齐国的陈恒（又名田成子）杀死齐简公。政变中，弟子宰予死于难。那个上课睡觉的“朽木”这一回是真的朽了！又过了一年，卫国政变。流亡在晋的蒯聩始终觊觎卫君之位，逐其子卫出公而自立，是为卫庄公。但三年后被戎人杀死。之后，卫国连着立废了两个君主，结果卫出公辄又入卫复位。63岁的子路此时为蒯聩外甥、卫大夫孔悝之邑宰。消息传来，孔子恸甚，命家人将屋子里所有的酱都盖起来。

公元前479年夏历2月11日，孔子寝疾七日而殁，葬于鲁城

(今曲阜)北泗上。鲁哀公专门为他撰写了诔文。“尼”本是孔子之字,后亦用作其谥,古人有即字为谥之礼。大部分弟子为之守墓三年,唯独子贡一直守了六年,然后才离去。弟子和鲁人从其他地方赶来定居的有一百多家,这个地方也就被人们称作“孔里”。孔子故居也被改为庙堂,藏孔子平生衣冠琴书于堂中。自此以后,年年奉祀。今曲阜之孔庙、孔府、孔林,所谓“三孔”者,即始创于此。

孔子一生都在想着做官,但最终的身份定位还应该是教育家。这是他实现人生价值的最有意义之处。换句话说,孔子倘若做了官,鲁国不过多了一个官僚而已,但从事教育事业,他却留下了人生最辉煌的一笔。这对今人选择职业应该具有启示意义吧! 美国克莱斯勒汽车公司原总裁艾柯卡说:“在一个完全理性的社会,我们当中的精英都渴望做教师,这是因为:以最优秀的人才教育、管理后代,一代又一代地传承文明,应该是人们最高的荣耀,也是最高的责任。”孔子的贡献在这里,伟大之处也正在这里。

《论语》读过三遍之后,孔门人物顿时丰满起来,或持重,或幽默,或直率,或圆熟,尽皆跃然纸上。可以说,这种体验式阅读完全颠覆了先前宋儒对他们的面具化,而近百年来“革命运动”强加其上的种种罪名亦荡然无存。尤其值得称道的是,编《论语》的曾参、有若及其弟子丝毫不为师者讳,对孔门言行作了忠实记录,使我们尽睹其师祖生平所遇来自权贵的侮辱、隐士的讥讽、弟子的误解与反唇等诸多尴尬。一个穿行于尴尬夹缝、不仅有着光辉形象而且更具生活趣味的“圣人”形象,就此栩栩如生。

仲尼七岁便设俎豆之戏,展示圣资天纵,年岁渐长,习礼之心更切,以致“入太庙,每事问”。不料大人们并未嘉赞其好学精神,反倒撇撇嘴，阴阳怪气地说："孰谓陬人之子知礼乎？"讥其不懂鲁太庙中的种种礼器仪文。这话传到孔子耳朵，他沉着反问道："是礼也？"当其时也，周室弱而诸侯强，鲁君弱而三桓强。诸侯与大夫颇多僭礼之处，如"三家者以《雍》彻"、"（季氏）八佾舞于庭"。识礼之士敢怒不敢言，故仲尼伪若不知太庙器物，故意问用何器，咏何诗，"极委婉而又极深刻"（钱穆语）地予以讽刺与抗议。面对成年人投来的鄙夷，年轻孔子冷静应战，化尴尬于无形。

阳货先为季氏家臣，曾极不友好地将孔子挡在季氏门外，后叛变造反，囚季桓子而专鲁国之政，又力邀孔子入彀。孔子自然不愿趟这潭浑水，左躲右闪。阳货只好耍起"阴谋"，趁孔子不在家时馈送一只烤乳猪。大夫赐士，士当还礼。孔子灵机一动，以其人之道还治其人之身，也趁阳货不在家时回赠礼品。不料麻绳偏拣细处断，在回来的路上适逢阳货之面。其尴尬之状，恐怕不亚于中国男足面对超级球迷、负心汉路遇痴情婆姨。但闻一声断喝："来！"圣人顿时手足无所措，于惶乱中挨了阳货一顿好训："怀其宝而迷其邦，可谓仁乎……好从事而亟失时，可谓知乎……日月逝矣，岁不我与。"直把孔子逼到墙角，落个不仁不智之名。圣人当时尽管在心底里连骂"什么玩意儿"，嘴上却不得不答应出仕。这一回化解尴尬，圣人祭起"佯喏"大法。

如果说权贵们制造的尴尬不值得记在心里，那么对众弟子所制造的尴尬，他就不能不理会了。这其中，有的来自弟子的误解，有的缘于弟子"口粗"，有时是弟子蓄意"陷害"，有时则只能怪圣人自个儿出言不慎。

卫国是孔子周游列国时最受礼遇之所。其君夫人南子因婚前与宋公子朝有私，故尽管婚后矜持自重，却仍摆脱不了“淫人”之恶名。孔子可不管这些，径直前去拜见，因为无论是从“理”上讲还是从“礼”上讲，到了人家的国家，就得拜见人家的“国母”。据史载，南子对这次会面颇为重视，隔着竹帘诚心正意地向孔子讨教治国之策。孔子顺水推舟，痛陈一番，估计心中很有几分找到买主的得意。回到寓所，弟子们却不干了。子路阴沉着脸数落道，你一个布道之人，宣讲一下仁义道德也就罢了，何苦躬身委曲地见那个“淫”女人，让我们这些作弟子的脸往哪儿搁呀？这一说，孔子急了，指天发誓：“予所否者，天厌之，天厌之。”说南子真的不是那样的人。我还能看错人吗？你们不要听信谣言。子路之误解，逼得老先生用“赌誓”之道来消除尴尬。

夫子另一次在学生面前丢份儿还是缘起于子路。师徒们在卫国过了几天好日子，子路开始有想法了，试探道：“先生，卫君若聘您参政，您老人家先做哪样？”夫子清清嗓子：“我想该是先正名吧！”子路接道：“有是哉？子之迂也，奚其正？”按理说，作弟子的不懂正名的重要性就该谦虚请教，无论如何不能张口便说老师“迂”啊！这可是儒生士子的一大忌讳！果然，老先生高声喝道：“野哉，由也！”然后长篇大论地给他讲“名不正则言不顺”的道理。也真得感谢子路，这个“迂”字可是一字千金呐！要没有“迂”之激，圣人不会发“名正言顺”的宏论，儒家文化可要损失不少啊！假如我们认定这是孔子生平最有思想价值的一次尴尬，恐怕不算过分。

公山不狃和佛肸都是叛主之人，很想笼住孔子这棵大树，而孔圣人也顺水推舟地动了凡心。不料又是勇猛的子路噘着嘴，气咻咻地将了老师一军：没有地方去就算了，何必要为那种人效力？我先前听您教诲说君子“危邦不入，乱邦不居”，您老怎能病急乱投医呢？如果说对南子这事问心无愧，那么这一次夫子就有点心虚了，老人家苍白地辩解道：“坚硬的东西磨不薄，洁白的东西染不黑。放心吧，老师我就像那莲藕，保证入污泥而不染。再说了，周游列国为了啥？我可不愿再像葫芦一样挂在墙上，没人搭理，也没人采食。”显然，子路的话戳到了先生的痛处，好不难堪，于是连说带比画，勉强挽回一点师道的尊严。不知编《论语》的门生写到祖师爷的这一段尴尬时做何感想？

如果说子路的“将军”都还在理上，宰予可就不同了。这位只因白天睡了一觉便被夫子斥为“朽木”、“粪土之墙”的高足，时不时要调皮一番，给老师设个“套”。有一天，夫子又讲到君子应该赴汤蹈火以求仁。宰同学站将起来，一脸认真地请教道：“老师，如果有人告诉仁者井里有仁，他会跳进井里去求仁吗？”这话噎得孔子够呛，半天才回过神来：“怎么会这样呢？不懂随机应变的那是傻子，不是君子。君子可以杀身以成仁，但不会遭人暗算，因为仁者必有智且有勇。你可以欺骗他，但他不会到死都没弄明白咋回事。”后世有解者认为这段话不是宰予刁难孔子，而是担心老师投奔公山不狃，让人家当枪使，才加以善意提醒，可能也有几分道理，因为这回孔子没说他朽木怎么也发了芽。但不管怎样，拿“跳井”这样的话噎老师，不给人面子，总算不得“三好学生”吧？

当然，师生间出现尴尬局面，也并不总怪弟子们，圣人自己其时亦非完人，譬如因言语差池而惹火烧身。他讲学的时候，众弟子围了一圈，闵子骞和颜悦色，子路“行行如也”，刚猛好动，冉有与子贡则从容潇洒。得天下英才而教之，自是人生一大乐事，不料老先生却迸出一句让人摸不着头脑的话："若由也，不得其死然。"担心子路不得寿终正寝。当时众弟子反应如何，《论语》没讲，不过我估计子路虽不怕死，但听了这话定然也不会舒服。还有一次，师徒经过匡地，匡人以"貌似"错把孔子当成无恶不作的阳货，便要拘押他们。师徒奋力搏杀，寡不敌众，被抓了起来，还把颜回走丢了。颜回归队时，圣人只说了一句话："吾以汝为死矣。"2500 年前的竹简记载很简单，这句话也许表达了老师的关怀，然而毕竟不入耳。否则颜回也不会随口接道："子在，回何敢死？"对于这句话，尽管钱穆先生从三个层次读出颜回的懂事：虑及孔子尚在，明道之责任大，不敢轻斗而死；事师如事父，父母在，子不敢轻死；知孔子不轻死，故亦未轻斗。可我还是从颜回的话里听出了几分讥诮：一见面就说当我早死了！您老人家还没死，弟子哪敢抢先？向来"不违如愚"的颜回一开口便不同凡响，柔中带刚，够老先生反思一阵子的。

也许意识到自己常有言语之失，而众弟子亦非"善茬"，后来圣人就乖多了，说错了话便赶忙纠正。他到武城之后，听闻邑宰子游以礼乐为教，邑人皆弦歌。夫子对治小邑而用礼乐大道颇不以为然，笑曰："割鸡焉用牛刀？"这位高足正色道："先生常教诲我们'君子学道则爱人，小人学道则易使也'，弟子虽宰小邑，亦当教民以礼乐。"这一招以子之矛攻子之盾，很是厉害，让做老师的好不尴尬。圣人脸颊微微一红，立即改口，对跟前的群弟子说："二三子！偃之言是也。前言戏之耳。"承认自己对学生的戏言，这在《论语》中是绝无仅有的一处。

数夫子生平，最尴尬之事，莫过于周游途中畏于匡和陈、蔡绝粮。这两次实在是对圣人求道之心与救世之志的考验。遥想师徒一行奔走四方，恓恓惶惶，有恒心毅力可嘉，无星级宾馆可住，日子过得虽非风刀霜剑，却也常看人眉高眼低。其救世之狂热不足与外人道，尤其不足与隐士道。在《论语》后半部分，来自隐士的讽刺不绝如缕：晨门讥其知其不可为而为之；荷蒉者指其“鄙哉”，不知变通；长沮、桀溺怪其出风头，力图扶大厦于将倾；荷条丈人则斥夫子“四体不勤，五谷不分”。话说得都不太好听，而弟子们转述过去，圣人想来亦必尴尬。不过，长期的游历、太多的尴尬，已将夫子打造成不坏金身，后来甚至直面讽刺也能应对自如。微生亩是道家人物，年长于孔丘，故摆出长者姿态，直呼其名：“丘！何为是栖栖者与？无乃为佞乎？”质疑加斥责，不可谓不严厉，而闻者亦不可谓不尴尬。但见夫子气定神闲，坦然对曰：“非敢为佞也，疾固也。”说凭这张嘴混饭吃本非我所愿，只是在下这种救世之疾已是无可救药了。其辩解谦逊而柔韧，自嘲而不失幽默。

纵览夫子平生尴尬之事，小子戏题七绝一首，以表理解与敬慕之意：

千古文圣孔夫子，一生多少尴尬事。

搽诸《论语》细细品，半为稻粱半近痴。

四、《论语》简说

“论”字的读音是个有意思的问题，甚至成为北京语言大学某一年的考研面试题。一般人都能读对，即 lún，也有少数人错读为 lùn，这是因为他们不了解“论语”名称的来历，与“论文”的“论”混淆。其实《论语》是没有多少议论和评论的。这部由孔子弟子及门人编纂而成的孔门讲习录，记载了孔子与弟子、与其弟子等师友研习活动，主要由曾子与有子完成。《三字经》云:“《论语》者,二十篇,群弟子,记善言……作中庸,子思笔,中不偏,庸不易。作《大学》,乃曾子。自修齐,至平治。”在“四书”当中,《论语》可谓中国人伦教化之祖。

历史上解释《论语》名称的说法主要有这样几种。

1.《汉书·艺文志》:“《论语》者,孔子应答弟子、时人及弟子相与言而接闻于夫子之语也。当时弟子各有所记,夫子既卒,门人相与辑而论纂,故谓之《论语》。”

西汉刘向《别录》与刘歆《七略》,都认为“论”是论纂、论辑,“语”是孔子及其弟子的言语。今人杨伯峻《论语译注》、孙钦善《四部要籍注疏丛刊本〈论语〉·前言》均采此说。也就是说,把孔子的话、孔子回答弟子的话、当时人听孔子说的话、弟子和当时人之间的话等等编纂在一起,就成了《论语》。这应该是最权威、也最讲得通的一种解释。

2. 刘熙《释名·释典艺》:“《论语》,记孔子与弟子所语之言也。论,伦也,有伦理也。语,叙也,叙己所欲说也。”伦有二义:一则有条理有次序,二则符合某种伦理道德原则。这能找到许多例证,比如,《诗·大雅·灵台》:“于论鼓钟”,朱熹集传:论,伦也,言其得理也。再有,《礼记·王制》:“凡制王形,必即天论。”

这一说法稍嫌牵强,一来《论语》这种格言汇集式的语录体形式,还算不上真正成型的文章,二来章与章之间篇幅悬殊,有的40多条,有的只有3条。同时,每章题名取章首二三字,没有明确中心。每章独立,不相连贯,且有不少重出之条目。我们看不出它的次序性。

3. 东汉末年经学家郑玄《周礼注》:“答述曰语,以此书所载皆仲尼应答弟子及时人之辞,故曰'语'。"郑玄说:"论者,纶也,轮也,理也,次也,撰也。以此书可以经纶世务,故曰纶也;圆转无穷,故曰轮也;蕴涵万理,故曰理也;篇章有序,故曰次也;群贤集定,故曰撰也。"(邢昺《论语注疏·序解》)

关于《论语》一书的坎坷身世,著名历史学家朱维铮先生有一段精辟论说:

从公元前五世纪中叶到公元前二世纪中后期(西汉景、武之际),《论语》的原始结集本在文献中一直不见踪影,直到公元前二世纪,汉武帝时代,它才重新露面,变成一部很时髦的书,解释者起码有三个学派:"鲁论"、"齐论"和"古论";到了公元一世纪东汉时期,又形成一种通学派,对《论语》的文本、句读、分章、结构、诠释等等进行研究。

我们现在读到的《论语》的本子(注:今本《论语》,据阮元校勘《十三经注疏》本统计,白文 12000 字),不是孔子的弟子或再传弟子编订的,也不是稍后些的人根据不同版本编订结集的,今天我们读到的本子经过了两次大的改造,一个是西汉后期,汉成帝的老师张禹编定的《张侯论》,有 21 篇;又过了 200 年光景,到了公元二世纪中期,有一个博学而影响很大的郑玄(字康成,中国第一位经学大师),他以《张侯论》为底本,根据不同版本进行点校,就是"我认为这里该用这个字、该这么分章",他把《论语》的今本给定下来了,而且两汉间对《论语》不同解释的结集,也是他。郑玄死后不到一百年,何晏把郑玄的本子及其反对派的意见编成了《论语集解》。何晏后,南北朝时期,有一个叫皇侃的,受了佛教的影响,编了一个《义疏》的本子。到了公元八九世纪,唐代的韩愈、柳宗元有点像原教旨主义,他们对郑玄、何晏的本子都持怀疑态度,要回到原典。

可是,哪里有什么原典!郑玄的时代距离孔子生活的年代已经600年了。我讲这个结集的历史,是想说明,隔了这么遥远,又有这么多人物出场,即使其中“子曰”全部可信,拿它作为唯一依据将孔子捧上天或按下地,都是令人惊异的。

梁启超先生早在1920年就说过:自汉以来,围绕着孔子的今古之争、正学异端之争、考据性理之争从来没有停过,因而孔子渐渐变为董仲舒、何休,变为马融、郑玄,变为韩愈、欧阳修,变为程颐、朱熹,变为陆九渊、王守仁,变为顾炎武、戴震。

五、儒学的百年坎坷

近百年来,从鸦片战争的失败开始,经过甲午战争和戊戌变法,到五四新文化运动,国人把国家命运的积弱积贫统统归罪于传统文化的束缚。难道真是儒学导致国家衰亡的吗?不是!清室衰落,乃是缘于封建体制高度完善之后成为僵化的模式(任何东西一旦成为模式都将面临危险的命运),丧失活力,效率低下,已经严重不适应当时社会的政治需求。尽管慈禧和光绪当时都有了向西方学习的意识,并付诸行动,但为时已晚。当国运不昌时,文化人士就会自觉从民族的劣根性来挖掘其文化根源。于是,无辜的文化充当了政治的替罪羊。

儒家曾经被妖魔化。这是近代以来孔子身上最大的冤案。一般人认为,儒家讲专制统治,“三纲”就是不近人情、走到极致的典范,应该大加挞伐。其实不然。“三纲”之说源自韩非。《韩非子·忠孝》说:“臣事君、子事父、妻事夫,三者顺,天下治,三者逆,天下乱。”首次将君臣、父子、夫妇三者并列，又将其关系确定为“一顺”，当作治国方针，这才是“三纲”的最初面目。而在孔子那里，君与臣、父与子、夫与妇，是“对应”关系，他明确划分了三对矛盾关系中强势与弱势各自的责任和义务，而并非单向度的附属关系。准确地说，是韩非子片面强调了孔子学说中强势一方的权利，并以法与礼相结合的形式固定了下来。加之董仲舒作了“儒表法里”的改造，程朱理学“存天理，灭人欲”被封建统治者有意误用而百姓又对其无意曲解，儒学便成为赤眼红发的妖魔、封建礼教杀人不见血的帮凶。

“妖魔化”导致的后果是，儒学的价值遭受否定，儒学的意义被质疑，儒学的地位也随之持续下降。陈独秀称，“全部十三经，不容于民主国家者盖十之九九，此物不遭焚禁，孔庙不毁，共和招牌，当然持不长久”。也有人主张彻底废除儒学，内容涉及古籍、习俗、节日，甚至文字、姓氏，如吴稚晖提出“把线装书扔到茅厕里去”，钱玄同主张不拜孔子、关羽与岳飞，鼓吹“端午、中秋……简直是疯子胡闹，当然应该废除，当然应该禁止”。他称京戏为“百兽率舞”，还说人到四十岁就吸收不了新鲜事物，应该枪毙。即便是像鲁迅这样杰出的思想家，有时也不免对与儒学相关联的事物采取片面偏激的态度，教青年人不要读中国书，在《从百草园到三味书屋》里则对中医和中药的功用一概加以否定，对京剧等传统文娱形式也极尽嘲讽之能事。2006 年甚至还有人搞百人签名提议废除中医。有论者认为，西医重视精确、量化，讲数据，重实验，乐于对一个事物整体进行解剖分析。其实，客观来看，中医看病讲究望、闻、问、切，重视综合诊断，这和中国人重视事物之间关联的整体思维是一个道理。中医治病，讲究“上病下取，左病右取”，似乎更有“系统论”的思维特点。

比如治疗脑部的高血压，有高寿者谈自己的经验时说从来不吃药，只是按摩太冲穴——脚大拇指与二拇指之间距叉口 1.5cm 处。很多情况下，整体观照与综合判断才更容易接近事物的真相，而观察者对事物的感受也是截然不同的。如若不信，试比较一下中国诗话和西方文学评论就可以知道了。前者画龙点睛，说的人言简意赅，听的人明白易懂，整个过程颇富“直捣黄龙”式的整体美感。后者把美好的东西拆分开来，一件件地指给你看它的部件有多美，它的思考有多深。这样，听的人对作品的认识倒是上去了，但整体感觉没有了。

今天评价“五四新文化运动”和“五四白话文运动”，我们自然应该更多地着眼于它的积极作用，也必须把它放在当时的历史环境中看。五四运动反专制、反封建是完全正确的，孔子学说在这场反封建专制的运动中之所以受到冲击，原因有二：一是历来封建统治者把孔教与帝制捆在一起，康有为等人曾发起“立孔教为国教”的运动，试图让儒学重回宫廷，其实质还是拥护帝制。辛亥革命是推翻了清朝皇帝，但并没有破除君权观念、纲常名教和封建道德。正是由于袁世凯和张勋接二连三地复辟，重新恢复帝制，这才引起了新一代知识分子的忧虑和深思。陈独秀在《复辟与尊孔》中说：“盖主张尊孔，势必立君；主张立君，势必复辟，理之自然，无足怪者……孔教与帝制有不可离散之因缘。”“五四”学者高一涵在当时就说，辛亥革命“是以种族思想争来的，不是以共和思想争来的；所以皇帝虽退位，而人人脑中的皇帝尚未退位”。说老实话，时至今日，我们老百姓头脑中的皇帝也还没有完全退位。否则，帝王戏不会在电视荧屏上那么热闹，崇拜清官的情结也不会在我们头脑中扎下那么深的根。第二个原因是先驱们愤慨于民智未开，人民都闷在铁皮屋子里，中国需要一场摧枯拉朽的启蒙运动。他们为什么对汉字痛恨？就是因为汉字太难学了，老百姓学不会，只有极少数的精英才懂，那么少数人统治多数人也就顺理成章。著名的语言学家吕叔湘教授就认为中国实行了拼音文字就能够实行民主，毛泽东主席也主张“汉字的出路在于拉丁化”。

这就不难理解，“五四“先驱为什么不愧是开拓性的一代。他们在一分为二地批判了儒学的纲常伦理和一味仿古的旧文学之后，又提倡科学方法，回过头来整理中国古代的学术文化，即所谓“整理国故”运动。主张白话文的胡适之与鲁迅皆有不可埋没之功。鲁迅先生撰写了《中国小说史略》与《汉文学史纲要》，胡适先生留下了《白话文学史》和《中国哲学史》，进行古典小说的考证，用现代的观点和科学的方法重新整理研究中国古代文化。这表明，他们是要革新传统文化，而不是抛弃传统文化，不是全盘否定中国的传统文化。但当时的老百姓不能理解得这么深刻，于是跟着起哄，矫枉过正，在“传统文化”与“封建糟粕”之间简单地画上等号，于是，妇人把洗澡水和婴儿一起泼了出去！

1973 年 10 月，掀起“批林批孔”活动，在全国政协学习会上，人们逼着梁漱溟对批林批孔表态。于是 81 岁高龄的梁漱溟就像当年在北京大学讲坛上授课那样侃侃而谈。他从阐述中国文化入手，肯定孔子在中国文化史上的历史地位和学术上的成就，并说：“林彪是不是要走孔子之路、行孔孟之道，我却不敢相信。我不认为林彪是受害于孔子。”所以，“我的态度是：不批孔，但批林。”他的这番话，完全是跟中央“文革”唱反调的。消息传开，轰动了北京城。于是，全国政协的“批林批孔”发展成了“批梁”。从 1974 年 3 月至 9 月，大小批判会开了 100 多次。他每会必到，认真倾听。更难能可贵的是他处之泰然，会议的间隙他居然还打太极拳。到了 9 月底，政协开了一次总结性的批梁大会。主持人再三要求他谈谈对批判会的感想，他只说了一句话：“三军可夺帅也，匹夫不可夺志！”让主持人目瞪口呆。[①] ——“读书改变气质”，由此可见一斑。

六、百年沦丧结恶果

在孔子和《论语》的百年坎坷中，儒学渐次沦丧，这对当代社会造成了严重影响：

一是整体人文素质滑坡，国民形象不佳。

前有风云激荡的“五四”，后有混乱不堪的“文革”，传统文化被打翻在地，再踩上一脚。我们斩断了自己的文化之根，但新的思想体系又未在全社会的民众头脑中建立起来。于是，整个社会只能在无所依归的文化失落中蹒跚前行。孔子思想所蕴含的人文价值，包括极具哲学意味的“和谐”思想和“中庸”之道，都被斥之为“和稀泥”，这实在是我们民族的悲哀。因为落后而挨过太多打的我们太急于“现代化”了，为与西方接轨而不惜全盘否定自己的传统思想文化。其恶果正在慢慢显现。我们看到，今天中国的经济发展了，但整体人文素质却出现了令人担忧的现象，教育问题、三农问题、腐败问题……无不向人们昭示着文化缺位的严重损失。韩少功先生说，“文革”结束以后，整个的意识形态风向大变，都是“人不为己，天诛

① 余世存：《非常道》，骨气第十一，北京：社会生活文献出版社 2005 年版，第 116 页。

地灭”。当然，任何时代，都不乏道德高尚之人，也从来不缺道德败坏之人。我们部分地赞同道德滑坡论者的观点，因为唯利是图、突破道德底线这样的事，很多时候居然始自所谓的精英阶层或者明星们，如法官集体嫖妓之类，就影响特别恶劣。这还不是问题的关键，不能把所有问题都推到道德身上，这会让道德不堪重负。社会转型期，中国需要的不是模糊的所谓传统道德，而是与世界接轨的、以法制体系和公共价值理念为支撑的现代公共道德。

二是生存环境恶化。定义要包括以下几点：

诚信危机：经过1957年“反右”和“文革”之痛，人们已不大敢在任何场合都说真话了。“百城万店无假货”、“青年文明号”等活动的高调开展，表明我们日常生活中假的、不文明的东西实在太多了。人们不敢相互信任，证据可以仿造，亲情也能背叛。专业技术人员考核评价机制的不科学，催生了一个庞大的考试经济群。据报道，有“无忧考试网”公开招聘“枪手”，条件竟然是：热爱枪手工作，对网站负责、对顾客负责，诚实、守信，有良好的人品和职业道德。这可能是当代中国最具反讽意味的一个广告。讲《论语》，正是为了留住人们心底残存的一点善。

逐利风尚：为了利益，人们胆子越来越大，谁都敢骗，蒙父母，诳师长。什么都能出卖：美色、身体、灵魂，张钰公开性录像带的事件闹得沸沸扬扬，有人指责手中握有资源的强者“言而无信”，有人批评张钰本来动机就不纯，张钰则声明“我是以明摆着的无耻对付他们潜在的无耻”，一时间人们一头雾水，弄不清楚到底谁更无耻。人们什么也都敢利用：院士的学术声望和良心在巨大的利益面前可以打个折扣，乞丐村利用人们的同情心大发其财，靠乞讨居然盖起了二层楼;虽说时代在进步,安全套已摆脱了单一的避孕功能,但其商标名称的注册过程还是让人大跌眼镜:“二人转”的注册成功让赵本山颇为不爽,“中央一套”令 CCTV 十分恼火,“满城尽戴黄金甲”教张大导演诧异不已,而最伤全国人民心的恐怕要数一种供男同性恋者使用的“同志”牌。人们为利而不惜一切代价,无所不用其极。“中国黑客”十年嬗变:刺刀还在,理想已经滑落。[①] 在中国短暂而一度喧嚣的黑客历史上,几乎从没有过纯粹的时光,它一再被捆绑和裹胁,最先是爱国精神,其经典台词是“为刺刀装上理想,像拿破仑的军队那样”,然后是商业利益,现在则几成犯罪的代名词。《论语》说,“仿于利而行,多怨。”(《里仁》)盲目逐利,打乱了我们的生活节律。

见义不为:见义勇为曾经激励着我们这一代人,但今天它却显得十分陌生。《论语》讲“见义不为,无勇也”。今天的中国,看客多了,壮士少了;明哲保身的多了,挺身而出的少了;拿钱买帮忙的多了,舍生取义的少了! 而那些足以感动中国的人,往往是社会地位很低的人,如跳入海潮中救人的河南农民工、蹬三轮 30 年捐资助学 30 万的白芳礼……近几年,加强自我保护、防止被骗的知识大行其道。以研究四季犯罪特点而闻名的中国人民公安大学王大伟教授在电视上为全国人民所熟知,充分说明了这一点。南京一位 90 多岁的老太太瘫倒在人行道上,嘴吐白沫,20 分钟内,来来往往的行人都小心地“绕弯儿”走过,没有一个人敢上前搀扶。热心市民魏女士犹豫再三之后,喊来七八名路人作“见证”,“老人摔倒不关我的事”,才敢打电话报警。这在一个自称“礼仪之邦”并曾举国高唱“学

① 朱红军:《刺刀还在,理想已经滑落》,《南方周末》,2007 年 9 月 13 日。

习雷锋好榜样”的国度里，简直是不可想象的事情。然而这又是人们在现实教训面前的自然选择——扬州小伙扶起摔倒的老太太，朋友提醒他小心惹上官司，随即撒手，导致老人二次摔倒骨折……难怪有论者评曰：“扶起老太太”俨然成了当下一项最具风险的“高危动作”，说它很可能演化成一场可怕的社会危机，恐怕并非危言耸听。有关公权部门一次不公的判决，导致人们不敢再做好事，朴素的道德之光在利益权衡面前黯然失色……

生态恶化：拿吃饭来说，雪白的馒头里有滑石粉，好看好闻的儿童食品里添加了色素、防腐剂和激素，白白胖胖的豆芽用尿素催成，绿油油的韭菜有农药1605的贡献，鲫鱼则享受了避孕药的待遇，肉牛吃了拌有动物骨粉的饲料长得快，鸡群圈在笼子里，连走路都困难，吃这样的鸡蛋体质怎能不下降？这些东西你可以不吃，但人总是要得病的吧，那时，药量却不得不逐渐加大。人的身体受到过度发展的危害，自食其果，这样“不科学”的发展意义何在？上述种种不理性的行为，其实都是“人与自然相和谐”遭受破坏的恶果。大气污染、温室效应、臭氧层空洞、厄尔尼诺、水质污染、土壤沙化、水土流失、沙尘暴、物种减少、生态失衡、噪声、光污染……儒家讲“天人合一”，就是避免人对自然的过度开发、利用和征服。我们的生活越来越多“人造”的影子，几乎很难见到纯粹的天然物。

综合来看，生存环境的恶化，正是我们的生活失去诚信、正义、勇敢等儒家传统价值观之后的结果。上述食品安全问题中，豆芽用尿素之类的做法违背生物的基本生产规律，乃是“人定胜天”思维的剩余；不考虑消费者身体健康，毛发水做成的酱油自己都不愿用，这是不“仁”；背着消费者这样做，这是不“信”；为了产量更大，赚钱更多，不断开发“新技术”，这是追逐不“义”之财；看到同行这么做，不敢揭露，反而仿效，这是不“勇”……

三是国家整体软实力下降，凝聚力弱。

提出这一概念的是美国国防部助理部长、哈佛大学肯尼迪政府学院院长约瑟夫·S·奈教授。这使得人们从关心领土、军备、武力、科技进步、经济发展、地域扩张、军事打击等有形的“硬实力”，转向关注文化、价值观、影响力、道德准则、文化感召力等无形的“软实力”。“硬实力”是使人怕你，“软实力”是让人服你。2004年，他正式出版了《软实力：世界政治中的成功之道》一书。2005年12月，约瑟夫·S·奈在美国《华尔街日报》上发表文章《中国软实力的崛起》，指出：中国的软实力正在崛起，而美国的软实力却呈现下降的趋势。对美国人的话，我们要辩证地看，用第三只眼睛来看，绝不可全信。一个国家的综合实力是硬实力和软实力的乘积，当软实力全部丧失时，国家综合国力就等于零。中国在国际上面临越来越多的崛起性问题，不能一味地埋头搞经济建设，需要更加关注提高国际形象等国家软实力建设。今天的中国，尽管GDP在20年时间里翻了两番，但软实力比新中国成立初整体下降不少，如社会整体的公正水准、道德水准和凝聚力都不尽如人意。其实两千多年前的儒家文化中就蕴含着丰富的有关“软实力”的论述，只不过没有使用这一名词。“以德服人”、“仁孝治国”、“得道者多助，失道者寡助”等传统价值教育就是从软实力的角度解读政治生活，今天对其批判吸收，有助于增强社会凝聚力及处理社会危机的能力。我们所谓的“软实力”与美国人所说的不是一回事——西方所说的软实力，还是一种影响他人、说服他人的理性工具，中国儒学的“软实力”则是一种人格的完善，是让人修炼成君子人格，从内里焕发出足以影响人、感召人、示范于人的魅力。

四是基础教育失误，恶性案件频发。

中国的基础教育一直为各方诟病，学生不堪重负，老师不胜其烦，家长更是怨声载道。传统文化失去市场后，西方话语与现代技术大行其道。孩子们都被吸引到网吧和歌舞厅去了。所谓的“素质教育”往往徒有虚名，不过是艺术才能的有偿培训而已，至于孩子们的情商培养，学校无暇顾及。于是，面临困境时，更多的人愿意胡作非为，一泄小皇帝的怨气，言语不和便口吐脏话，稍有冲突就聚众打架，心情不好就离家出走，父母不给买4000元的手机就跳河，甚至自作主张卖肾来买 Iphone……美国的校园枪击案隔三岔五，令人心惊肉跳，可大洋这边的中国家长也不敢长出一口气——尽管中国枪支管制严格，可禁不住马加爵对同学的砍杀和复旦的研究生投毒……

儒家教人忠、孝、节、义，告诉孩子们无论在家在外，与父母、兄弟姐妹、朋友、老师、上司相处，都要忠字当头，义字为先，严于律己，宽以待人。即使到山穷水尽、走投无路时，孔子也不主张乱来：“君子固穷(能守穷)，小人穷，斯滥矣。”滥，则无所顾忌，亦无所不为。“文革”把这些东西一并当作“封资修”砸烂，学生们天不怕地不怕，与父母划清界限，批斗老师，出卖朋友，结果怎样？对谁都不相信，自己遇到挫折茫然无措。

德国《青少年世界周刊》有文指出：面对青少年道德存在的诸多问题，政府将其归因为品德教育的忽视。不过，政府也意识到，口号式的宣传和空洞的说教对青少年起不到太大的作用。由于缺乏道德感召力，加强道德教育就成了空话。中国传统道德教育中包含仁、孝、礼、家庭和谐等，对这些传统价值认同越多，面对挫折的承受力就越强，更能使青少年养成健康的生活方式。台湾王财贵博士极力推动的儿童经典诵读工程，正是这样一桩功德无量的千秋美事。而政府对社区文化的重视与鼓励，也使得全社会对传统文化的渴望得到补偿，于丹在电视上讲《论语心得》之后，其书籍的火爆销售正是对全社会文化经典饥渴的生动写照。

在资本市场呼风唤雨的日本软银金融集团首席执行官北尾吉孝，将义利理念引入道德日益沦丧的现代商场，俨然成了日本新儒商的代表。而凭借着他的号召力，日本商界也掀起了一股将《论语》和为商之道相结合的热潮。北尾吉孝称《论语》等中国儒家经典是“东洋人教养的根干”，认为在进入所谓的全球化之前，通过这些中国古籍来提高自身的修养显得尤为重要。他对像“活力门”(Live door)掌门人堀江贵文这样“不仁不义”的 IT 新贵嗤之以鼻，说堀江关于如何赚 100 亿日元的书“非常浅薄，深度为零”。他在《从中国古典获得不可思议的力量》一书中说，他将中国传统儒家文化称为自己的精神支柱，对任何事情的判断标准只有“信、义、仁”三个字。“NEET”现象(“不读书，不工作，也不接受培训”的“三无”人员。他们游手好闲，寄生在父母身上，所以又被称为“啃老族”。日本现有 64 万)之所以愈演愈烈，是由于不健康的游戏、漫画助长了青少年不劳而获的欲望和野心，如果多接触中国古籍，就可以修炼人格，明白只有吃苦耐劳才能获得成功的道理。“我觉得可以从孔子的《论语》开始读起，然后读《孟子》和《老子》，再回到孔子的著作，如此反复阅读，不断加深理解，使自己的精神境界得到升华。”新加坡国民也不乏孔子信徒，从政府层面倡导儒家的忠、孝、礼、义、仁、信、廉、耻为八大准则。在新加坡的教材中还编进了100多个中国儒家和东方传统价值观的故事和典故。

法国哲学家从孔子思想中悟到:征服者可以毁坏有形的物质,但毁坏不了道德。18世纪法国大哲学家、启蒙运动的领袖和导师伏尔泰(1694～1778)对中国文化推崇备至,他把孔子的塑像放在自己的书房里,朝夕朝拜。同样,在法国大革命时期的《人权宣言》中写道,“自由是属于所有人的做一切不损害他人权利之事的权利,其原则为自然;其规则为正义;其保障为法律;其道德界限则在下述格言中——己所不欲,勿施于人。”这正是因伏尔泰推崇孔子而由罗伯斯庇尔写进去的。这和后来美国总统罗斯福在第二次世界大战末期所说的公民四大自由——言论自由、信仰自由、免于贫困及免于恐惧的自由——有相通之处。如果掌权者能恪守“己所不欲,勿施于人”的治政原则,他的人民才会真正享有免于恐惧的自由,不会担心因为一句话说得不对而有警察半夜闯入家中。

德国人卫礼贤跟随八国联军来到中国学习儒家文化,并在青岛创办礼贤书院。回国后,担任法兰克福大学教授,他的名言在法国广泛流传:“所谓经济学说、社会学说,皆不如孔教。西方哲学家兴推倒前人学说而代之,中国则以孔教通贯数千年。”在他看来,孔子思想比西方哲学思想好很多,所以能统治中国几千年。

七、《论语》的当代价值

当人们底线失守的时候,就无所不敢、无所不为了,就连恐怖犯罪也在所不惜。

自恐怖活动产生以来,直接执行的主体往往是职业恐怖分子,类似好莱坞大片中的冷面杀手，他们嗜血如魔，杀人如麻。现在，不少平民抱着各不相同的目的加入其中，致使在“职业恐怖分子”与“平民恐怖制造者”之间划清界限已经相当困难。恐怖实施者既可以是全副武装的“基地”组织，也可以是手无寸铁的乡间莽汉，既可以是劣迹斑斑的家族团伙，也可以是未谙人事的花季少女。因偶发事件走上恐怖道路的平民，虽未经训练，但恐怖效果并不亚于职业恐怖分子所为：江西“连锁投毒案”使九江人很长一段时间闻“早点”而色变，不敢在外用餐；南京汤山陈正平投毒案更是被称作“中国的9·11”，造成200多人中毒，42人死亡。上述诸事虽然死亡人数不多，但案件中的加害人与受害者没有任何利益冲突，在群众中形成恐怖气氛，因而已不仅仅是简单的刑事犯罪。

恐怖活动正在趋于平民化，这并非空穴来风，而是因为国内外恐怖活动在实施主体、侵害客体、犯罪手段与恐怖环境等各要素上都呈现一定程度的平民化特色。这种平民化特色使之更为密切地融入寻常百姓的生活，犹如美国在阿富汗和伊拉克投下的一颗颗未爆炸的炸弹，谁也不知道它们什么时候发作。老百姓所能做的，只是希望政府尽快将其移走。恐怖活动亦是如此，它像梦魇一般萦绕在我们的生活之中，四处作祟，阴魂不散。它的“无影手”随时都会伸出来，伸向喜乐无边的婚礼，伸向静谧温馨的卧室。

人们通常认为恐怖分子是在强大的政治与军事力量面前备受压迫，不得已才诉诸恐怖手段，以发泄怨气。其实他们原本就是和我们一样的人，和我们一样的矛盾复合体。是人，就有喜怒哀乐、七情六欲；是人，就有对于歧视与压迫的反抗基因；是人，就有难免失去理智、铤而走险的时候。莫非他们就是古希腊“多面人”在当世的复活？评价他们是困难的，或许真如佛教所言“不可说”。但细细想来，一个健全的社会不应该对此束手无策。纠正其偏其弊，传统文化责无旁贷。

第三代新儒家代表人物杜维明接受《国际先驱导报》专访时，谈了自己的看法。他说，面对经济全球化进程中人类所面临的种种矛盾和危机，儒家思想至少能够提供一种新的思路。现代西方崛起的基础是启蒙思想。启蒙思想发展出的许多观念，已经成为当今的普世价值。但是，这些观念中有反自然倾向，过于强调个人中心主义和理性，导致了许多问题的产生。儒学则不同，它涉及四个层面，个人、社会、自然、天道。个人讲身心整合，注重个人和社会的健康互动，社会是广义的，从家庭、社会到国家和国际社区，乃至到生命共同体以及宇宙。它也重视人类如何和自然能够保持长久的和谐，人心和天道能不能够相辅相成，比如“天人合一”。这些恰好是西方思想所缺乏的东西。从某种意义上说，儒学是一种“软实力”，但并非西方意义上的“软实力”。因为西方所说的软实力，还是一种影响他人、说服他人的理性工具，儒学的“软实力”则是一种人格的完善……每一种思想都有阴暗面。比如基督教，有人用它来传道，也有人用它来谋财，做坏事。儒家思想也一样。但是，糟粕和精华常常是混在一起的，所以我们现在要做的是厘清儒学的传统资源。当今一些阴暗面，比如走后门、官商勾结、缺乏透明度、狭隘的民族主义等，都不能说与传统没有关系，但更重要的是要发扬光大儒学的正面价值，比如像“仁义礼智信”这种真正核心的价值。①

假如多数人在表达怨气时选择恐怖手段，而不是诉诸法律，那

① 杨晴川：《杜维明：学习孔子，抛弃单边主义》，新华网，2008年1月29日。

么，这个社会一定是“病”(Abnormal)了，不正常了，不管它的文明程度有多高。笔者一直认为，歧视是成就恐怖的根本所在。由“歧视”到“恐怖”，尽管路径各不相同，但结果却并无二致。每个国家的公民都希望生活在一个没有歧视、没有剥削、充满宽容与友爱的社会环境之中。也许，孔子与西方先哲所构想的“大同社会”、“理想国”才是恐怖分子绝迹的人类净土。但是，我们离它还有多远？

且不论“恐怖主义”这一概念的政治性含义，就拿美国所称的伊拉克恐怖分子来做个案分析。关于攻打伊拉克，美国人有一套冠冕堂皇的说法，是为那里的人民送去民主与自由，送去美式文明；而世人又都有更为透彻的看法，即以解放之名，行掠夺之实。其实尼克松就曾经指出美国人发动海湾战争，既不是为了民主，也不是为了自由，而是为了石油。这两个解释系统，一表一里，但都可以用儒家学说来批驳、化解。

儒家讲“恕道”，它包含两层意思：一是“己所不欲，勿施于人”。1993年，来自世界各地的6500名宗教界领袖、神学家及其他人士汇聚芝加哥，参加世界宗教议会年会，会上发布了《走向全球伦理宣言》，把孔子这句话定为处理国际关系的“黄金法则”。自己不愿意承受的事情，也不要强加给别人。不愿意别人以某种方式对待自己，自己就首先不要用这种方式对待别人。换言之，要设身处地地替别人着想。你觉得除了萝卜你什么都不想吃，那么你可以向别人推荐，但不能强求别人都不准吃白菜，因为“萝卜白菜，各有所爱”，人家不见得也好这一口儿，要允许世界多样性的存在。宗教如此，文化亦如此。按美国人的说法，他们觉得自己的美式文明是最好的意识形态，于是在战争及后来的虐囚中，强行向阿拉伯国家推行美式文明，包括其中的色情文化，这就严重地践踏了以宗教立国的伊斯兰国家的文化主权与文化自尊。如果美国人懂得“恕”的道理，恐怕就不会有6000名士兵作了异乡之鬼。第二层意思是：“己欲立而立人，己欲达而达人”。你觉得苹果好吃，但不能把地球上的苹果吃光，因为还有人也觉得苹果好。在自己发达、有成就的同时，要给别人留下一定的发展空间，这样大家才能相安无事，都对生活抱有希望，也才不会走上恐怖道路。西方文明受社会达尔文主义影响太深，只为了一己之私就去污染人家的环境，掠夺人家的资源。中国都恨一种人，就是“为富不仁”的人，他一旦富起来，就不断追求财富的累积，而且是丧心病狂式的，对穷人立锥之地的需求不屑一顾。穷人被逼急了，他不搞恐怖才怪呢！伊拉克很多人家破人亡、生活绝望，很容易成为所谓“恐怖分子”的最佳候选人。

儒家思想除了“仁”之外，还有一些概念也与反恐怖相关。比如“忠”，即忠于职守。俗语云“各人自扫门前雪”，《论语》曰：“君君臣臣，父父子子，夫夫妇妇。”朱熹演之为“三纲五常”，将其狭隘化、教条化。各级官员，尤其是居上位者若能恪尽职守，减少冤假错案的发生，则民少怨气，亦少恐怖。因此，可以说，哪个国家恐怖闹得最厉害，说明它的政治最有问题。或者说它国内政策没有大过失，但所推行的国际政策却严重侵害了其他国家人民的利益。也就是说，作为国家，它是不“义”的。再比如“礼”，“礼让”的核心是“谦让”、“律己”。如果每个人都能控制自己的非分之想，在礼和法所允许的范围之内获取正当利益。在名利面前，能保持“礼让”姿态，那么，怎么可能与人结怨，惹人仇恨，招致报复，并扩展为恐怖行为呢？

八、半部《论语》到底能不能治天下？

“半部《论语》治天下”这句话在中国的知名度很高。这个典故起源于北宋开国宰相赵普。公元963年，宋太祖想要改换个年号，就想到了采用“乾德”。乾者，天也，阳也。“乾德”的意思就是说要以前所未有的大功德造福大宋子民。赵普认为好得不得了。后来有人禀告太祖，说前蜀在公元919至924年曾用过这个名字。大宋朝再用有些不吉利。太祖便用毛笔在赵普的脸上乱涂了一把，说“宰相还是得用读书人呀！”于是，就有人放出闲话，说他这个山东人其实没什么文化，所读过的书不过一部《论语》而已……太宗尝以此论问普。赵普很坦率，对道：“臣平生所知，诚不出此。昔以其半辅太祖定天下，今欲以其半辅陛下致太平。”（宋·罗大经《鹤林玉露》卷七）后人以讹传讹，就有了所谓“赵普标榜自己‘半部论语治天下’”的神话了。如元人高文秀《遇上皇》：“每决大事，启文观书，乃《论语》也，此时称小官以半部论语治天下。”严复《救亡决论》：“从此天下事来，吾以半部《论语》治之足矣，又何疑哉！又何难哉！”赵普觉得很没面子，于是，回家从箱子里翻书来看，后来处理政事非常妥当，人们都很纳闷。等他死后，人们才发现箱子里只有半部《论语》。其实，赵普读《论语》纯属掩人耳目，心里装的那些“点子”实际上来源于实践锻炼。儒学的作用毕竟是有限的，任何将包括儒学在内的传统文化全盘否定或者全盘肯定、神圣化、主流化的行为，都是别有用心的。“解放思想，实事求是”，依宪治国，依法行政，建设社会主义民主与法治，建设有中国特色的市场经济，才是中华民族实现伟大复兴的必由之路。

不管典故是真是假，我们不妨以正史为据，从赵普的仕宦经历中找寻一些在《论语》中时有反映的为官之道。

“赵普字则平，幽州蓟人。……普沉厚寡言，镇阳豪族魏氏以女妻之。”①

在封建社会，联姻是建立社会关系相当重要的手段，它通过婚配方式建立新的血缘关系，借以扩大家族势力。可见，选个好内助是很必要的，“君子欲讷于言而敏于行”，“贤贤易色”。诸葛亮之妻也很丑，但出身名门，在江州有家族背景，对他的事业有很大帮助。

“周显德初，永兴军节度刘词辟为从事，词卒，贵表荐普于朝。世宗用兵淮上，太祖拔滁州，宰相范质奏普为军事判官。宣祖(应该是开国皇帝赵匡胤之父)卧疾滁州，普朝夕奉药饵，宣祖由是待以宗分。太祖尝与语，奇之……”

“事君尽礼，人以为谄也。”并非迷信，所谓在家靠父母，出外靠朋友。

“及受禅，以佐命功，授右谏议大夫，充枢密直学士。”

“普为政颇专，廷臣多忌之。……太祖大怒，促令追班，将下制逐普，赖王溥奏解之。”

“八年，出为武胜军节度、检校太尉兼侍中。帝作诗以饯之，普奉而泣曰：‘陛下赐臣诗，当刻石，与臣朽骨同葬泉下。’帝为之动容。”

《论语》中，定公问：“君使臣，臣事君，如之何？”孔子对曰：“君使臣以礼，臣事君以忠。”(《八佾》)

“普性深沈有岸谷，虽多忌克，而能以天下事为己任。”

---

① 《宋史·赵普列传》，卷256，列传第十五，以下引文同此。

子路问何为君子时，“子曰：‘修己以敬。’曰：‘如斯而已乎？’曰：‘修己以安人。’曰：‘如斯而已乎？’曰：‘修己以安百姓。修己以安百姓，尧舜其犹病诸！’”（《宪问》）君子要胸怀天下。修己、安人、安百姓，是呈递进关系的三个阶段，由低到高，由易到难。

子曰：“君子之于天下也，无适也，无莫也，义之与比。（《里仁》）君子对于天下大事，不要盲目地赞同谁或者反对谁，做出自己判断的唯一依据，只有道义。

“宋初，在相位者多龌龊循默，普刚毅果断，未有其比。尝奏荐某人为某官，及祖不用。普明日复奏其人，亦不用。明日，普又以其人奏，太祖怒，碎裂奏牍掷地，普颜色不变，跪而拾之以归。他日补缀旧纸，复奏如初。太祖乃悟，卒用其人。又有郡臣当迁官，太祖素恶其人，不与。普坚以为请，太祖怒曰：“朕固不为迁官。卿若之何？”普曰：“刑以惩恶，赏以酬功，古今通道也。且刑赏天下之刑赏，非陛下之刑赏，岂得以喜怒专之。”太祖怒甚，起，普亦随之。太祖入宫，普立于宫门，久之不去，竟得俞允。”

跟其他宰相相比，赵普独具一格，属于今天的“个性高官”。推荐用人，矢志不渝，因为他是在忠实履行自己的职责。子曰：“事君，敬其事而后其食。”（《卫灵公》）我看赵普是做到了的。在谏言问题上，赵普可是“一根筋”。碰上皇帝耍流氓：“我就不用他，你能把我怎么样？”他便拿出软磨硬泡的本事——你是树我是藤，我绕你；你是油我是灯，我耗你。之所以有此胆量，全在于他相信自己做的事是对的，并非为自己谋利，而是为对方着想。心底无私天地宽，自然胆气也壮。《论语》中，子路问事君。子曰：“勿欺也，而犯之。”（《宪问》）为着正确的事情冒犯皇上没关系，不过，千万不要犯欺君之罪，那可是死罪啊！

“自是不复言。普少习吏事，寡学术，及为相，太祖常劝以读书。晚年手不释卷，每归私第，阖户启箧取书，读之竟日。及次日临政，处决如流。既薨，家人发箧视之，则《论语》二十篇也。”

赵普是太祖平天下的大功臣，但是读书少，太祖要其与时俱进，赵普并没有居功自傲，而是认真“落实首长指示”。这首先是一种姿态，也给足皇帝面子。至于学习效果，没有几个皇帝再去穷追不舍的。

赵普所说的“半部《论语》”并非是半本论语。复旦大学历史系教授、著名历史学家朱维铮说，赵普的话可以做两种解释：一种解释是说赵普没有把《论语》读透，只参透了一半学识，他用这一半学识帮助宋太祖平定了天下，现在还用这一半学识来帮助宋太宗治理天下；另一种解释是说，赵普只读了《论语》一本书并把它参透了，他用这本书的一半学识帮助太祖取得天下，现在将用另一半学识帮助太宗治理天下，使国泰民安。

今天，我们可以肯定，半部《论语》是治不了天下的！赵普中青年时期没有专门读过《论语》，但其生平重要关节点却不断地印证《论语》教诲，足见《论语》肯定包含着丰富的为人之道与为官之道。

2006 年 5 月，笔者在武警指挥学院开设首届《论语》讲习班，曾赋诗一首，录于此：

咸水聚贤洗征尘，芦苇滩头首开《论》。
礼义廉耻国四维，忠孝及敬人三伦。
虎帐讲兵凭德信，沙场麾师运乾坤。
黄鐘大吕清且雅，编作二胡亦家珍。

九、今日《论语》之讲法

2006年，中央成立了"孔子文化全球传播委员会"，名誉主席李瑞环，专家顾问团团长为前中组部部长张全景。2006年3月1日，特邀顾问香港汤恩佳博士到美国讲儒学，批霸权主义，讲完后布什总统还给发了奖状。

批判地继承，辩证地吸收，无疑是今天讲习《论语》的应有态度。儒家文化中肯定含有不利于当今时代发展与进步的东西，必须摒弃。归纳起来，主要有三点：第一，抑制竞争；第二，礼法过度；第三，道德标准过高。儒家所说的"仁"、"恕"概念反对任何形式的竞争行为，包括战争、掠夺、诉讼等，并鼓吹无原则地保护弱者。"其争也君子"的射箭比赛可能是《论语》中仅有的反映竞争的条目，但还是严格限定在"礼"的范围之内，并非真正意义上的充分竞争。这样做的恶果就是，在一个相对环境中，假如大家都是君子，这一套理论用起来当然如鱼得水；可假如有人充当了进攻性的先锋，为了争夺生存资源，可能一步步地进犯。这时候的自然法肯定是留优汰劣，那么儒家不主张竞争、保护弱者的结果就是留劣汰优，并由此衍生出"明哲保身"、"枪打出头鸟"、"不患贫而患不均"等处世哲学。邓小平同志的伟大之处就在于他主张"改革开放，引入竞争"，逐步让中国人建立生存竞争观念。第二，礼法过度，便容易导致等级森严，专制者高高在上，肆意弄权，践踏民主，使老百姓失去说话的自由。不过值得注意的是，《论语·公冶长》中，孔子评价郑相子产"有君子之道四焉：其行己也恭，其事上也敬，其养民也惠，其使民也义"。当年子产不毁乡校，赢得孔子高度赞扬。原因就在于子产当时还是很尊重民意的。乡校并非一个教育机构，而是类似于西方议会的民众议政场所，人们可以在这里随便发表自己对政策的看法。有人提出取缔这个场所，免得影响政策的实施。子产反对，他说如果我们做得好，就不怕人家议论，如果做得不好，听听批评意见加以改进也是好事嘛。所以，儒学后来导致的专制不能记在《论语》头上。第三，儒家评判一个人的价值，总是把德放在第一位（今天考评干部还是按德、能、勤、绩的顺序排行），至于这个人的实际贡献和能力则放在次一级的地位。这可能还是担心如果优先考虑才能与成绩，就容易引发官员的竞争行为，对现有的秩序造成冲击。但因为德是一个比较软的指标，不具有可操作性，所以，重德的结果就是人们变得虚伪，心口不一，在公共场合一般都不说实话，还喜欢做表面文章，搞形式主义。比如同样在一个企业里面，甲效率很高，布置的任务都能按时按量完成，从不加班，而乙见老板不在跟前就干私活，侃大山，老板一来，赶紧表现，甚至抱病加班，那么毫无疑问，受到肯定的就是这个家伙，因为他"表现好"。老板根本没有意识到是不是他的工作能力有问题，他加班又浪费了公家多少电和水。

《论语》的主旨显然少不了"道德"二字，但道德是什么？调和人际关系的润滑剂，是可软可硬的，变通性有时很大，有时却不容商量。总之，没有人能够充当道德的法官，也少有人敢拍胸脯说自己在道德上无可指责，是道德完人。因此，《论语》宣讲者切忌"迂"，即不看时势，高高在上，一味地进行苍白的道德说教。为了赢得普通民众的情感认同，《论语》宣讲者要对现代民众的世俗要求给予理解之同情，并正确引导，而不是单纯依靠粗暴的行政手段。在今天这个生存成本加大、价值标准多元化的世界上，要对很多现象作出单一的道德判断，是一件相当困难的事情。但是，这并不意味着《论语》讲师要降低学术的品位去迁就公众。复旦大学朱维铮先生说，“于丹的书我只翻了两页，没有能够读下去。她胆子大。”记者问，这话怎么讲。朱先生说：“不懂的东西也敢讲，不是胆子大是什么？”于丹走的是“六经注我”的路子，经典为我所用。这本无可厚非，但前提一定是对经典文本的准确把握。李泽厚先生给了于丹一个定位：是平民，不是精英，不是思想者，是布道者。西方是有很多公众讲座的，有些大学者也去做通俗讲座，而我们现在一些火热的通俗讲座，恰恰是一些缺乏研究或研究得不够深的人在讲。把历史资源、公众兴趣以及公众关心的社会问题联系在一起，其实还是很能打动人的。换句话说，这个东西得有人来做，而且还必须高人来做。

十、今日《论语》之读法

程子曰：“读《论语》：有读了全然无事者；有读了后其中得一两句喜者；有读了后知好之者；有读了后直有不知手之舞之足之蹈之者。”这是理学家眼里人们读《论语》之后的四个层次。今天，我们要抱持正确的态度来读这部经典著作。

1. 以敬畏之心读，奉为圭臬

《论语》之所以历久不衰，正是因为它提出了不少超越时空、具有普世价值的道德法则。人类社会无论发展到什么阶段，道德总是无法舍弃的。哲学家康德的墓碑铭文这样写道：“有两种东西，我们愈是时常、反复地思索，它们就愈是给人的心灵灌注了时时翻新，有加无已的赞叹和敬畏——头顶的星空和心中的道德法则。”所以，读《论语》，就要怀着敬畏之心去读，并使之内化为我们日常行为的准则。孔子曰:“君子有三畏:畏天命,畏大人,畏圣人之言。小人不知天命而不畏也,狎大人,侮圣人之言。”“红卫兵”小将天不怕地不怕,敢将儒学踩脚下,却最终沦为世人笑柄。中国历代大儒——二程、朱熹、陆象山、王阳明、熊十力、梁漱溟……对《论语》无不恭恭敬敬。梁漱溟当年自述:“孔孟之学,现在晦塞不明。或许有人能明白其旨趣,却无人能深见其系基于人类生命的认识而来,并为之先建立他的心理学而后乃阐明伦理思想。此事唯我能做。又必于人类生命有认识,乃有眼光可以判明中国文化在人类文化史上的位置,而指证其得失。此除我外,当世亦无人能做。前人云:“为往圣继绝学,为万世开太平”,此正是我一生的使命。《人心与人生》第三本书要写成,我乃可以死得;现在则不能死。又今后的中国大局以至建国工作,亦正需要我;我不能死。我若死,天地将为之变色,历史将为之改辙,那是不可想象的,万不会有的事!”。“中国有五千年文化,孔子是接受了古代文化,又影响着他之后的中国文化的。这种影响,中国历史上的任何一个古人都不能与孔子相比……他本人是承前启后的。”今天的老百姓,读《论语》便应细细体味,对照历史典故来印证其中蕴含的道理。

2. 以“取长”心态读,学有所得

读书的目的当然是为了学习,学到自己先前所不知道的东西。这是毫无疑问的,所以读到自己认为不好的地方,更应将精神贯注其中,深思明辨。万万不可抱持挑毛病的态度来读书,那样,天下将没有一本好书。正如培根所云,“读书时不可存心诘难作者。”

位列“新儒家”的徐复观在其《自述》中记:复观于1943年在重庆北碚勉仁书院以军人的身份初次拜见熊十力,请教熊氏应该读什么书。熊氏教他读王夫之的《读通鉴论》。徐说那书早年已经读过了。熊十力以不高兴的神气说,你并没有读懂,应该再读。过了些时候,徐复观再去看熊十力,说《读通鉴论》已经读完了。熊问,有什么心得?于是徐便接二连三地说出许多他不太满意的地方。熊十力未听完便怒声斥骂道:"你这个东西,怎么会读得进书!任何书的内容,都是有好的地方,也有坏的地方。你为什么不先看出他的好的地方,却专门去挑坏的;这样读书,就是读了百部千部,你会受到书的什么益处?读书是要先看出他的好处,再批评他的坏处,这才像吃东西一样,经过消化而摄取了营养。比如《读通鉴论》,某一段该是多么有意义;又如某一段,理解是如何深刻;你记得吗?你懂得吗?你这样读书,真太没有出息!"这一骂,骂得徐复观这个陆军少将目瞪口呆。脑筋里乱转着,原来这位先生骂人骂得这样凶!原来他读书读得这样熟!原来读书是要先读出每部书的意义!正如徐复观后来回忆时所说,这对他是起死回生的一骂。恐怕对于一切聪明自负,但并没有走进学问之门的青年人、中年人、老年人,都是起死回生的一骂!

3. 在心灵对话的层次读,打破时空

读《论语》,首要的是把自己"放"进去,以己之心,度人之心,体味夫子及诸弟子的心灵。用古人的话说,就是要"心游万仞,思接千载"。初读《论语》,不妨采用陶渊明的读书法——不求甚解。待到触动心灵处,便可以初尝滋味。一遍读下来,若能有三五句深印于心,便真正有所得。程子曰:"学者当以《论语》《孟子》为本。《论语》《孟子》既治,则六经可不治而明矣。读书者当观圣人所以作经之意,与圣人所以用心,圣人之所以至于圣人,而吾之所以未至者,所以未得者。句句而求之,昼诵而味之,中夜而思之,平其心,易其气,阙其疑,则圣人之意可见矣。”所谓的经典,就是具有哲学意味、高度浓缩真理的名言,借用“文革”语言,就是一句顶一万句。

4. 用指导实践的态度去读,知行合一

夫子在《论语》上的教导,本不是教人读的,是要让人行的。程子曰:“今人不会读书。如读《论语》,未读时是此等人,读了后又只是此等人,便是不曾读。”因为儒学缺乏一种惩罚机制,不像佛教那样。加之近百年来它披上了太多的污垢,所以人们对它的态度相当微妙。现在买房很贵。有人辛苦了大半辈子,终于在北京郊区买了套房子。交款那天流着泪用颤抖的手掏出手机准备告诉家里人,谁知手机屏幕却显示:“河北移动欢迎您……”深圳人邹涛为抵制高房价,发起“不买房运动”,应者云集,他也天天奔波于此,结果断了开发商的资金链,招致打击报复。妻子离他而去,临别时最后一句话是:“你如果是别人的老公,我会很欣赏。但作我的老公,那不行。”同样,男人都希望自己的妻子忠贞端庄而别人的妻子都水性杨花,每个人都希望别人遵守道德规范,老老实实,而自己可以恣意妄为。有人希望全天下的人都做君子,或者是他眼中的“傻子”,而自己做精明钻营的“聪明人”(实际是小人),从中牟利,占尽便宜。这就是典型的短视行为。这些内容,在《论语》中都有深刻阐述。

“圣雄”甘地说:“这世上‘善’的取得,是以蜗牛速度前行的。”今天学《论语》就是要从点点滴滴做起,以坚强的意志力抗拒“世风日下”的冲击。

经典万世流传,必有关乎人性的东西贯穿其中,而人性是永恒的。窃以为,解《论语》只在四字——玩味、践行。从小事情做起,学会放弃一些名利,逐渐地,你就会发现,生活中有很多我们以为是宝贝的东西其实是累赘。为了它,拼得头破血流,得到了却未必幸福。没有它,生活照样可以很快乐。

封建时代的官方和学者为了自己的方便,不断地利用、篡改《论语》。在21世纪的中国,我希望和大家一道来认识一部真正洗去泥污的《论语》。凤凰涅槃,浴火重生,必将散发别样的光辉!她披着满身的华彩,展开仁、义双翅,翩翩然飞入以人为本的和谐社会!

资源篇

《论语》中的领导力资源

“不患无位，患所以立；不患莫己知，求为可知也。”

“不患人之不己知，患其不能也。”

子夏为莒父宰，问政。子曰：“无欲速，无见小利。欲速，则不达；见小利，则大事不成。”

子曰：“富与贵是人之所欲也，不以其道得之，不处也；贫与贱是人之所恶也，不以其道得之，不去也。君子去仁，恶乎成名？君子无终食之间违仁，造次必于是，颠沛必于是。”

古往今来，“道”无处不在，无时不有。在中国民间，“道”被认为是最高的行为准则，是万物变化发展的总规律。所以有大道，有小道；有天道，有人道。“天行有常，不为尧存，不为纣亡”，那是天道。战争期间不杀平民，不虐战俘，不放贫铀弹，那是人道。梁山好汉祭起杏黄旗，虽出自人道，却自称“替天行道”。今天的领导干部仕途顺畅，其实已经说明“道行高深”了，而这“道行”至少包含了这样几个因素：工作干得漂亮，忠实履行了自己的岗位职责，这是“忠”；上下关系、内外关系处理得当，和谐顺畅，这是“礼”；与人交往，毫不含糊，这是“义”；领会上级组织精神准确敏捷，头脑清醒，这是“智”……瞧，生活在儒家文化熏染的国度，我们的领导干部身上已然具备了这样一些品质，只是我们过去并没有从儒学角度来给自己定位，而是采用了另一套话语体系。

“道”与“术”是有本质区别的。孔子讲治国之道，韩非讲治国之术。“养生之道”与“养生之术”是什么关系？前者讲的是道理，比如心胸豁达，淡泊名利，营养均衡等，后者讲的是方法，比如不要和兄弟争夺遗产，不要跟同事斤斤计较，不要跟邻居“万里修书只为墙”，菠菜和豆腐不要同吃，多晒太阳，等等。拿领导工作来说，传统意义上的“管人”与现代人力资源管理存在着本质上的区别。前者重视“驭人”之“术”，只是把员工简单当成实现目的的工具，被管者明显站在管人者的对立面，难以产生归属感和认同感。后者则讲究“以人为本”之“道”，在理念上把员工当作与自己平等的“人”来看待，也才不会陷入“治”人、整人的怪圈。“为官之道”讲的是做官的道理，或者说是做官的“应然状态”。而“为官之术”才是做领导的具体工作技巧。同样的道理，《孙子兵法》也是讲取胜之道的——“知己知彼，百战不殆”何等精彩！美国军方对此非常熟悉，并从中寻求制胜之道。2003年伊拉克战争前，美军战场总指挥、中央总部司令弗兰克斯就说过：中国古代军事思想家孙子的幽灵似乎徘徊在沙漠上每部向前推进的战争机器旁边。在记者招待会上，这位陆战队上将脱口而出孙子的名言“知彼知己，百战不殆”。金一南先生多次访问美国之后，在自己的博客中写道：“当我们在骄傲自己辉煌的民族精神文化遗产之时，当我们热衷于把《孙子兵法》作为一门高深学问加以学术式研究和理论意义评价之时，美国人却从中国古老的军事理论中，发掘出指导现代军事行动的重大意义和价值。从这个意义上看，孙子不光是我们的‘道’；我们还必须防备别人‘以其人之道，还治其人之身’。这的确是我们必须思索、必须警惕和必须转变的。”①

“半部《论语》治天下”这句话在中国知名度很高，成为公务员学习《论语》的绝佳广告。由宋人罗大经《鹤林玉露》始，至元人高文秀《遇上皇》，再到近人严复《救亡决论》，人们一再地以讹传讹，为这句千古名言涂抹了一层层欺骗性。读《宋史·赵普传》，可知赵普之所以能夜读《论语》而次日“处决如流”，并非得益于书本，而应归功于多年军旅生涯中对世态人心的准确把握。今天，我们可以肯定，“两朝宰相”赵普在中青年时期没有专门读过这部古籍，而半部《论语》也是治不了社会主义现代中国的“天下”的！不过，从正史中可以得知，赵普生平重要的关节点却不断地印证《论语》教诲，足见其中包含着丰富的处世之道与领导力资源。

西方人讲领导力，从领导行为理论到领导权变理论，从领导归因理论、魅力型领导理论再到变革型领导理论、愿景型领导理论，始

① http://blog.people.com.cn/trackback.do? wlog_id=1192088382727619.

终围绕着领导者的人格特质展开。中国人研究领导力，则定义为"影响并改变目标行动者的态度、价值观、信念或行为的能力"，特别倚重道德感召力。有学者认为，感召力是领导力中最本色的能力，主要来自5个方面：坚定的信念和崇高的理想；高尚的人格和高度的自信；代表一个群体、组织、民族、国家或全人类的伦理价值观和臻于完善的修养；超越常人的大智慧和丰富曲折的阅历；不满足现状，乐于挑战，对所从事的事业充满激情。(石梦菊《领导力构成要素初探》)孔子所构筑的崇高理想是"小康"与"大同"社会，所推崇的"君子"人格富于"坦荡"的品质自信，所设计的"五伦"、"八德"成为典型的东方式社会伦理价值观，所体现的大智慧得益于周游列国的复杂阅历，而孔子对"道"的执着与热情早已尽人皆知。

孔子的教学对象是居于"四民"之首的士，决定了这部语录集必然与为官从政有着千丝万缕的联系。生活在一个向来由儒学占据思想领域统治地位的国度，从政治理念到思维方式，从日常生活到行为规则，我们无不深受《论语》及其价值观的影响。哈佛商学院"松下幸之助领导学"讲席教授科特(Kotter)发现：当今大多数美国公司"管理过度"而"领导不足"。彼得·德鲁克被管理学界冠以"大师中的大师"之头衔，孔子则被历代帝王奉为"千古圣人"。抛开统治者刻意利用的政治成分，笔者曾用心比对了二者的观点，居然找到不少共通性。因此，有必要对《论语》进行批判式吸收，挖掘蕴含其中的领导力资源，使之有益于提高公务人员的道德修养和行政素养。

一、领导观念的确立

民族文化积淀深刻影响着人们的思想和行为，也对从政者的领导观念产生不可小觑的作用。中华民族繁衍生息几千年，儒、释、道等思想融入寻常百姓的生活，人们的举手投足、眉目顾盼之间，无不洋溢着文化的气息。任何一级领导者，管理这样一个泱泱大国的百姓，不考虑其文化土壤、不确立中国式的领导观念，几乎是不可能的。孔子解释其理论体系中最高境界"仁"时，以"爱人"作为界定标准。孟子更进一步，提出"民为贵，社稷次之，君为轻"。对民众的关怀已是显而易见的了。新中国成立后，党的几代领导人也都高举着这一旗帜。毛泽东同志"为人民服务"的口号最为响亮，也最为精辟。邓小平同志谈到改革方向时，有"三个有利于"之说，其中之一便是"有利于人民群众生活水平的提高"，说改革的目的是实现全民共同富裕，如果只有少数人富裕了，而大多数人民群众生活水平不高，那么改革就失败了。江泽民同志"三个代表"也要求共产党要代表"最广大人民群众的利益"。

关于领导观念，这里主要谈谈权力观念与政绩观念。

在权力观念中，关于权力的来源，西方讲"君权神授"，中国讲"天赋皇权"，都希望借助冥冥之中神秘力量的襄助，来强化政权的合理性与合法性。人们虚拟出的上帝与天神都是一副仁慈的面目，以强大的力量保护万众。儒家要求帝王"敬德保民"，天子如此，百官亦当如此。在权力的使用上，《论语》讲"使民如承大祭。"（《颜渊》）要慎重、严肃、怀有敬重之心，绝不可如杜甫《兵车行》所云那般"况复秦兵耐苦战，被驱不异犬与鸡。"权力的滥用，将严重削减政权自身的威信。虐民以自肥，既是对上天和民众的不敬，也是自掘坟墓。在权力的获取上，孔子反对投机钻营、上蹿下跳的"跑官"行为。他认为领导者自身素质的高低是能否获取权力与地位的关键因素，处于官僚链条中的人应该把更多精力放在强化行政能力上:“不患无位,患所以立;不患莫己知,求为可知也。”(《里仁》)“不患人之不己知,患其不能也。”(《宪问》)“不患人之不己知,患不知人也。” “其未得之也,患得之;既得之,患失之。苟患失之,无所不至矣。”(《阳货》)不难想象,通过非正当途径获取的权力是不大能够使用得当的,而如果能力不够,将患得患失,坐卧不宁。胡锦涛同志讲“让改革发展的成果惠及全体国民”则是新时代的仁政体现。

“青史留名”是古人特别看重的行政绩效。有的政绩人人都能看得见,比如开疆拓土、整饬军备、修路架桥、盖楼筑城、GDP、工业园、开发区,即所谓“硬实力”。而有的政绩是人们看不见的,比如民心淳朴、百姓教化、文化繁荣、宗教自由……即所谓的“软实力”。看得见的成绩实现起来相对较快,看不见的成绩实现起来就要慢一些,甚至到离任之时也难以显现,所以短视的领导往往不愿意做“栽树”的前人。孔子说“君子疾没世而名不称焉。”(《卫灵公》)官员的任期有限,工作却是无限的。子贡问政时,孔子“自古皆有死,民无信不立”的回答充分表明,和充足的军备与粮食储备比起来,人民对政权的信心是至关重要的。政绩的建立不可能一蹴而就,循序渐进才是正途。子夏为莒父的地方长官,向孔子问政。子曰:“无欲速,无见小利。欲速,则不达;见小利,则大事不成。”(《子路》)这是政绩建立的两条原则。“急于求成”等同于拔苗助长,违背了事物发展的规律,势必催生急躁情绪。急躁而又不成,那就只有“欺骗”这一招了。20 世纪的“大跃进”给民族发展烙下了深刻的印迹,那个特定年代的盲目热情最终兑换成极大的代价,也再一次验证了哲理名言穿越数千年的警世之力。今天我们讲“科学发展”,便是放弃了眼前小利,以成就“中国梦”之大事。

可喜的是,我们看到,中国的传统政治文化正在发生改变。传统的父权思维滋生权力的傲慢,使一些地方的行政无法无天。这种落后的权力观念受到有识之士的批评。2012年5月9日,广东省第11次代表大会上,省委书记汪洋的讲话中提到:“必须破除人民幸福是党和政府恩赐的错误认识。”这无疑具有巨大的进步意义。此外,便捷的网络工具掀起民意的汹涌。借助发展迅猛的自媒体,人们可以更自由地表达自己对新闻事件和公共事件的看法。所以铁道部发言人那句“至于你信不信,反正我信了……”昭示着作为政府代言人,仅有真诚与可爱是不够的,因为公民有追问真相的权利。现代政治也要求全新的官民关系,官员要学会恰当应对媒体,在这方面,台湾可以给我们一些有益的启示。

马英九的前新闻发言人讲过这样一个“飞来横祸”的故事。2004年,刘德华的前女友喻可欣刚做完手术后,有好事的记者采访她,她表示不想结婚,却想拥有一个自己的小孩。记者追问她如何拥有,她说可以借精生子啊。当记者再追问要谁的精子,喻可欣一枪射中三个男人:“我觉得像台北市长马英九、很有学问的蔡康永,还有律师帅哥谢震武,‘品种’都很不错啊。”

三个男人数马英九最为尴尬。马英九的前新闻发言人告诉我,当时马先生十分委屈,他坐在办公室什么都没有干,却要面对一个从天而降的花边新闻,而且马先生还不能说内心的真实独白,他不能怒斥那些“无聊”的报纸和“无事生非”的艺人,因为台湾是选举政治,喻可欣和爱她的粉丝以及即使不爱喻可欣但是爱读这种花边新闻的人,是马英九不能忽视的选票。

现在我们可以看看三个“品种不错”的男人如何回应。

谢震武接到记者电话,听到自己被喻可欣相中为“捐精”对象,他先是尴尬地笑了几声,随后笑说:“我可不可以不要回答这个问题?”

蔡康永刚听到这个问题,愣了几秒钟,不疾不徐地说:“应该愿意,只是我要把配套措施想好再行动,包括小孩的抚养方法及应得的酬劳。”

而马英九透过发言人游梓翔这样回应:马英九是台北市长,喻可欣是台北市民,市民当然有权利向市长提出服务要求,身为市长的马英九当然也应该尽力呼应市民的各种要求。但非常抱歉的是,台北市长承诺的为市民服务的项目中,不包括提供精子这项内容,马市长愿意改进服务,更好地服务市民……

一个无聊的话题,就这样被四两拨千斤的回答化腐朽为神奇。①

二、领导形象的塑造

影响力是影响被领导者和情境、平衡组织内各种利益关系的能力。这就要求领导者自身清廉,跳出利益纠葛,才能秉公执政。作风建设是党的建设的重要组成部分,廉洁从政既关乎党的集体声誉,也关乎领导干部的自身形象。正是在这个意义上,毛泽东同志当年一针见血地指出“治国就是治吏”。《论语》中有不少相关论述,从正反两个方面对领导形象作出要求——培植仁义忠信的品质,戒绝酒色财气的诱惑,促使官员自警自省,维护个人形象与组织形象。

① 邹振东:《新闻发言人的职业和智慧》,《南方周末》,2011 年 9 月 1 日。

《论语》刻画的“君子”形象相当完美，凝聚了孔子对各种美好品质的向往。准确地讲，这是孔子对处于由被统治阶层向统治阶层过渡的士子们提出的道德修炼要求。其实，在孔子那个时代，“君子”的概念就是指居于统治地位的人，把它等同于领导人应该不会错。关于“君子”的品德特征，包含了诸多要素，概而言之，即仁、义、忠、孝、信、礼、勇等。要求领导者做到以道自任，重义轻利；仁慈宽厚，忠信坦诚；博学多才，讷言敏行。

“仁”字从结构上讲就体现了调和人际关系的作用。仁者“己欲立而立人，己欲达而达人”，做任何事情都为别人——乃至竞争对手——留下生存空间，不把事情做绝。红尘中人热衷于为名利而奔竞，为富贵而搏杀，甚至不惜一切手段。孔子坚决反对这种生活态度：“富与贵，是人之所欲也，不以其道得之，不处也。”（《里仁》）通过非法手段实现“大富大贵”的生活理想，又如何能够安然享受呢？君不见，有多少贪官从“农民的儿子”白手起家，一步步苦苦打拼，可惜渐渐“放松了世界观的改造”，腐化堕落，结果东窗事发，辛辛苦苦几十年，一夜回到解放前。“君子去仁，恶乎成名？”这是千古警钟啊！当年曾荫权从温家宝总理手中接过香港特首委任状时，总理以《论语》中曾荫权74代祖曾参的话——“士不可以不弘毅，任重而道远。仁以为己任，不亦重乎？”——勉励之。既然肩负着全港人的重托，曾氏就不能像农村老汉那样吃饱饭蹲在墙根晒太阳，也不能像日本前首相森喜郎那样对国民冷漠——下边已经报告“爱媛号”渔船倾覆，死伤无数，他却关掉手机，依然故我地继续着高尔夫。事后他辩解说已经交代下边的人去处理好这事，但关键时刻他没有和国民站在一起，显然是令国民失望的。此事件中，森喜郎的做法与西太后有得一拼。光绪二十年(1894 年)十月初十日,慈禧在紫禁城升殿受贺 60 岁万寿,大宴群臣,传来了大连失陷的消息,宫中戏剧按规定仍然连演 3 天。次年,台湾军民反抗日本割台斗争的战火刚刚熄灭,慈禧又"补祝万寿",热闹了一番。清廷根本没有把民生问题和国家安危放在心上。光绪十五年(1889 年)五月初二日八点钟左右,坐落在石碑胡同的神机营兵工厂火药库爆炸,厂房全部坍塌,右邻尼姑庵的禅房尺椽不存,四邻民房被震塌、烧毁,人员伤亡难以计算。天空到处飘飞着人的腿、脚、头颅。这一天恰逢护国寺庙市,市面上的琉璃器物全被震碎。当日该厂工人点名后,都出去吃饭去了,幸免于难者多,死亡的有队长郝梯长等人。步军统领只以郝梯长等 6 人死亡塞责,连倒塌房屋人员死伤也含糊其辞,至邻近民房人口损伤只字未提。步军统领是京城卫戍长官,奏报偌大事故,不及百姓一字。官员们目中无人,根本没有老百姓的地方。忘记了老百姓的官员、政府,必然被老百姓忘记。朝廷上谕责其调查,最后,也只是处分了管带、帮操、营总等官。①

义,在孔子看来,与"仁"一样具有强烈的示范意义。"上好义,则民莫敢不服。"(《子路》)做领导的行为正派,做事仗义,百姓谁敢不服?郑国名相子产,在孔子眼里就是一个"其使民也义"的好官员典范。"君子之于天下也,无适也,无莫也,义之与比。"(《里仁》)君子对于政治事件(务),既不盲目地赞同谁,也不随意地反对谁,判断依据只有一个,即符合道义与否。

忠是《论语》中一个重要的范畴,甚至被推举为孔子思想的核心之一。它大致包含三重意思:忠君爱国;忠于职守;言行可靠。忠的

① 任恒俊:《晚清官场规则研究》,海口:海南出版社 2003 年版,第 77 页。

对象可以是自己的心、某个俗人、宗教主、国君、民族、国家。过去我们批判“各人自扫门前雪，莫管他人瓦上霜”是自私自利，其实换个视角看，这句话也是蛮有道理的。每个人都把自家门前扫干净了，整个世界不也就干净了吗？所以干好本职工作，出色地完成岗位要求，就是最大的“忠”。总统、总理、董事长、省长、州长、机关干部……各有自己的职务要求。美国前国务卿鲍威尔的“忠诚论”就颇为高明：“当我们争论一个问题时，忠诚意味着你把真实想法告诉我，不管你认为我是否喜欢它，意见是否一致。但是一旦作出决定，争论终止。忠诚意味着不折不扣地按照决定去执行，就像执行你自己的决定一样。”

孔子曾不厌其烦地向我们讲述“信”的重要性。“信”在《论语》中有三层意思：信誉，自身言行实在；信任，对人给予尊重；信服，对事情充分肯定。子夏曰：“君子信而后劳其民，未信则以为厉己也；信而后谏，未信则以为谤己也。”（《子张》）作为社会管理者，官员只有树立威信，才能具备立身之本。而一个不讲诚信、不被信任的官员，工作会很被动——对下的领导，被误解为迫害；对上的建议，被误解为诽谤。法制时代，个人的信用固然重要，但更重要的是法律与政府的信用，这是现代政治文明的基础！维护法律尊严与政府信用，对领导者而言，重要的不是思想上的认识，而是付诸实践，自觉地把规章制度落到实处，对党组织忠诚老实，才能树立个人威信、单位威信和国家威信。

自警使人止步。领导干部要过好交际关、美色关、金钱关、权力关，用古人的话讲，就是酒色财气四大关隘。酒能解愁，能壮胆，更有交际功能。孔子的观点是“不为酒困，何有于我哉？”（《子罕》）即反对酗酒。中国历史上,帝王将相因为对女色把持不住而断送江山的不胜枚举。商纣王宠妲己,“酒池肉林”,醉生梦死;周幽王“烽火戏诸侯”;唐玄宗得到杨贵妃,“春宵苦短日高起,从此君王不早朝”。吴三桂恋上陈圆圆,“冲冠一怒为红颜,恸哭六军皆缟素”。对此,握有话语权的男性领导人少有反躬自省者。孔子说:“吾未见好德如好色者也”、“贤贤易色”,希望为政者更关注女子的美德。

为官者接受贿赂,古今、中西是一样的。孟德斯鸠在《论法的精神》中说:“专制国家里有一个习惯,就是无论对哪位上级都不能不送礼物,就是对君主也不例外。”有人喜欢把曾国藩树为廉洁自律的典范。其实,曾氏为官多年,绝非一尘不染,否则在晚清贪腐的官场立足都难。他领取的剿捻军费3000多万差不多就是白条子,特批报销。曾国藩接到这个上谕后,在给儿子曾纪泽的信中说,比封侯拜相还要高兴。在由两江总督改任直隶总督时,天天数别人“孝敬”他的钱数到半夜。其同治八年(189 年)正月日记如此记载:

“十四日……袁子久来久谈,旋核别敬单,二更四点睡。

十五日……夜写信,与朱修伯商事,核别敬单。二更三点睡。

十六日……夜与许仙屏核别敬单。二更后,张竹汀等来一谈,三点睡。

十九日,早饭后清理文件,核别敬单三纸。旋见客多次,料理城内送礼各事。中饭后见客,直至二更,未曾停止。是日会客二十余次,深以为苦。

二十日,早饭后至间壁谢公祠一坐,核别敬各单,旋归会客三次,巳初起行出京。[①]

① 曾国藩:《曾国藩全集》日记一,长沙:岳麓书社 1987 年版。

曾氏虽然从朝廷和下官那里收受很多钱财，但他一向低调，不事张扬。曾在家书中抱怨九弟曾国荃一次把长沙城里人参买光，把他家周围的地买完，在长沙城里盖高级住宅，都太招摇，引得众人侧目。

《论语》主张“见利思义”。市场经济条件下，趋利思维成为不少人的自觉追求。正确的“义利观”有助于社会管理者恰当地运用权柄，合乎道义地支配公共资源。中央推行公务员的“阳光工资”、“审计公示”，正是为了促进官员收入与行政的透明化，这既是对官员的爱护，也是树立政府威信的必要手段。

气是什么？本质上讲，就是一种盲目攀比、不输于人的不良心态，表现在官员身上，就是特权意识：走路要走“官道”，乘车要乘专车，食堂要吃小灶，车牌要用“特号”，容不得别人批评。其实，大凡在官场上倚权耍威风的，多半底气不足，把别人无心之失视为对己之有意蔑视。领导者要有干事业的志气、敢负责的勇气、惩恶扬善的正气、不计得失的大气，而要杜绝蝇营狗苟的俗气、助纣为虐的邪气、同流合污的浊气和患得患失的小气。封建官场上因人身依附关系而形成的一些习气应该努力戒绝。当时有联语讽刺知府一级的官员：“见州县则吐气，见道臬则低眉，见督抚大人茶话须臾，只解得说几个是是是；有差役为爪牙，有书吏为羽翼，有地方绅董袖金赠贿，不觉地笑一声呵呵呵。”将对上对下两种姿态刻画得惟妙惟肖。主政一方者倘为官日久，业务驾轻就熟，容易产生麻痹心理，工作中不经意地显出暮气。曾国藩在与得意门生李榕的信中说：“军事之骄气、惰气，皆败气也。孔子之临事而惧，则绝骄之源；好谋而成，则绝惰之源。平日无时不谋，无事不谋，自无惰时矣。”可能历来帝王劝勉官员勤政的缘由也正是在这里。

自省使人改过。有勇气面对自己的过错便算得上君子。“过则勿惮改。”“过而不改,是谓过矣。”(《卫灵公》)颜回就是这样的高手,绝不“贰过”,即重复自己的错误。能否自我反省,是君子与小人的分水岭。共产党人如毛泽东者极善于自省,从农民的一句咒语中揭开“精兵简政”大幕,减轻农民负担。一代伟人的道德形象,由此更趋丰满。

领导形象的完善,需要不断学习。只有当领导人具备了丰富的知识内涵和精明才干,外表上彬彬有礼,才能称得上一个完美的“君子”。于是,他提出了“文质彬彬”这一理想人格模式:“质胜文则野,文胜质则史。文质彬彬,然后君子。”(《雍也》)“文”与“质”处于对立统一、相互依存的关系。对个人而言,如果其内在的质朴纯直远远超过其外示于人的文采,就会显得粗野蠢笨;如果在别人眼中他文采飞扬、才华横溢但缺乏质朴之美,那就无异于轻浮虚夸之徒。“文”与“质”的适度配比,是领导人十分重要的人格特征。

领导形象是一个领导人综合素质的集成体现,而绝非外表所装出来的。一些习惯于做太平官,八面玲珑,持泰保盈,呈现在众人面前的,似乎是一副高大全的领导形象,其实却是可笑的孱弱。元末刘祁在《归潜志》中记宋南渡后,“在位者临事,往往不肯分明可否,相习低言缓语,互推让,号‘养相体’”。明人魏禧在《魏叔子文集》卷一《相臣论》中写道:“最可笑也,舒行缓步,轻咳微言,以养相度,竟成木偶儿戏。”对此种现象予以辛辣讽刺。

三、领导实践的检验

控制力是领导者有效控制战略实施过程以保证组织目标实现

的能力,其实现过程有赖于确立组织的价值观并使组织的所有成员接受。《论语·子路》说:“政者,正也。”“其身正,不令而行;其身不正,虽令不从。”平时能不能严于律己,关键时刻敢不敢喊出“跟我冲”,是检验一个领导人领导品格和影响力的重要因素。只有摒除了利己思想和明哲保身的意识,才能规范自己的领导行为,收到良好的领导效果。

1. 施惠于民

税收是国家控制经济发展的重要手段,因此有了名目繁多的税种:农业税、农林特产税、土地交易税、印花税……总之,只要百姓进行生产和商业活动,有收入,国家就要从中征收税钱。通常情况下,税率越高,税种越多,税收就越多。但如果超出了百姓的承受能力,情况恐怕就要发生变化。孔子时代的鲁哀公就遇到了这样的困惑。《论语·颜渊》中,哀公问于有若曰:“年饥,用不足,如之何?”有若对曰:“盍彻乎?”曰:“二,吾犹不足,如之何其彻也?”对曰:“百姓足,君孰与不足?百姓不足,君孰与足?”国君感觉自己国库里钱不够多,问有子怎么办。有子劝他实行十分之一税制,就是从百姓收入里抽取一成。哀公说,我现在抽两成,都还不够花,一成不更少了吗?有子的回答给他算了一笔政治账:你少收点税,百姓生活富足了,安居乐业,勤奋劳作,才有能力按章纳税,你国库里自然就有钱了;如果征税过重,百姓饿肚子,那他只有两条路,一是想办法逃税,二是偷盗抢劫。前者让你收不到税,后者让你不但收不到钱,反而还得花钱雇用更多的警察来对付他们。你自己去掂量轻重吧。这则对话,不像我们过去理解的“藏富于民”那么简单,它隐含着一个十分重要的税收理论。

20 世纪 30 年代，世界经济发生大危机。凯恩斯主义大行其道，还被不少西方国家奉为“国策”。其好处是主张国民消费，拉动内需，刺激经济发展。其弊端则在于到了一定阶段容易导致经济停滞与通货膨胀并存。果然，到 70 年代，这个问题已经暴露无遗。1974 年，为了说服当时福特总统的白宫助理切尼，使其明白只有通过减税才能让美国摆脱“滞胀”的困境，南加利福尼亚商学院教授阿瑟·拉弗即兴在华盛顿一家餐馆的餐巾纸上画了一条抛物线，这就是著名的“拉弗曲线”。

“拉弗曲线”表明税率与国家总税收收入之间的关系。这个平面坐标曲线的横轴是税率，纵轴是国家总税收。当税率从零开始上升时，国家总税收随之上升；当税率上升到峰值时，国家总税收达到最高点，这一点也被视为最优税率点；但如果税率继续提高，国家总税收反而开始下降；当税率达到 100%，即将经济人所得全部征为税收后，国家总税收将降为零。图中阴影部分，就是税收的非理性区域。①

有若的想法与“拉弗曲线”理论不谋而合。但不同的是，二者相距两千多年。2008 年中国股市的印花税又一次印证了这一理论。印花税作为一种交易环节的税收政策，一开始就被认为是政府对股市进行调控或是决策层稳定市场的信号与手段。为控制股市过热，2007 年 5 月 30 日，财政部在凌晨上调印花税从 1‰到 3‰，被网友讥为“半夜鸡叫”。仅 2007 年，国家从股民手中征去了 2005 亿元印花税。但直接后果是，股市暴跌，市场信心受到重挫，沪市股指从 10 月 16 日的 6100 点一路狂泻到 2008 年 4 月的 3200 点，现在还挣

① 卢周来：《中国古人的经济学智慧》，《中华读书报》，2004 年 7 月 20 日。

扎在2000点左右，交易量严重萎缩，政府当然也征不到多少印花税了。所以，发达国家较为成熟的股市，像美国、新加坡、日本等几个主要金融市场，投资者买卖股票，或是根本不需要缴纳印花税，或者就是税率很低。

2. 选人用人

封建时代的选人主要依靠科举制度，这是最公平的办法，但却不是最有效率的办法，选出来的人很难满足现实岗位对其能力素质的要求。明清时期，科举制度愈加完善，但其先前仅有的一点活力也丧失殆尽，反而成为人才的桎梏。清末冯桂芬这样评价科举制度，“其事为孔孟明理载道之事，其术为唐宗英雄入彀之术，其心为始皇焚书坑儒之心……在败坏天下之人才，非欲造就天下之人才”。[①]

这主要包括考察、举荐和提拔。

首先，什么情况下才需要仔细考察一个人呢？子曰：“众恶之，必察焉；众好之，必察焉。”（《卫灵公》）也就是说，当人们众口一词否定、贬抑、诋毁一个人的时候，作为领导者，一定要仔细考察，因为其中必有隐情——是他真的很糟糕很令人生厌，还是他做了一件为民谋利的事却触动了少数人的利益？还是传到你耳朵里的信息有人故意作了筛选？相反，如果人们对一个干部交口称赞，谁都说他好，恐怕其中也有问题——是真的好，还是他耍手腕收买人心？还是有人故意操纵舆论造势。总之，不调查研究就听信传言对一个干部作出否定性评价，那你这个领导干部至少没有尽职。群众的眼睛是雪亮的，但民意在特定条件下的盲目性也不容忽略。子贡问曰：“乡人

① 冯桂芬：《校邠庐抗议·改科举议》，光绪十年冬豫章刻本。

皆好之,何如?”子曰:“未可也。”“乡人皆恶之,何如?”子曰:“未可也。不如乡人之善者好之,其不善者恶之。”(《子路》)子贡问孔子,说满村子的人都喜欢一个人,怎么样?这个人够好吧?孔子说,不行。子贡有所不解,心想能得到全体群众的拥戴,多不容易啊!难道还能怎样?就问了一句反话:“那全村人都厌恶一个人,这个人又怎样呢?”孔子说,这同样不行。你说的这两种情况都嫌极端。如果一乡之人皆好之,那说明他是好好先生,谁也不得罪,做事肯定有丧失原则、和稀泥的地方。如果一乡之人皆恶之,那说明他事情做得不妥当,人际关系也不好。最佳状态应该是“中庸”一些——满村子里的好人都喜欢他,坏人都厌恶他。这说明他行事端正,为广大群众谋福利,所以好人都喜欢他。同样因为行事端正,他得罪了一少部分人,这些人都厌恶他。但是,没有关系!公道自在人心!

其次,考察的注意点是什么?子曰:“君子不以言举人,不以人废言。”(《卫灵公》)《论语》中保留下来的这一则告诉我们,领导干部认识一个人,千万不要把他的言辞表现与人品才能相挂钩。说得漂亮不见得就做得实在,做人不实在也不见得他说的话都不可靠。台上讲反腐败慷慨激昂的官员,可能台下搞腐败比谁都厉害。这样的事例已经是不胜枚举了。如果上级组织部门仅凭其台上演讲“以言举人”,那可就错了。这也应了那句俗话——“人不可貌相,海水不可斗量。”

再次,考察的方式又如何呢?子曰:“视其所以,观其所由,察其所安。人焉廋哉?人焉廋哉?”(《为政》)孔子在这里讲了观察人的三个视角,这三个视角是有层次感的:“视其所以”是看其做事动机和出发点,“观其所由”是从整体上看其做事手段,“察其所安”则从细微处看其志向情趣。周亚夫是汉景帝的股肱重臣——丞相，战功赫赫，献言献策，忠心耿耿。汉景帝在选择辅佐少主的辅政大臣时，自然要把他列为候选人，借设宴之机"察其所安"。有一次，汉景帝宴请周亚夫，给他准备了一大块肉，但是没有切开，也没给他准备筷子。周亚夫就回头向主管筵席的官员要筷子，汉景帝笑着说，丞相，我给你这么大一块肉你还不满足吗？还要筷子，真是讲究啊。周亚夫一听，赶紧摘下帽子，向皇帝谢罪。汉景帝由此抛弃了周亚夫。一般辅佐少主的大臣，必须具备任劳任怨的品质，能包容幼主的过失和不周到、不礼貌，一心一意地尽到辅佐之责，有什么条件办什么事，还要什么筷子？作为臣子，你的胃口也太大了吧？

如果说孔子提供了察人的理论指导，《庄子・列御寇》则在实践层面提出一些颇具可操作性的办法，即识人"九征"：远使之而观其忠（派他到远处任职，观察其在无人监督下是否忠诚）；近使之而观其勤（让他在领导身边任职，观察其是否勤勉）；繁使之而观其能（派他做繁杂难办之事，观察其办事能力）；猝然问焉而观其知（突然向其提问，观察其是否机智）；急与之期而观其信（与其仓促约定一个期限，观察其是否守信）；委之以财以观其仁（托付大笔钱财与他，观察其是否怀有仁心）；告之以危而观其节（告诉他情况危急，观察其能否守节）；醉之以酒而观其则（故意灌醉他，观察其酒后本性）；杂之以处而观其色（令其与众人杂处，观其为人处事态度）。把庄子和孔子的说法对照着读，我们是否对"道术之别"有了进一步的认识？

弟子仲弓作了季氏家宰，前来问政。孔子说："先有司，赦小过，举贤才。"告诉他三点，其中之一便是作为官员要举荐贤才。仲弓不太明白，说即便我有心荐贤，可我怎么知道天下人谁是贤才呢？孔子跟他又讲了两句:“举尔所知。尔所不知,人其舍诸?”(《子路》)推荐你所确切知道的贤才,至于其他人,不要管,会有人推荐的,其他官员不会把贤才“遗之在草泽”的。今天讲的组织选拔工作中“知人善任”,不就是这个道理吗?弟子子游出任武城地方官。孔子问:“女得人焉尔乎?”曰:“有澹台灭明者,行不由径。非公事,未尝至于偃之室也。”孔子问他在那个地方有没有发现人才。子游说有一个叫澹台灭明的官员光明正大,从不做投机取巧的事,没有公事,从来不往我的宿舍来。好干部并不常往领导家里跑,这是常规。可今天有的领导干部还是喜欢用阿谀逢迎之人。某县委书记说,我手下三分之一是人才,三分之一是庸才,还要用三分之一的奴才,让奴才吹吹拍拍很舒服,要不我们工作那么累干吗呀?其思想境界与工作热情着实令人生疑。关于用人,孔子跟弟子说:“举直错诸枉,则民服;举枉错诸直,则民不服。”(《为政》)错,是“放置”的意思,这里引申为“领导”之意:让贤能、有德之人领导不贤、无德之人,则百姓信服。反之,则老百姓不服气。谁领导谁,这是一个用人导向问题,直接作用于一个集体的士气与人心。用好一个人,带动一群人。用错一个人,打击一片人。

荐贤不只利于国家、事业,对自己也是一种成就感。曾国藩晚年也是英雄气短,声名虽盛,但心病难除,一是剿捻无功,一是处理天津教案违心失当而丢了直隶总督。这两件大事之后取而代之者均是李鸿章。曾对李鸿章说:“我遇困境,咸赖汝继,汝才胜我。我聊以自解者,汝究为我所荐也。”其中颇有自我安慰之意。

用人用其长,这本是管理工作的基本准则。但封建帝王为着统治的便利,对桀骜不驯的才智之士实现驯服,时常故意玩弄把戏,用人之短，现其所拙，从而打击人才的锐气。何桂清是翰林出身，道光二十八年(1848 年)任兵部侍郎。咸丰二年(1855 年)任江苏学政，又改浙江巡抚、两江总督，兵败先逃，诿过于和春。咸丰的朱批是："尚不自知认罪，犹以书生自负，可叹可恨！殊负书生两字！"对读书人极尽凌辱之能事。给事中袁甲三、侍郎吕贤基被派帮办军务。吕贤基自知书生出身，素不知兵，此去凶多吉少，陛辞时痛哭失声。他到安徽时间不长，即被太平军击毙于桐城。袁甲三因应对得法，后来任钦差大臣，担任漕运总督，算是躲过一劫。刑部员外郎邵懿辰以经学文章名世，从未有带兵的经历，却被派担任黄河河防。当时人说，黄河绵延数千里，纵有精兵数万也不易防守，何况赤手空拳一文弱书生，这不是要置邵氏于死地吗？太平军北伐，突破黄河防线，邵懿辰即被革职。①

3. 管好身边人，防止"灯下黑"

帝王们有所谓愚民术，殊不知臣子们还有愚君术，他们完全可以将帝王变成聋子、瞎子和哑巴，甚至变成毫无思想的傻子，变成只会吃喝玩乐的行尸走肉，这才是愚耨弄君最厉害的一招。仇士良是唐朝后期的一名大宦官，他一生历仕唐顺宗至唐武宗六位皇帝，专权达二十余年，先后有两个王、一千妃子、四名宰相死在他手中。他长宠不衰的秘诀是什么呢？他在晚年因老病而退休时，对前来送行的宦官徒子徒孙们说："你们还要继续侍奉天子，能听老夫的一句话吗？"众宦官自然是洗耳恭听。他说："你们要想权势不衰，就千万不能让天子有片刻闲暇，他一闲下来就要看书，就要召见一些有学问的大臣，听取对国家大事的意见，这样他的智慧便深，思虑便远，就

① 任恒俊：《晚清官场规则研究》，海口：海南出版社 2003 年版，第 169 页。

会减少玩乐和外出游幸之事，这样一来，我们这些人就会恩薄权轻。从大家利益考虑，不如多多地增添财货，饲养鹰犬良马，每天都以打猎及声色去迷惑皇帝的心，使他纵情享受，穷奢极侈，沉溺其中不知休息，这样他就不会看重书本，不了解朝廷的大事，一切都掌握在我们的手中，恩泽权力谁还会夺走！”①

官场上的裙带关系是伴随农耕文明而生的痼疾。自己人不能不用，也不能滥用。用人水平的高下，正是体现在这个地方。清末的湘系和淮系在内部维系着森严的等级辈分。时人笔记多认为李氏引用乡亲不分良莠，是淮系衰微的原因，是他不如曾国藩的地方。

四、领导心态的调适

中国人惯于形象地把从政分作“上台”与“下台”两个阶段：在其位，谋其政，发奋努力，自我砥砺；不在其位，不谋其政，不失落，不抱怨，自我调适。身处江湖之远时僵卧孤村，鸿鹄之志不泯，时时做好伯乐垂青的准备，以不负平生所学。居庙堂之高则随时准备退位，毕竟“天下为公”嘛。人活着如果不能做点有意义的事——做官为公众办事，那就做点有意思的事——归隐忙自己的生活。这正是《论语》所倡导的领导心态——“用之则行，舍之则藏”（《述而》），融合了儒道两家对世界、对人生的应对策略，随遇而安，顺势而为，闪耀慧者处世的睿智之光。

孔子在判断用舍时有两个依据。一是看国家政治环境与政治生态。“天下有道则见，无道则隐”（《泰伯》）。“邦有道，则仕；邦无道，则可卷而怀之”（《卫灵公》）。二是看“东家”的诚心与待遇，“求

① 朱海山：《谨防奸佞小人的驭上之术》，天下论坛，www.xuanjiangjia.com。

善贾而沽诸”(《子罕》)。士人苦读,无非希冀“学成文武艺,货与帝王家”,但他们内心对礼聘仪式的向往十分强烈。仪式越隆重,心理自足感越强。如果说“十年寒窗无人晓,一举成名天下知”代表光宗耀祖的心理满足,那么“朝为田舍郎,暮登天子堂”无疑意味着物质生活的改善,但这也是要付出代价的。

晚清官场的腐败是人所共知的,有识之士便在百般挣扎之后心安理得地选择了放弃。人在江湖,不得不按江湖规矩行事。但官场上经营关系之累、言不由衷地送上各种名目的“敬”,是不足为外人道的。张集馨在道光二十五年调任陕西督粮道的肥缺,两年后,实授四川按察使,前者送别敬(白银)一万七千两,后者(送别敬)一万一三四千(黄)金。此后任甘肃布政使,次年调任河南布政使,留别敬一万二三千(黄)金。眼看要跨上巡抚的台阶,成为封疆大吏,孰料在甘肃布政使任上被冤抑牵连于琦善捕杀良番案,革职遣戍军台。一年多释回赏四品顶戴,补授河南按察使,未赴任平调直隶,并帮办军务,不料被直督桂良诬陷,留胜保军营效力,直到咸丰六年(1856 年)赏四品顶戴,署甘肃布政使,在布、按这个台阶上浮沉蹉跎十年了。这次又是署布政使,巡抚的官职,本可拾级而上,却始终像荡秋千一样,已近目标,又荡开了。每次的留别,年节应酬、红白喜事的礼物,十分丰厚,但是,没起作用。张氏在年谱中慨叹道:“应酬不可谓不厚矣。及番案牵连,朝右士大夫持公论者甚少,转以附会琦文勤为余罪案……余资格官声,当开府者久矣,而抑于藩司者十载,曾未闻有力陈政绩上达宸知者,则应酬又何足恃乎……余今已老矣,灰烬余生,断无奢望,学问经济,颓废日深,更不必攀附要津,以幸提挈。自信此生休问天,转悔从前之阅历未深耳! 今则大彻大悟，如桶脱底。”①

领导心态，说到底还是面子问题，其根源在儒家讲礼、秩序、等级，而人们又多贪欲，所以好面子虚荣，希望享受超过自己本来级别的待遇。所以有官员退休后心理上承受不了，还想着自己的级别与待遇落差。要解决这个问题，传统文化中的儒、道、佛各有办法。《论语》说“君子坦荡荡，小人长戚戚”，警示领导者要常修“平民心态”，存荣辱是非之心，现喜怒哀乐之情，不以品尊而骄人，不以谢职而失落，上台自然，下台安然。道家说：“天地不仁，以万物为刍狗”，祷雨祭祀之时，人们对草编的狗奉若神明；祭祀之后，扔在地上任人践踏。并不是人们厌恶它，而是此一时彼一时，顺其自然而已。懂得这个道理，就别拿自己太当回事。佛家讲得更彻底，“你是谁”这个问题恐怕一般人都弄不明白，果真是名字所代表的那个东西吗？所以就更不要太较真了。

这恐怕正是中国式领导力的最高境界，无论在朝在野，都安泰怡然，优游裕如。

① 任恒俊：《晚清官场规则研究》，海口：海南出版社，2003年版，第105页。

素养篇

《论语》中的为官素养

己欲立而立人，己欲达而达人。雍也

樊迟问仁。子曰：“爱人。”

子曰：“非礼勿视，非礼勿听，非礼勿言，非礼勿动。”

子曰：“事君，敬其事而后其食。”

子曰：“父母在，不远游。游必有方。”

做人也好，做官也罢，能力和素养总是相辅相成的：棋手无人敌，一步一悔棋，这是缺乏棋德；医生手艺高，割开肚皮要红包，这是缺乏医德；官员权力大，背后总挨骂，往往是因为缺乏官德。所以，仅有能力和权力是远远不够的。如果权力的运行缺乏智慧含量，它就只是一种蛮力，就不免与常识冲突、与人性冲突，权力运行的正当性就会成问题。人之初，性本善。某种程度上讲，提升为官素养，其实就是保护"天性中善良的性灵"，避免原本纯净的赤子心灵被官场的"潜规则"扭曲。

众所周知，"仁"是《论语》的核心范畴，也是儒家对普通人所提出的最高道德境界。对为官之人来说，仁就是从政的必备品质，葆有仁心，便能勤政为民，增强事业心与责任感。堂堂正正做官，轰轰烈烈做事，自然练就强者形象，不惧怕任何人的攻击。"义"也是《论语》的重要范畴之一，它和"仁"关系紧密，为了叙述的方便简洁，我们将二者合并起来说。

一、仁者何其高

子贡曰："如有博施于民而能济众，何如？可谓仁乎？"子曰："何事于仁，必也圣乎！尧舜其犹病诸！夫仁者，己欲立而立人，己欲达而达人。能近取譬，可谓仁之方也已。"（《雍也》）

历来学者都认为，孔子学说最高的道德境界与儒家思想的核心是"仁"，有一定的道理。因为"仁"在《论语》中享有很高的地位。但在这一则中，"圣"是比"仁"还要高的层次，但这和我们凡夫俗子是没有关系的，因为尧舜都做不到，遑论平民？所以，一个有较高道德修养的人不见得一定要"博施于民"，能做到"己欲立而立人，己欲达而达人”就相当不错了。也就是说做任何事情都为别人，乃至竞争对手，留下生存空间，不要把事情做绝。古话说的“穷寇莫追”不就是这个道理吗？在《论语·述而》中，孔子再一次表述了相同态度：“若圣与仁，则吾岂敢？抑为之不厌，诲人不倦，则可谓云尔已矣。”也就是说，我既不敢自封为圣，也不敢以仁者自居，我只是尽到一个师者的本分而已，孜孜不倦地教书育人。弟子公西华叹曰：“这正是弟子们学不来的品质呀！”我们都在忙什么呢？红尘中人无非为名利而奔竞，为富贵而搏杀，并且不惜一切手段。孔子是坚决反对这种生活态度的：“富与贵，是人之所欲也，不以其道得之，不处也；贫与贱，是人之所恶也，不以其道得之，不去也。君子去仁，恶乎成名？君子无终食之间违仁，造次必于是，颠沛必于是。”（《里仁》）谁都希望大富大贵，钟鸣鼎食。可如果来路不正，非法获取，那又如何能够安然享受呢？心里能踏实吗？谁都不愿生活在贫而且贱中，可如果不以正当手段摆脱这种生活，你也不会真正跳离苦海。君不见，有多少贪官从“农民的儿子”白手起家，一步步苦苦打拼，可惜渐渐“放松了世界观的改造”，腐化堕落，巨额财产来路不明，结果东窗事发，辛辛苦苦几十年，一夜回到解放前。“君子去仁，恶乎成名？”这是千古警钟啊，混迹官场的人虽说少不得多长心眼、勤耍手腕，但绝不能没有仁爱之心啊。失去仁爱之心，四处树敌，怎能长保官位？又如何成就“君子”之名呢？子曰：“君子之于天下也，无适也，无莫也，义之与比。”（《里仁》）君子对于政治（务）事件，既不盲目地赞同谁，也不随意地反对谁，他做事的判断依据只有一个，那就是是否符合道义。因为“君子义以为质……”（《卫灵公》），时刻牢记道义所在，是君子的本质体现呀！义，在孔子看来，与“仁”一样具有强烈的示范意义。“上好义，则民莫敢不服”(《子路》)。当领导的行为正派，做事仗义，老百姓谁敢不服呢？郑国名相子产，在孔子眼里就是一个“其使民也义”的好官员典范。

君子嘛，“仁者爱人”！既然爱人，就得戒绝几种毛病。弟子原宪问：“克、伐、怨、欲不行焉，可以为仁矣？”(《宪问》)一个人如果修正了争强好胜、自我夸耀、怨恨在心、贪婪无度这四种道德缺陷，能不能算作仁的境界呢？孔子说：“能这样做是难能可贵的，但要说达到仁的境界，我就不敢肯定了。修道是没有止境的，要到达仁者境界还真不是一件容易的事。这和佛家净空法师讲的戒除“名闻利养，贪嗔痴怨”颇多相类之处。

伟人讲过：“一个人一辈子做一件好事并不难，难的是一辈子都做好事。”“仁”在我们凡人心里一过性的闪念，是常有的事，见到穷人发发慈悲，不是什么难事。即便是旧社会的恶霸地主，也会有发善心的时候。孔子为什么特别钟爱颜回？就是因为他觉得颜回在“行仁”上比别的弟子定力更强：“回也，其心三月不违仁，其余则日月至焉而已矣。”(《雍也》)拿时间尺度作比较，就能看出差别了。如果说人家颜回心中存仁可以达三个月之久，其他人就是日月轮回一昼夜而已。

如果是有心人的话，对于仁的重要性，我们从自然界就能获得启示。作为一种有着特殊作用的药物，“伟哥”从一出现就成了社会关注的热点。但是，虽然它的作用立竿见影，但也对人体有着很强的副作用，长期服用对身体的危害极大，不宜长期服用。其实，我们日常生活中有很多食物也都具备增强性功能的作用，虽然它们没有那么快的效果，但不会产生任何副作用。种仁与果仁是植物的生命之源，富含维生素B、E，是矿物质与蛋白质的极佳来源，而且种仁里还含有一种能影响男性激素产生的物质。经常服用一定量的种仁，能使男性活力常在，还不会得前列腺疾病。全小麦、玉米、芝麻、葵花籽、南瓜子、核桃仁、花生、杏仁等，都是对性最有益处的种仁。种仁内含生命基因，到了春季焕发勃勃生机，意趣盎然，这其实正是"生意"一词的由来——经商之人从一点点本金起步，财富如滚雪球般渐次累积。做人何尝不是如此？怀着仁爱之心的人，在家孝父母，出门敬同事，对上忠领导，对下爱部属，对谁都和善蔼然，谁又忍心加害于他呢？

二、仁之评价标准

1. 宽容友善

樊迟问仁。子曰："爱人。"（《颜渊》）"仁者爱人"从此成为儒家的一个经典论断。按南怀瑾先生的说法，"仁"字从结构上讲就体现了调和人际关系的作用。它的适用范畴至少在两个以上的人之间。爱，是人类最崇高、最圣洁的一种情感，它剔除了一切虚伪、卑鄙、猥琐、自私等低贱的品格，是明朗清俊的，是温暖人心的。仲弓问仁。子曰："出门如见大宾，使民如承大祭。己所不欲，勿施于人。在邦无怨，在家无怨。"（《颜渊》）这对君子的言行与态度提出了道德要求：出门要注意自己的言行举止，如同会见重要客人一般，不可放荡不羁；使唤你的下属要客气，如同亲临祭祀大典，不可狎忽轻浮，呼来唤去。自己所不愿承受的苦难与尴尬，也不可强加于他人。这样就能在家庭、在社会都获得交口称赞，总之，对君子来说，个人形象是至关重要的，一定要爱惜自己的羽毛。而仁爱，无疑是增加羽毛光泽与色彩的有效手段。

为此，从政之人要更多地站在别人的角度考虑问题，在中国官本位的氛围中，尤其要放下官员的强势姿态，站在弱者的立场上设身处地为他人着想，防止“站着说话不腰疼”。中国的官员是强势群体，办事方便，生活不会有太困难的地方，所以制订政策、处理政事，都要站在群众的立场，才能得到群众的拥护。

说到为他人着想，对父母的体贴自然也在其中。那个上课爱睡觉、不想一觉醒来成朽木的宰我(宰予)问：“三年之丧，期已久矣。君子三年不为礼，礼必坏；三年不为乐，乐必崩。旧谷既没，新谷既升，钻燧改火，期可已矣。”子曰：“食夫稻，衣夫锦，于女安乎？”曰：“安。”“女安则为之！夫君子之居丧，食旨不甘，闻乐不乐，居处不安，故不为也。今女安，则为之！”按古代惯例，子女要为逝去的父母守丧三年，宰我嫌时间有点长，说一年就够了，还拿孔子所教的礼乐来堵师父的嘴。孔子说，父母新丧，你就穿绫罗绸缎，吃稻谷细面，心里落忍吗？调皮的宰我嘴里犟着：“心安。”孔子也没有办法了，生气地说，你要心安就那样做好了。可等宰我一出门。孔子就骂上了，骂的不是宰我不孝，而是不“仁”：“予(宰予)之不仁也！子生三年，然后免于父母之怀。夫三年之丧，天下之通丧也。予也，有三年之爱于其父母乎？”(《阳货》)后来宰我也做了官，不是很大，但在孔子心中，估计那个不仁的形象很难改变了。

对仁者而言，有时甚至需要为敌人着想。战争的对象是敌方的武装军人，那么对于老百姓和已经缴械、丧失战斗力的俘虏，就不可过分为难。这同样体现人的文明素质。对待俘虏与被征服者，持凌辱态度者为野蛮行径，持平等态度者方为仁义之师。

在这方面，美国军队和百姓是分裂的，同样是沐浴着基督的光辉，也同样是上帝的选民，但做法却迥然不同，令人不解。

美国军队在伊拉克虐待囚犯，手段极其恶劣，深受国际指责，臭名昭著的关塔那摩海军基地在国际舆论压力下被迫关闭。

美国大学的情况却截然相反。2007 年 4 月 16 日，韩国留学生赵承熙在弗吉尼亚理工大学开枪射杀老师和同学，致 32 人死亡。据媒体报道，在 2007 年 4 月 20 日中午举行的遇难者悼念仪式上，放飞的气球是 33 个，敲响的丧钟是 33 声，其中包括 32 名遇难者和自杀的枪手赵承熙。次日，33 块半圆的石灰岩悼念碑被安放在校园中心广场的草坪上。其中一块悼念碑属于赵，旁边放着鲜花和蜡烛。还有一些人留下的纸条："希望你知道我并没有太生你的气，不憎恨你。你没有得到任何帮助和安慰，对此我感到非常心痛。所有的爱都包含在这里。劳拉"；"赵，你大大低估了我们的力量、勇气与关爱。你已伤了我们的心，但你并未伤了我们的灵魂。我们变得比从前更坚强更骄傲。我从未如此因身为弗吉尼亚理工学生而感到骄傲。最后，爱，是永远流传的。艾琳"。

对凶手的宽容意味着什么？弗吉尼亚理工大学中国留学生学者联谊会主席薛宏在接受记者电话采访时说，我们认为凶手本身也是受害者，因为他心理有疾病，可惜没有及时得到社会、家庭的关心和救治，才导致悲剧的发生。所以在悼念活动中，校方也把他当作一个"人"来看待，以体现人性关怀。对校园枪击案凶手及其家人的宽容，在美国向来是一种习惯。1991 年就读于美国爱荷华大学的中国博士留学生卢刚开枪杀死包括自己导师在内的 5 名教师和同学，最后饮弹自尽。在枪击事件发生后的第 3 天，受害人之一、副校长安妮·克黎利女士的家人就通过媒体发表了一封给卢刚家人的公开信,称卢的家人同样是受害者,希望以宽容的态度分担彼此的哀伤。所以,社会需要从医学研究的特殊角度,去了解孤独者的感受,以最大可能保护他们的安全,满足他们的特殊要求。同时也注重有效预测他们的行为,尽量减少他们和社会的病态冲突。

那么,不同文化背景下,使得人们作出友善行为的决定性因素到底是什么呢?传统上我们认为,作出亲社会行为——使其他人或整个社会受益的自愿行动——的人的动机是他们品行端正或有宗教信仰。但最近科学研究表明,想做好事的倾向或许是受基因影响。如发表在《社会神经学》期刊上的一项研究显示,研究人员发现,某基因型的一个简单变异似乎会影响一个人是否作出亲社会的行动。拥有该基因型某种变异的人有社交焦虑症——与其他人待在一起不自在,不那么愿意以涉及私人互动的方式来帮助他人——的倾向。相比之下,拥有另一种变异的人则没那么焦虑,助人为乐的可能性也更高。相关基因区是控制5—羟色胺输送的5—HTTL-PR,5—羟色胺是大脑中的一种神经传递素。研究人员分析了398名大学生的基因组,让实验对象填写问卷以提供有关他们的行为和焦虑水平的信息。该研究的作者之一、密苏里大学社会心理学家古斯塔沃·卡洛说,该基因型的变异只是可能导致一个人变得乐善好施的一个“间接途径”。他说,另一个可能产生影响的因素是大脑使用多巴胺的能力。脑化学方面的其他基因变异也有可能发挥作用。卡洛提醒说,该研究的发现并不一定意味着,基因导致有焦虑倾向的人也会缺少同情心。尽管要让他们作出公开的亲社会行为也许更难,但他们或许会匿名向有需要的人捐款,或以其他一些不需要私人互动的方式提供帮助。

不过,笔者以为,西方科学家的研究和中国儒家的教化应该并不矛盾。

2. 抑制自己的欲望

人都是有欲望的,而且其指向性大多在于利己。趋利避害是人们共有的取舍标准。但如果凡事都从自己利益出发,任由个人欲望发展,那又势必远离仁爱。很难想象,一个自私自利、善于钻营的人会成为仁者! 所以,要想让仁爱长居心中,成为一个从政者的固有品质,首先就要克制个人欲望,对领导人来说,尤其如此。单位评“先进工作者”,你想上;市里推举“十大文明青年”,你还想上;上级来考察干部,你更是当仁不让。总之,什么好处都想得到,工作如何开展? 群众怎么看待? 那样只能使自己的处境陷于被动。《论语》是坚决反对这样做的。颜渊问仁。子曰:“克己复礼为仁。一日克己复礼,天下归仁焉。为仁由己,而由人乎哉?”颜渊曰:“请问其目。”子曰:“非礼勿视,非礼勿听,非礼勿言,非礼勿动。”(《颜渊》)要求人们克制自己的欲望,恢复礼制所规定的人伦秩序。“非礼勿动”就是说不符合礼制的东西不要妄想得到,这并不是一句迂腐的古板训示,今天的流行歌曲当中仍然闪现着它的影子:“哦,算了吧,不是你的就别再勉强。”该你享受的尽可放心享受,不该你得到的,千万别伸手,伸手必被捉! 儒家的“克己论”和佛家的宿命论,在这个问题上有着高度一致性。

2013 年 4 月,制造了复旦大学投毒事件的林某,曾经详细填写了博客的个人资料,其人生格言却是:“是你的终究会是你的,不是你的,强求之后也可以是你的。”这着实令人瞠目。在扭曲思想观念的支配下,他因嫉妒、自卑而亲手投毒杀害了室友。他的微博被蜂拥而至的围观者反复咀嚼,尤其是一条关于《牯岭街少年杀人事件》的影评。这是一部台湾导演杨德昌根据真实事件改编的作品。主人公是一群生长在“眷村”的孩子,他们和父母一样失去了故乡,彷徨于形形色色的处世法则之间。在灰色的城市、浑浊的空气笼罩下,主人公——沉默而耿直的少年小四——最终捅死了他爱慕的女孩。林某的犯罪,固然是因为成长环境有缺陷,但导致走上不归路的,最重要的还是人生观上出了问题。

“非礼勿动”要求人们放弃唾手可得的眼前利益,其追求“仁”所要付出的代价不算大,不过是蠢蠢欲动的个人欲望而已。然而这并不是“成仁”的全部含义。在非常时刻,奉献生命,杀身成仁,舍生取义,也都是常有的事。套用裴多菲的一句诗:“生命诚可贵,爱情价更高。若为仁者故,两者皆可抛。”孔子在《论语》中就曾教训后生小子:“志士仁人,无求生以害仁,有杀身以成仁。”(《卫灵公》)告诫众弟子不要为贪图活命而妨害仁德。我们今天之所以推崇《论语》,就是因为它具有普适性。“有杀身以成仁”的训示穿越千古,封建时代的儒家弟子谨遵恪守——明初方孝孺便是典范,近代革命党人也不例外。戊戌变法失败,谭嗣同从容对梁启超说:“不有行者,无以图将来。不有死者,无以酬圣主。今南海之生死未可卜,程婴、杵臼,吾与足下分任之。”有日本志士苦劝他东游,谭不听:“各国变法,无不从流血而成！中国未闻有因变法而流血者,此国之所以不昌也。有之,请自嗣同始!”又在牢房墙壁上题诗道:“我自横刀向天笑,去留肝胆两昆仑。”临刑前,他仰天浩叹:“有心杀贼,无力回天;死得其所,快哉快哉!”

当时还有一位值得尊敬的太监。

寇连材以太监之身哭谏慈禧，在家写《上太后书》，呈与太后，慈禧大怒，声色俱厉地问寇是否受人指使，寇明确答称无人指使，慈禧搬出家规威胁说："本朝成例，'内监言国事者斩'，你知道不知道？"寇说："家规早已被你破坏得不成样子了，国家的大好河山被你破坏得不成样子了，而今我参加变法维新，就是以身许国，不怕抛头颅，洒热血！"慈禧即命内务府把寇连材关押起来，半月后移交刑部处斩。临刑时，寇神色不变，从容就义，年仅 28 岁。光绪听到噩耗，痛哭流涕，几日不思饮食。京西百花山寇公祠即民间祭祀寇连材而立。①

3. 对国家民族有贡献

在仁爱范畴内，有"大仁"，有"小仁"，有君子之仁，也有妇人之仁。诸君不可不辨。评价历史人物，尤其是历史上的政治人物，一定要抱持公正而宏大的价值观。有道是"瑕不掩瑜"，私德上的微小瑕疵往往无损于伟人的光辉形象。《论语》中涉及管仲的有四处，除一处批评他不守封建等级之礼外，其余三处都对他作了正面评价。有人问孔子对郑相子产的看法，孔子说："惠人也。"即能给百姓带来恩惠，造福于民，对社会贡献很大，不错！问到楚国的子西。孔子摇摇头，说："彼哉！彼哉！"其实是笑而不言，不愿作出任何评价。子西是楚国公子申，根据历史上的记录，这个人并不高明。但当孔子周游列国来到最南处负函(今河南信阳)时，楚昭王想聘用孔子，子西怕自己的位置被挤掉，遂百般阻拦，孔子不得不悻悻而归。心中

① 余世存：《非常道》，英风第八，北京：社会生活文献出版社 2005 年版，第 79 页。

对子西的怨怼是可想而知的，但是有人问及子西时，孔子只是轻描淡写地说："他啊，他啊！"就没有再说什么了。问到齐相管仲，孔子说："人也。夺伯氏骈邑三百，饭疏食，没齿，无怨言。"齐桓公称霸时，管仲功劳很大。孔子对他一直都非常佩服，说那才够得上是一个人，真了不起！他当政时，剥夺齐国另一大夫伯氏的采邑三百户。伯氏一家人因此穷困，只有粗茶淡饭可吃，但一直到死，没有怨恨管仲，心服口服，可见管仲听讼公平，能使受罚者终身困苦而不怨，合于仁德。

弟子子路曾对这一点大惑不解，说："桓公杀公子纠，召忽死之，管仲不死。"曰："未仁乎？"子曰："桓公九合诸侯，不以兵车，管仲之力也。如其仁！如其仁！"（《论语·宪问》）子路的意思是说，公子纠跟弟弟公子小白（后来的齐桓公）争夺王位，失败身亡之后，管仲作为公子纠的旧属，不但不能为主人殉难，反倒作了敌人公子小白的相国。按常人的评价标准，他连"忠"都没有做到，怎么能谈得上"仁"呢？孔子说，不然！桓公虽然是霸主，但他九次召集了诸侯开联合会议，重新整饬周朝中央政权的威信，安定了国家和社会，从来不依恃武力威胁人，周朝的历史能够再延续下去。这些都是得助于管仲。管仲虽然在"小忠"的问题上有所欠缺，但他对人民立下了历史功劳，这种大仁大德可不是一般人能比得上的呀！

就连通达彻悟的子贡也有过类似的疑惑。孔子说："管仲相桓公，霸诸侯，一匡天下，民到于今受其赐。微管仲，吾其被发左衽矣。岂若匹夫匹妇之为谅也，自经于沟渎，而莫之知也。"（《宪问》）假如没有管仲，我们这些人还不得披散着头发，衣服在左边开着襟，像野蛮落后民族一样。倒是有一些平凡男女为着所谓的忠信上吊于沟渠,可是那对社会发展有什么作用呢?圣人教育诸弟子看人要从大处着眼,万万不可拘泥于世俗礼节。如果怀着"妇人之仁",不分场合地、愚蠢地讲究所谓"仁义",那就像春秋时期的宋襄公一样,自取灭亡。

三、仁之日常表现

1. 说话谨慎

日常生活中,我们接触过太多这样的人,说起话来天花乱坠,吹起牛来胸脯拍得山响,有求于你便嘴上抹了蜜一般,脸上恨不得堆出一朵花。这种人往往具有极强的迷惑性,云遮雾罩,让你看不清他的庐山真面目。孔子对这样的人有一个经典判断:"巧言令色,鲜矣仁!"(《学而》)凡是话说得很甜美、面容带几分谄媚的人,很少怀有仁爱之心。你对他的认识如果停留在表面层次,进而对其产生好感,那就惨了。所以孔子还有一句话叫作"听其言而观其行"。从2500年前到现在,这种人都不绝如缕,说明这也是人性之恶的普遍反映。孔子作出如此判断,恐怕也是在周游列国阅人无数之后的经验之谈,甚至可能有过遇人不淑的惨痛教训。如果说巧言令色之徒少有仁心,那么谁是有仁心者呢?我们在日常生活中如何分辨得清呢?弟子司马牛就有这样的疑惑,所以孔子告诉他:"仁者其言也讱。"意思是说仁者说话会比较谨慎,略显迟钝。司马牛仍然不解:"其言也讱,斯谓之仁已乎?"作了一个逆向推理,说难道说话迟钝者就有仁心吗?要这么说,那口吃的人岂不都成了大善人?孔子耐心地作了解释:"为之难,言之得无讱乎?"(《颜渊》)仁者不打诳语,不妄言,不胡说,说话的时候就想着我的话都要落地砸坑,能够兑现。

可世上的事情哪能那么容易呢？做着难，说起来自然就不会太利索。这和人的性格有关，可能和所从事的职业也不无关联。胡汉民曾对张学良说，当年在总理面前是两个人，一个是汪精卫，一个是他。总理总是派汪精卫到外面去办外交，干这些事都得说假话呀，不能说真话。因此，汪精卫习惯了，他跟谁都说假话。而胡汉民是办内务的，得说实话，他在总理面前什么都说，结果得罪了总理。

在孔子对仁的认知体系中，“刚毅、木讷，近仁。”仁者面相上看忠厚木讷，内里性格却是刚毅坚强的。之所以木讷，是因为胸襟开阔，不计个人得失，涵养颇深，与人无争。之所以刚毅，则是因为信念坚定，志存高远，为着普罗大众的利益与天下苍生的幸福而不懈追求，在大是大非上寸土不让。革命先烈便是这样的仁者，章士钊评价李大钊：“守常（李大钊字）乃一刚毅木讷人也，其生平才不如识，识不如德。”在章看来，大钊先生德行极高，是能够服众的，见识则比其德行稍逊一筹，而具体做事的才能更要低一些。姑且不论这个评价公允与否，单就对其德行之褒而言，无疑是正确的。为着民族的解放而奔走，为着人民的利益而鼓与呼，这便是大仁大德。相较而言，外貌上的木讷就无足轻重了。

2. 为人厚道

仁者的另一日常表现就是做事厚道。樊迟问仁。子曰：“居处恭，执事敬，与人忠。虽之夷狄，不可弃也。”（《子路》）就是说仁者都是有修养的，平日容貌态度端正庄严，履行职责则要兢兢业业，既不松懈也不怠慢，处理人际关系上要厚道一些，多为别人着想。这些东西都要内化为仁者的必备素质，即使生活在蛮荒的夷狄之乡，也不能违背这些人生修养的信条。

慈禧就很不厚道，对大臣、对士人，她都表现得相当苛刻。她大操大办60寿诞时，翁同龢等大臣上奏要求寿事从简，以节约宫中开支，用来补充前线的军费。慈禧很不高兴，立时拉下脸来："谁要是令我一时不快乐，我就要他一世都不快乐。"这恐怕无论如何算不上"居处恭"吧？

对封建士子来说，想要从草根阶层晋身为人上人，科举是最主要的途径。多少读书人十年寒窗苦读，皓首穷经，满指望出人头地，"学成文武艺，货与帝王家"，可如果碰上个心眼多、不厚道的帝王，你这货可能还真卖不出去。清末殿试，有贡士名叫王国钧，名字含义本来是不错的——国钧者，肩负国家之重任者。他在殿试中名列前茅，但慈禧反复念了王的姓名之后说了一句："好难听。"因为这三个字与"亡国君"相谐，实在太不吉利，王国钧因此被抑置三甲，蹉跎以终。慈禧这样的"领导人"对待读书人可是没有做到"与人忠"啊！

3. 明辨是非，敢作敢为

在孔子的价值体系中，仁、知、勇是和谐统一的，智慧和勇武是仁爱者的必备条件。缺乏智慧的仁者多少有些颟顸，只不过是迟钝、愚笨的代名词而已。孔子说："唯仁者能好人，能恶人。"（《里仁》）就是说只有仁者才能做到敢于大胆地表示喜欢什么人，厌恶什么人。这是需要眼光的。有人阅历不丰，眼光不够犀利，识不出人之好歹，有人能识出好歹，却没有表达的勇气与斗争的力量。仁者因为凡事出以公心，不徇私利，所以少了被人揪尾巴的顾虑，故而堂堂正正，忠勇果敢。所以他又说："仁者，必有勇。勇者，不必有仁。"（《宪问》）

清末民初，蔡元培担任北大校长，他所倡导的"兼容并包"的办学思想使北大开风气之先，一时智者云集。哈佛大学一位校长曾说过："我当校长只有两件事，一是找钱，二是拿钱找人。"蔡元培先生在这上头也有过人表现，各种人才尽皆入其彀中。这样一心办学的好校长一定是不乏仁心的，他不但千方百计留住好教员，对学生的态度也是相当不错的。但这并不意味着他会无原则地迁就个别不懂事的学生。有一次，北大学生因为不肯交讲义费，几百人聚集要求免费。蔡先生坚持校纪，不肯通融，以致秩序大乱。于是这位身材矮小、瘦巴巴的文人，站在红楼门口，挥拳作势，怒目大声喊道："我跟你们决斗！"包围他的学生只好纷纷后退。平日里对北大学子，作为校长的蔡先生自然是钟爱有加，但如果有人胆敢尝试出格之举、破坏校纪，那他是寸步不让的。这才是仁者的风度与英勇。

如果说蔡元培的勇敢来自仁者为维护正义的忠诚，那么行伍出身的蒋百里则表现出军人的忠勇。陶菊隐的《蒋百里先生传》对他评价甚高：一个蒋百里就两次打败了整个日本陆军，一次是以日本士官学校第一名毕业，天皇赐刀，震动朝野，日本人视为奇耻大辱；二是八年抗战，日本军队恰如按照蒋的战略部署，一步一步陷入持久战的泥沼，直至战败。他把日本人的性格概括为：充满激情但是缺少英国人的洞察力因此经常判断失误，充满活力但是缺少中国人的大度气量从而显得急功近利，遵守仪式但是内心悲观残忍。从社会制度上看，日本的军事、经济和政治是勾结在一起的，所以政治多具有军事和经济动机。日本把其他国家分成两种：胜于它的和不如它的。胜的就暂时结盟，不如的就加紧侵略。蒋百里 29 岁时，袁世凯亲点他为保定军官学校校长，他到校视事的第一天，向学生们训话，较为简洁："今天方震到校，有两件事向同学们一谈：一点关于精神方面,一点关于教育方面……方震如不称职,当自杀以明责任。”半年后蒋自杀,震动全国。后来幸而得救,否则今天不会留下他从现代军事学的视角注释的《孙子兵法》,也不会有他的《国防论》、《欧洲文艺复兴史》传世,更不会有钱学森先生做他的女婿……

四、仁之益处

孔子很懂得“君子喻于义,小人喻于利”的道理,对君子可以讲大道理,可天下哪有那么多君子呢?芸芸众生中恐怕还是教化不足的“小人”居多。孔子周游列国,四处布道,自然明白大道理固然美丽无比,“仁”的哲学境界也高居道德之巅,但如果完全抛弃对仁与不仁的利益分析,那么其理论的说服力就要大打折扣,普通百姓总是要仔细盘算“尚仁”的成本与收益。当成本小于收益,行仁义之举对他是有好处的时候,他才会作出合适的选择。相反,当成本大于收益时,行仁义之举得不偿失,你再怎么要求,他也不会理你那一套。这里,我们无意谴责百姓的道德素养不够高,因为中国封建时代百姓生计艰难,动荡不安是人所共知的历史,能活下来已经不容易了,你还要求他高尚地生存,显然是不合人情的。

为了说服普通百姓接受他的仁爱理论,并使仁爱的光辉照耀全中国,孔子使出了两招。一招是把仁爱和明智捆绑销售。正如前几年有广告推荐某护肤品,其代言明星说:“买×××,是您明智的选择。”言外之意是不买我的东西您可就是傻瓜喽。有人不想当傻瓜,于是半推半就地信人家一回,不过后来发现买了更傻。其实,明星的做法是渊源有自,跟着孔子学的。孔子说:“里仁为美。择不处仁,焉得知?”(《里仁》)一个人心里必须时时怀着仁爱,这才是人生最美丽的境界。当你面临人生诸多选择的时候，如果抛弃了仁爱，一味地追求利益，这哪里算得上明智呢？换句话说，要想明智地活着，就不能不要仁呐！2007年，国家评选出“十大道德楷模”，他们都是些平凡人，个人的物质生活也并不怎么宽裕，但他们还是为社会付出了许多。无论是“一诺三十年”、奉养岳父母的谢延信，还是照顾六位同村孤寡老人的林秀珍；也无论是积极承担社会责任、扶贫济困、先后累计捐款达1000多万元的王更庆，还是捐款70多万、募集资金近1000万元、资助贫困学生4000多名、援建了30所希望小学的“当代武训”赵渭忠将军。他们受了不少的苦和累，但没有一个人后悔。他们坚信，自己的人生选择是明智的，是正确的。

孔子使的第二招是告诉人们，怀揣仁爱的明智者能够从仁爱之举中获得巨大的回报。他说：“不仁者不可以久处约，不可以长处乐。仁者安仁，知者利仁。”(《里仁》)不仁的人不可以长久地生活在穷困中，也不可以长久地生活在安乐中。有仁德的人能安于仁，做仁事便心理安泰，不做仁事便心觉不安。明智的人则能从仁德之中获取长远利益。这最后一句话，有人听起来觉得像是孔子为鼓励人们行仁而拿出的心理按摩棒，多少有些自欺欺人的说教意味。其实不然，关于回报，佛教分作三种：过去报、现世报和未来报。你看有人作恶多端却福寿延年，有人恪守道德却早早去了阎王殿，原因何在？佛家说，他上一辈子做了善(恶)事，积(损)了阴德，这辈子才体现回报。孔子不讲“怪、力、乱、神”(《述而》)，他只是颇为实在地告诉人们，“知者利人”，如何获利呢？他可以长久地生活在安乐中，无论贫贱与富贵。面对贫贱生活，仁者视为砥砺意志的绝佳时机；面对富贵生活，仁者安然以处但绝不享用过度。总之，无论环境如何，仁者都能处之泰然。难道不是吗？居庙堂之高，则思国家命运，积极建言献策，造福天下黎民，其生活之乐恰在于人生价值的实现。处江湖之远，则可以心安理得地享受明月山风的闲适、稻谷野花的清香，其生活之乐，又在于身心自由、不受羁绊的洒脱。同样的生活处境，就看你怎么看待了。哲学家康德在《实践理性批判》中，提出了道德不是以符合个人或他人的幸福为准则的，而是绝对的，即人心中存在一种永恒不变、普遍适用的道德律。道德是“绝对命令”，是“应当如此”。道德应该符合正义而不是个人幸福。但他又提出，上帝永远指导着世间万事万物，上帝万能，灵魂不死，有德之人最终能够得到最大的幸福。这和孔子“知者利仁”的说法不谋而合。

中国“平民教育之父”晏阳初长期安于简单生活，把仁爱之心奉献给中国的平民教育事业，可谓“久处约”。1988 年过 98 岁寿辰之际，里根总统在给他的贺词中说：“在我任职期间，最大的报偿之一莫过于得知有像您这样全心全意为他人服务的贤达之士。”1989 年布什总统在给晏阳初的生日贺词中说：“通过寻求给予那些处于困境中的人以帮助，而不是施舍，您重申了人的尊严与价值。”“您使无数的人认识到：任何一个儿童绝不只是有一张吃饭的嘴，而是具备无限潜力的、有两只劳动的手的、有价值的人。”百岁的高寿、总统的贺电、人民的怀念，构成晏阳初行仁回报的主要内容。

说到“知者利仁”，还有一个流传甚广的小故事，有知名媒体讲师也引用过。是说有人和上帝谈论天堂和地狱的问题。上帝对这个人说：“来吧，我让你看看什么是地狱。”他们走进一个房间，屋里有一群人围着一大锅肉汤，每个人看起来都营养不良，绝望又饥饿。他们每人都有一只可以够到锅子的汤匙，但汤匙的柄比他们的手臂都要长，自己没法把汤送进嘴里。他们看上去是那样的悲苦。上帝又把这个人领入天堂。这里的一切和上一个房间没什么不同，一锅汤，一群人，一样的长柄汤匙，但大家都在快乐地歌唱。这个人说，"为什么一样的待遇与条件，而他们快乐，另一个房里的人们却很悲惨?"上帝微笑着说："很简单，在这儿他们会喂别人。"这个场景没人见过，谁都知道它是个寓言，其本意不过是要说明"利人者自利"。小学生都知道，寓言是人们为了说明道理而编造出来的，它能不能作为信史印证《论语》的观点？这个姑且搁置不论——因为结论是显而易见的。单说其本质，就是一个陷阱。它建立在功利基础之上，远不如宗教的博爱与无私奉献，同时也误读了孔子的"仁"。如果我们稍加追问——地狱的人为什么不喂别人？天堂的人又为什么要喂别人——就会发现，天堂的人之所以乐于喂人，并不是因为他们拥有仁爱之心，而是因为他晓得这能换来对方的回报。此即所谓的"人人为我，我为人人"。这种直接向受惠方索取回报的思想与仁爱相去甚远，也与现代慈善事业大相径庭。

付出，不求回报，然而回报自来，这是仁爱；付出，求得立时回报，从而惹上一身臊，这是做生意。2007 年，湖北襄樊市上演了一出"感恩门"事件。此前，襄樊市总工会牵线搞了一个"金秋助学"活动，由本市女企业家与贫困大学生签订协议，结对资助，每年的受助捐资额1000元，直至其本科毕业。这一活动已经进行了 9 年。不过很少有受助学生给资助者写过信，一些女企业家感到失望和愤怒。捐助者的心完全可以理解。"受人滴水之恩，当以涌泉相报"，是中华民族的传统。如今竟然有人敢冒天下之大不韪，对捐款者不闻不问。所以，这个消息被媒体披露后，网上就有人大骂这几个孩子"白眼狼”。为了平息各方情绪,总工会特意安排了一次感恩活动,内容包括受助者唱《感恩的心》,跳“感恩舞”。组织者的初衷肯定是好的,但他们忽略了受助者在这种场合的尴尬、自卑,甚至屈辱。有些事情也做得不够妥当,如所编的《感恩的心》歌词中有这样的话:“宋总(演唱学生的捐助企业家)是世界上最伟大的人……”来自首都高校贫困大学生状况调查资料表明:60%的人因贫穷而感到羞愧;约1/4的人不愿让别人知道自己的处境;而四成以上的人不愿公开求助。这就是社会现实。因此,如果捐助者真有仁爱之心,想要奉献社会,那就不要过多干涉受助人的生活,因为你的奉献行为意在追求自己内心的安宁与满足。钱一旦捐出去,心理满足了,那就行了。至于教育受助者学会感恩,那不是你的事,生活会教给他的。

五、仁之实践渠道

1. 坚持真理

仁者立身处世,必定要坚持自己的准则,向着崇高的目标奋勇前行。方向的正确性与行动的执着,保证了仁者在追求真理的道路上一步一个脚印,一点一滴地积聚着仁爱的种子。即使面对别人的误解与猜疑,也初衷不改,依然故我。卫国是孔子周游途中停留时间最久(先后五次、共计10年)、与其国君关系最好的一个国家。卫国国君出公辄拒绝自己逃亡在晋的父亲蒯聩回国,弟子冉有就猜测孔子有袒护责任国君出公的意思。子贡不相信,说我去探探先生口气,便进去问孔子:“伯夷和叔齐是什么人呢?”孔子回答:“古之贤人也。”伯夷和叔齐是商末孤竹国(今河北东北部卢龙西)国君之子。孤竹君立次子叔齐为继承人。孤竹君死后,叔齐让位于伯夷。伯夷不受，兄弟相偕去周，投奔西伯(即周文王)。西伯死后，武王东进伐纣，他和叔齐叩马而谏，以为父丧而用兵，是不孝不仁。武王灭周后，他们逃到首阳山(今山西永济南)，不食周粟，饥饿而死。子贡又问："怨乎？"孔子曰："求仁而得仁，又何怨？"父命叔齐立为君，若伯夷违父命而立，在伯夷将心感不安，此伯夷之能孝。但伯夷是兄，叔齐是弟，兄逃而己立，叔齐亦心感不安，遂与其兄偕逃，此叔齐之能弟(悌)。孝弟之心，即"为仁"之本。孝弟之道，即是仁道。夷、齐在当时，逃国而去，只求心安，故曰求仁而得仁，何怨也？子贡出来后告诉冉有说："我们的老师不会袒护出公。"对待国君之位，伯夷叔齐兄弟相让，蒯聩出公父子相争，恰好形成对比。孔子赞美前者，潜台词就是责备后者。所以孔子始终没有放弃自己的评判原则。他曾经说过："当仁，不让于师。"古希腊哲学家亚里士多德说："吾爱吾师，吾更爱真理。"他的老师正是大名鼎鼎的柏拉图。真是"名师出高徒"啊，尽管柏拉图很伟大，但人家教出来的弟子却只向真理屈服！

年轻人在成长的道路上能遇到"伯乐"，自然是人生幸事，但怎样对待自己的"伯乐"，就能考验一个人的修养和定力了。伯乐提拔了你，是看中了你的才华，希望你作出更大的成绩。所以应该更加勤勉，兢兢业业，在追求真理的道路上扎扎实实走下去，不要顾忌太多。如果唯"伯乐"的马首是瞻，一切言听计从，为报知遇之恩而丧失处世原则，那就不应该了。李慎之曾把人民出版社的年轻编辑邵宏志调到《美国研究》杂志社，邵做编辑很是敬业。有一次，她改动了李慎之的文章，让李大为不满，倚老卖老说："我过的桥比你走的路还长，吃的盐比你吃的饭还多。"没想到，邵编辑义正词严地回答道:“我们现在说的是文章,而不是过桥与吃盐的问题。”这是怎样的勇气!

语言学家黎锦熙在《毛泽东的而立人生》中回忆:“当时我在湖南办报,帮我誊写文稿的有三个人。一个是不问文稿内容,什么都照抄(后来这个人一直默默无闻)。第二个抄写员则见到文稿中的问题总要提出来,并代为润色,非常认真,对每份文稿都先进行认真仔细的检查,然后才抄写,遇到错字、病句都要改正过来。后来,这个人写了一首歌词,经聂耳谱曲后命名为《义勇军进行曲》,他就是田汉。第三个抄写员则与众不同,看到不同的文稿就干脆不代抄,他仔细看稿,但只抄与自己意见相符的文稿,对那些意见不同的文稿则随手扔掉。后来,这个人建立了以《义勇军进行曲》为国歌的中华人民共和国。他就是毛泽东。

2. 勇于实践

知易行难,是一切道理和学说的通用规律。仁的学说亦是如此。子曰:“民之于仁也,甚于水火。水火,吾见蹈而死者矣,未见蹈仁而死者也。”(《卫灵公》)孔子说,仁是个好东西,也值得人们追求。但老百姓似乎总觉得它遥不可及,做到仁太难了,其实这是误解。

子曰:“仁远乎哉?我欲仁,斯仁至矣。”(《述而》)难道仁真的离我们凡人那么遥远吗?不见得!只要我想朝着仁前进,仁就会在不远处等着我,不过重要的是做,赶紧行动起来!仁的概念很宽泛,它表述的是一种精神境界,一种向善的动力,因此,不一定只有解放全人类这样的宏大实践才算求仁之举,学雷锋,做好事,献爱心,又何尝不是仁义之举呢?助残扶贫,照料孤寡,这是针对特定对象的仁行,只要你付出了爱心与劳动,当下就得到受助者的感激与回报。

这是看得见、摸得着的仁。而热心社会公益事业,义务走上街头清除小广告,作奥运志愿者,则是针对整个社会的仁行,其对象是模糊的,其回报一时半刻也不会太明显,但如人饮水,冷暖自知。

追求仁,是一件利人利己的事情。几乎所有的好莱坞巨星,因为心理压力过大,都要定期或不定期地找心理医生,解除自己心理病症。但赫本却是个例外:她从没有看过心理医生。原因何在?一位叫史塔勒的医生通过翻阅以前的报纸,找出有关赫本的所有报道。他惊讶地发现,赫本曾做过 67 次亲善大使,尤其是 1956 年至 1963 年间,她几乎每月都到码头、监狱、黑人社区做义工。研究发现,那些乐于公益事业的名人和富翁,很少有怪癖及其他不良记录,也几乎都没有看过心理医生。医生的这一发现,使得好莱坞甚至一度掀起了一个争做联合国亲善大使的热潮——他们争着去非洲的索马里、去科索沃的难民营,因为他们在慈善行动中发现,世界上存在着这么一条规律:当一个人愿意付出的劳动没有得到金钱和物质的回报时,必定可以得到超值的精神愉悦。

好莱坞的明星们肯定没有读过《论语》,在慈善行动中也没有"蹈仁而亡",反而获得意想不到的回报,孔子与赫本,无论是时间维度还是空间维度,都不可同日而语,但他们的语录与实践却不谋而合,向我们证明着人间的某种关于仁爱的真理。对我们普通人来说,仁爱不是虚无缥缈的空话、大话,有一个办法很实用——每天都爱一个人,即对每天你所遇到的每一个人都富于爱心,尽其所能,助人为乐,久而久之,何愁"仁者"形象不能树立?

3. 朋友相互督促

《论语》开篇就讲"学而时习之,不亦说乎?有朋自远方来,不亦乐乎?"涉及修行的程序问题。个人自学自修,这是基本途径,也是最重要的手段。但到了一定阶段,因为眼界与视角的问题就会受到相当程度的束缚,这就需要进入第二阶段——朋友研习。学友、朋友之间的学术讨论,是促进学识的有效手段。如果真有志向、趣味情投意合的同门学友(甚至是网友)从远方来和你切磋学问,畅叙友情,对床夜雨,抵足而眠,用时髦的话讲,这本身不也是一件很"high"的事吗?有的人眼睛只盯着考试成绩,拼得你死我活。殊不知,老师教诲、同学切磋、个人研修乃是人生成长进程中必不可少的三驾马车。求仁也是如此。曾子曰:"君子以文会友,以友辅仁。"(《颜渊》)君子通过文章之事结交朋友,尔后再通过朋友相互督促提高个人修养与学问。在朋友互动中,你说得对的、做得好的,朋友的赞赏会变成前进的动力;说得不对的、做得不够好的,诤友直言以谏,帮助你修正言行。子贡也曾经问为仁。子曰:"工欲善其事,必先利其器。居是邦也,事其大夫之贤者,友其士之仁者。"(《卫灵公》)器具对工匠的作用,和才德对于人的作用是相似的。器具的锋利,有赖于工匠之磨砺。才德的增长,则有赖于人的不断修行。君子在和政坛名流、社会贤达交往的过程中耳濡目染,才德并进,掌握为仁之道便是时间早晚的事了。

六、忠者何义

忠是《论语》中一个重要的范畴,甚至被曾子推举为孔子思想的核心之一。

子曰:"参乎!吾道一以贯之。"曾子曰:"唯。"子出。门人问曰:"何谓也?"曾子曰:"夫子之道,忠恕而已矣。"(《里仁》)

曾参可能不像子贡那么有出息，既不能出将入相，也不能富甲一方，只能开馆授徒。孔子有一天去他那里检查教学工作，冷不丁地跟他说了一句，我的学说虽然内容那么多，但还是可以用一根红线（一个主题）贯穿下来的呀。曾子说，噢，弟子知道了。这一对话把曾子的学生弄懵了，不懂得师爷的学说精髓之所在，就追着师父问。曾子说，先生学说的核心，就是忠恕二字呀！

何谓忠者？曾子没在这里说，但结合孔子在《论语》其他地方的论述，我们可以知道忠在《论语》中大致包含三重意思：

1. 忠君爱国

定公问："君使臣，臣事君，如之何？"孔子对曰："君使臣以礼，臣事君以忠。"（《八佾》）

这是鲁定公十年孔子任鲁司寇时之事。定公问："君主使用臣子，臣子服侍君主，各自应该怎么做？"孔子答道："君主应该依礼使用臣子，臣子应该忠心耿耿地服侍君主。"

墨子在《尚同》中阐述了他所认为的"忠"，就是"上之所是，必皆是之；所非，必皆非之。上有过则规谏之，下有善则傍荐之。上同而不下比者，此上之所赏而下之所誉也。"主张下对上的维护与服从。

君臣关系是封建政治中基本关系之一。孔子规定的君臣关系是礼与忠。二者应该是相辅相成的关系，即君臣都能按照这一要求去做。可惜绝大多数情况下二者是不对等关系，凡事决定权在君，臣只有接受的份儿。"事君尽忠"未必能换来君王的礼遇。

明初的君臣关系十分微妙。朱皇帝出身寒微，忌讳颇多，群大臣如履薄冰，小心翼翼，大事小事莫不尽心竭力，忠贞不贰，但大臣能得善终者不多——首席军师刘基据传是他授意胡惟庸杀害的;“开国文臣之首”宋濂虽为太子师,最后却家破人亡,流落茂州……

可见,孔子对君臣关系的规定实在是一种理想化的表述。如果君臣都是君子,那么,“礼”与“忠”就是一种完美之境。然而君子从来都不多有,政坛又多险恶,“满朝君子”只能是挂在月宫的桂花,谁都无法身临其境。有人因此说孔子在封建时代讲这话有欺骗性,也是不公平的。诚然,君臣关系、领导与被领导关系还是放在法律范围比较稳妥,但圣人提了一个理想化的关系模式,至少给了我们一个梦。在梦变成现实之前,我们最好把这种关系中的合理成分引入上下级关系之中,这应该并不困难。

2.忠于职守

子张问政。子曰:“居之无倦,行之以忠。”(《颜渊》)

这里,孔子对从政的解释,就是居于官位要永勿懈怠,履行职责要不打折扣。行政工作是颇为枯燥而耗费精力的,在这个位置上是要给百姓大众谋福利的,而办成一件事情要付出多少心血和智慧,外人是无法领会的。个中滋味恐怕只有亲力亲为者感受得到。因此,“行之以忠”,一点一滴、踏踏实实地去做,就显得难能可贵了。

子张问曰:“令尹子文三仕为令尹,无喜色;三已之,无愠色。旧令尹之政,必以告新令尹。何如?”子曰:“忠矣。”(《公冶长》)

子文作了楚国的宰相,其行政能力与个人修养都到了超凡脱俗的地步。做了那么高的官,而且三起三落,却淡定从容,波澜不惊。卸职交接,是考验一个人的人品与官品的绝佳机会。有的人上任时欢天喜地,离任时哭丧着脸,极不情愿。子文却不同,他没有把这个官位当作私有物品,自己在位时的政事处理情况,悉数向接手官员交代清楚，如哪些事情还没有办完，哪些事情处理时有什么样的注意事项……真正体现了“天下为公”的境界。能否善始善终，才见出一个人人格的高下。子张问孔子这样的人您怎样评价，孔子说这表明他了具备了“忠”的品质，忠于职守。子张再问，算得上仁吗？孔子说对这人我还不清楚，不能乱说，应该还算不上仁。在这一段中，“忠”意味着尽职尽力。

尽职尽力，是享受待遇的前提。

子曰：“事君，敬其事而后其食。”（《卫灵公》）

先把你的本职工作做好了，才有资格讨论自己的待遇问题。这是孔子的观点，可惜很多人早就忘了这一点。西汉时有一丞相叫丙吉。有一天出城视察，路遇有人斗殴，把人打死了。人们见丞相出巡，拦路喊冤。丙吉吩咐绕道而行，不加理睬。前行数里，见一牛在喘气，立即下轿绕牛三圈，左看右看。于是人们不理解了：丞相作为一国之相，关心牛胜过关心人，这不是太不爱民了吗？丙吉回答：“地方上出了人命案，这是治安事件，自有地方官按律处理，我不能越权过问。现在的天气并不是很热，又不是农忙季节，牛却无故喘着粗气，我怀疑可能有大的瘟疫流行，极可能影响农耕生产，这才是我丞相应关心的天下大事。”

3.言行可靠

孔子曰：“君子有九思：视思明，听思聪，色思温，貌思恭，言思忠，事思敬，疑思问，忿思难，见得思义。”（《季氏》）

孔子在这里叙述的是君子在日常修行中所需注意之事。细节决定成败嘛！是故君子不可不慎！要眼睛放亮一点，耳朵聪敏一点，因为谣言止于智者嘛，面色温和一些，待人恭敬有礼，说话朴实忠信，办事认真尽责，遇到困惑之事便虚心求教，愤怒之时作换位思考，体谅对方难处，利益面前，先思考是否为不当得利。光绪年间，有一善于书法的人做了总督李鹤年的幕僚，为李起草章奏文牍十余年。李鹤年革职后，此人转入湖广总督李瀚章幕府，缮写奏折时，驾轻就熟，信手写上了“湖广总督李鹤年”，李瀚章因此被传旨申斥。可见幕府中其他人并不校阅，具奏人李瀚章本人也未过目。奏折是写给皇帝的上行公文，发走叫做拜发，要跪拜放炮的，十分隆重庄严。官至总督的李瀚章，漫不经心，用自己的衙门官衔替李鹤年上了一份奏折！[①] 更有甚者，光绪二十年(1894 年)，衙门侍郎祥麟等在奏折中，抬头处把“皇上”写成“皇下”，龙颜大怒，明发上谕颁行全国，一般封疆大吏、尚书、侍郎们由此才小心谨慎。

“言思忠”，有时被人看作不成熟的表现，在昏君当道时甚至可能葬送性命。所以官场老油子都会说一套冠冕堂皇、大而无当、永远正确的官话、大话，但白居易对此愤愤不平：“以拱默保位者为明智，以柔顺安身者为贤能，以直言危行者为狂愚，以中立守道者为凝滞，故朝寡有敢言之士，鲜执咎之臣。自国及家，寖而成俗。慎默积于中，职事废于外，强毅果敢之心屈，畏忌因循之性成，反谓率职而居正者不达于时宜，当官而行法者不通于事变。”这也许正是白居易难立官场的原因之所在吧。

七、忠心何向

忠的对象可以是自己的心、某个俗人、宗教主、国君、民族、国家。当忠的对象发生偏差时，“忠”与“不忠”的讨论就有些困难了。

---

① 任恒俊：《晚清官场规则研究》，海口：海南出版社 2003 年版，第 52 页。

抗日胜利后，周作人坐了国民党的监狱，新中国成立后，又坐共产党的监狱，理由只有一个，他和日本人合作过，是“汉奸”。其实，他懂日本文化，曾有日本人到北大讲中日文化合作，周跟日本人说：“谈到中日文化合作，我没有看见日本人的文化，我倒看见他们的武化，你们都是带着枪炮来的，哪里有文化，只有武化。”抗战的时候，周留在北平，蒋梦麟示意他说，你不要走，你跟日本人关系比较深，不走，可以保存这个学校的一些图书和设备。周果然没有走，后来因汉奸罪被关押在南京。蒋常派人去看他，并常送给他一些需用的东西和钱。有一次，周作人托朋友带信，说法庭要蒋的证据。他对法庭说，他留在北平并不是想做汉奸，是校长托他在那里照顾学校的。法庭问蒋有没有这件事？蒋回信证明确有其事。[①] 所以，说他做了日本人的文化官员，帮助其文化殖民，出卖了民族利益，是汉奸，这是成立的。但要说他保存了中国文化，使北大宝贵的图书与校产免遭损害，“忠”于中国文化的留存，似乎也不为过。

无独有偶，柏林墙拆除前后，围绕着一个警察和军人的职业伦理，引发人们很多思考。在东德成立初期，大量人口外逃，20 世纪 50 年代就有 270 万东德居民越境到西德。1961 年，东德政府沿西柏林边境修建了柏林围墙，以阻止东德居民通过西柏林逃往西方，并对越境者加以射杀。作为警察和军人，当然应该把服从命令和维护国家利益放在首位。但是，在这之外，还有没有更高的法则呢？

东、西德统一之后，法院重判了一批前东德开枪射伤、射杀企图翻墙逃亡民众的官兵。在审判中，东德士兵的辩护律师以士兵只是服从命令、遵从东德的法律为由进行辩护，主审法官西奥多·赛德

① 余世存：《非常道》，命运，北京：社会生活文献出版社 2005 年版，第 204 页。

尔当庭指出:当法律与良心发生冲突时,良心是更高的准则,作为士兵,不执行上级命令是有罪的,但是打不准是无罪的。作为一个心智健全的人,此时此刻,你有把枪口抬高一厘米的主权,这是你应主动承担的良心义务。最近,一张有关前东德士兵偷偷给小孩放行、让他和家人团聚的图片在网络微博热传。图片上,一名身穿着前东德军服、背着枪的士兵,睁大双眼紧张地向旁边张望,身体向前倾,双手小心地扶着铁丝网。而这名士兵的前面、铁丝网的另一边站着一名只有几岁的小男孩,向前张开双手,看着这名士兵,像在等着这名士兵抱他越过铁丝网的样子。据说这是1961年一名前东德士兵偷偷给小孩放行,让他和家人团聚。

忠于自己的良心,有时恐怕就难免触犯一些人的利益,甚至是"集体"的利益,遭到打击报复。绵阳市人民医院超声科前主任兰越峰,在走廊的椅子上"待岗"一年零两个月。缘由是爱较真的她找过医院领导反映不该过度医疗,坑害病人。对方却反问她:你吃啥?尔后在院长的主持下,院方对她作出了"待岗"的处罚决定。此前,"为了医院发展",她也曾多次突破医德底线,配合临床科室做手术"创收",但是,"良知一直备受煎熬"。2008年汶川地震之后,人民医院经过和卫生部门的全力争取,该院获得了数千万元的灾后援建捐款。其中,一笔来自澳门政府的900万元捐款,被用以购买医疗设备。医院采购回来的voluson730是GE彩超设备中"最低端的",如今已经停产。早在五年前的咨询价格只有160万元左右,但现在的价格居然是235万元。她拒绝在出库单上签字,去质询领导,院长先后解释了五个不同版本。兰越峰在愤怒之余,在多张超声报告单上写下"绵阳市人民医院是最差医院"字样。此后,涪城区卫生局的调查报告中，不仅否认了兰越峰反映的所有问题，还高度肯定了人民医院，并认为其灾后重建工作“成效显著”。半个多月后，绵阳市人民医院曝出丑闻。据《新京报》报道，为了争取香港的一笔1200万元的灾后援建资金，人民医院不惜将该院正常使用的一栋家属楼违规拆除。而据知情人士透露，同样由香港援建的人民医院妇产科大楼，在修建过程中多次增加预算。建成后因墙体渗漏等问题，只好返工维修。尽管医院领导认为她性格比较偏激，思维与众不同，不按规矩办事，写的东西也缺乏逻辑，给人感觉确实像是“疯子”。但是，谁又能说这种“疯”不正是良心的体现呢？社会进步，需要这样的疯子！

忠与奸，是传统文学经久讨论的一个主题，围绕着它，编戏的人和看戏的人如醉如痴，情绪激愤。但我们大多忽略了对其本质的追问。学者任恒俊注意到了这个问题，指出：“忠奸之辨，是封建伦理学家设计的理论之一。其要义是，皇帝英明、正确，忠臣坚决保卫朝廷，执行皇帝的旨意；奸臣则不能贯彻皇帝的旨意，陷害忠良，因而偾事误国。有了这一条理论，就能保证出了问题皇帝不被追究，由奸臣承担责任。忠臣和奸臣的区分和辨别就是个永恒的题目。古代小说、话本、传奇、戏曲，除了才子佳人，颂忠骂奸就是另一大内容。封建史学家记载历史，以此为圭臬，他们笔下的史实也是由此调遣、编排及定取舍的。”①恐怕直到近代启蒙运动开始、封建王朝灭亡，人们才忽然意识到，原来皇帝也是有责任的。国家衰亡，不能把账都记到奸臣头上，皇上才是负全责的“法人代表”啊！

---

① 任恒俊：《晚清官场规则研究》，海口：海南出版社2003年版，第298页。

八、军人之忠动云天

当忠的对象较为明确时，人们的认识通常不会发生分歧。比如说到军人的忠，那就毫无歧义，服从命令、为国捐躯，就是忠，不听指挥、临阵脱逃，便为不忠。1938年春，台儿庄大战最激烈时分，第二集团军总司令孙连仲对师长池峰城说："士兵打完了，你就自己填进去！你填过了，我就来填进去！"。①

张自忠死前亲笔谕告所部各将领："看最近之情况，敌人或再来碰一下钉子，只要敌来犯，兄即到河东与弟等共同去牺牲。国家到了如此地步，除我等为其死，毫无其他办法。更相信，只要我等能本此决心，我们国家及我五千年历史之民族，决不至于亡于区区三岛倭奴之手。为国家民族死之决心，海不清，石不烂，决不半点改变。愿与诸弟共勉之。"②

南昌起义后，八月二十七日，起义军进入瑞金后，从缴获的文件中，得知钱大钧部纠集了十个团的兵力，企图阻止起义军南下。前委决定集中全力歼灭钱大钧部。然后再折转瑞金，取道上杭，由水路南下广东潮汕。以叶挺指挥的十一军为右纵队，向会昌西北之山头阵地进攻；以朱德指挥的二十军第三师和二十军教导团为左纵队，向会昌东北高地之敌进攻。八月三十日发起总攻后，朱德亲临前线指挥，同敌人展开激烈战斗。六团团长看到师军需主任蒋作舟英勇牺牲，师参谋长袁仲贤、教导团团长侯镜如、六团一营营长陈赓等先后负重伤，就要求转移。朱德非常坚定地说："现在只能进，不

① 余世存：《非常道》，武运第四，北京：社会生活文献出版社2005年版，第46页。

② 同上。

能退！要坚决顶住。顶住了，把敌人吸引过来，十一军那边打起来就好办了。”在他的指挥下，起义军同敌人展开了殊死搏斗，钳制了敌人，有力地配合了右纵队主力的进攻。经过一场激战，钱大钧部全线崩溃。会昌战后，陈赓对张国焘说，叶挺和钱大钧的战斗，是他所遇到的第一个恶战，比他两次参加东江战役的战况还要激烈。尤其是在会昌城下进行肉搏战的时候，双方作战的中下级干部，多是黄埔同学，他们不仅彼此认识，而且有很多是好朋友：在黄埔时，或同队同班；在军队时，或同营同连。现在竟成为国共两个阵营的人，在肉搏中，彼此叫着小名或诨名对骂。那边骂这边：“中共为什么要造反？”这边骂那边：“你们为什么要做反革命的走狗？”双方有些人一面像疯狗一样地混杀，一面又忍不住在那里暗掉眼泪。陈赓在前线目击此种情形，也为之心酸，但也只有硬着心肠喊杀，督促同志往前冲锋。①

笔者入伍十六年，总算有机会到基层部队代职体验生活。半年中，最大的收获可能是领略到了军、政主官兴味迥异的带兵艺术。其中可玩味之处多多，姑且以“冷”、“热”二字概括。然而不论是“冷”还是“热”，当代军人的忠都表现得淋漓尽致。

一冷一热，主官唱和。从角色分工看，支队长和政委对部队建设肩负不同重担，由此决定二人工作风格大相径庭。军事主官往往端庄沉稳，不苟言笑，使部属一见到他就会自觉地追问“我的本职工作干好了没有”、“首长会在什么地方批评我”。而政治主官通常都蔼然可亲，与部属打成一片，嘘寒问暖，细致入微，举手投足间透着

① 余世存：《非常道》，武运第四，北京：社会生活文献出版社 2005 年版，第 43 页。

亲和力。两主官的“冷”、“热”配合使部队管理井然有序。

外冷内热,情系官兵。也许是出于树立威严的考虑,多数军事主官外表严肃,似乎拒人于千里之外。不过,在冷峻的表情后面,却始终包裹着一副关心部队的热心肠。但凡关系到部队建设,事无巨细,尽皆萦系于心:上级指示是否得到积极贯彻,监控设施是否达标、执勤环境是否安全、执勤装备是否齐全、与目标单位是否有效沟通……用“宵衣旰食”来形容之,丝毫不为过。我们的教育中通常强调“忠于祖国,忠于党和人民”,最后恐怕都要落实到“忠于职守”才算可靠。忠实履行岗位职责,就是最大的“忠”。

冷热相济,应对“关系”。鉴于双重领导的特殊性,武警部队要完成总部赋予的任务,就离不开地方政府部门的支持。在频繁接触中,掌兵之人免不了经常收到来自各方的说情,求其在敏感问题上对特定对象网开一面。这时,就需要主官,尤其是政治主官,耐心地讲政策,叙友情,摆事实,讲道理,妥善处理对方的要求。努力做到既有不失人情礼节的“热心”,又有不违原则、不坏风气的“冷静”。过于冷淡,毫不退让,势必破坏警地关系,不利于日后开展工作;过于热情,有求必应,则官兵不服,给自己的工作造成被动。

常冷常热,泾渭分明。作为单位主官,对党的事业保持高度热情,责任使命牢记心头,无时无刻不牵挂部队建设的方方面面:执勤水平、处突能力、思想状况、车辆安全、三级网运行……相反,评功评奖、个人升迁与物质利益,却常被冷落一边,极少考虑。“不争典型,扎扎实实带好我的部队”是我常听主官念叨的一句话。至于个人前途,他们遵奉的逻辑是“干好本职工作,组织上会考虑的。”

九、秉持公明，无忧无欺

从政之人，除了有仁心与忠心，公开公平、行政透明也是重要素养。

1. 明者无忧

从政者必须时刻头脑清醒，耳聪目明。头脑清醒是说要找准自己在官僚序列中的位置，既不越位，也不缺位。一个单位、一个集体之中，水银灯聚光在谁的身上，恐怕也是有讲究的。要知道什么时间该干什么事情，擅离职守便是失职。官场中有诸多规则，你要知晓，还有许多“潜规则”，你更要明白。耳聪目明是说要善于分辨事情真伪，亲眼所见不一定是事实真相，亲耳所闻也不见得就千真万确。假如有人前来挑拨离间，尽管那话儿也经过了层层包裹与伪装，可你还是得眼光犀利一些，再犀利一些，尽快听出其弦外之音，采集其中的真实信息。

仕途，不会是一条坦途，稍有不明不慎，便要付出沉重的代价。在蒋介石的手上，至少有两个人因为不“明”而稀里糊涂地跟自己的后半辈子的政治生命开玩笑，一个为“名”，一个为“义”。

1926年，陈德征任上海《民国日报》总编，掌国民党上海市党部和文教机关大权，红极一时。得意忘形之时，他在自己的报纸上搞起了“民意测验”，来选举中国伟人。揭晓时，第一名竟然是他，第二名才是蒋介石。老蒋一怒，将其押至南京，关了几个月，命令各机关对他“永世不得录用”。这个分不清“大小王”的玩家极不情愿地出局了，而重新洗牌的机会已是相当地渺茫了。

十年之后的1936年12月25日，即西安事变达成协议的第二天,张学良见逼蒋抗日目的已经达到,决定放蒋介石回南京。张学良执意要亲自送蒋回南京,许多人规劝他不要送,以免蒋报复。但张学良坚信蒋的人格,当他陪蒋到机场时,蒋介石对张学良说:“我们兄弟两人,大仁大义,从不抱怨,将来历史上记一笔流芳百世。”张学良很激动,更表示要亲自送蒋回南京。蒋说:“我们兄弟两人谅解,你到南京就不好办,他们打你的主意,我就遗臭万年了。”蒋劝张不要送,张动了感情,坚持己见,于是一起登上了飞机。[①] 这一去,后半辈子竟成了笼中之鸟。当年英姿勃发的少帅,终究未能成长为叱咤风云的老帅。这也应了孔子那句话:“苗而不秀者有矣夫! 秀而不实者有矣夫!”(《子罕》)幼苗长得喜人,不一定就能开出美丽的花朵;有了美丽的花朵,也不一定就能结出鲜美的果实。农民从庄稼地里得来的智慧,想不到用在政坛竟也如此恰切,而少帅的未成正果,不能不令人扼腕叹息!

2. 明者无欺

明者,绝不可听信谗言。谗言往往经过仔细包装,以不经意的态度、细雨润物的手段,渐次渗透,杀人于无形。

子张问明。子曰:“浸润之谮(zèn,挑拨语,说人坏话),肤受之愬(埋怨),不行(不起作用,行不通)焉。可谓明也已矣。浸润之谮,肤受之愬,不行焉,可谓远也已矣。”(《颜渊》)

子张问什么是“明”。孔子说,挑拨离间的话就像水渐渐浸入物体一样,慢慢渗透,一开始感觉不到,时间一长,才发现他的话不知不觉中改变了你的观点。轻微而持续的抱怨话语,则像皮肤上落尘

① 余世存:《非常道》,史景第一,北京:社会生活文献出版社 2005 年版,第 7 页。

垢一样，当时不觉，时间长了才发觉其脏。有人在你面前说这些话不起作用，影响不到你，那么说明你是个明白人。老子说“知人者智，自知者明”嘛。这是第一句的意思。第二句是说你若遭到这些诬陷而能置之不理，那么你就可远离是非。

《论语》中不止一次地出现过“巧言令色，鲜矣仁”这样的句子，孔子告诫我们，明智的领导必须具备识别奸人奸言的能力，否则就会掉进“不仁”者挖好的坑里。做官的人，能爬到某个高位，多半不是傻子，都知道拍马屁者往往动机不纯，甚至别有用心，但有人还就是喜欢马屁精。一位县委书记有自己的歪理——用人，至少得用三分之一拍马屁的，否则，咱做官图什么？这说明他作为官员还没有克服普通人身上的弱点。或者说，他是在等着马屁精下属忽悠他。在他的感觉系统中，那种被吹拍的滋味无异于晕乎乎的精神麻醉。美国联邦调查局的某任局长，为人心计颇多，很少有人能瞒骗过他。他曾规定，联邦调查局的所有特工人员都必须严格地控制体重，不准超标。一名大腹便便的胖特工得知自己将被提拔为迈阿密地区特警队的负责人，可是任职前局长接见这一关不好过啊！这小子便动起了心思，特意到街上买了一套衣服，号码比平时穿的要大得多，这给人一种假象，就是减肥卓有成效。那天一见面他就感谢局长提出的控制体重的要求，并一本正经地说：“局长控制体重的指示太英明了，这简直就是救了我的命啊……”这一通话捧得局长沾沾自喜，不但没批评他，反而还连连夸奖，鼓励他继续带头瘦身。

3. 明者透明

前面我们提到过孔子说的“君子有九思”，排在最前头的，就是“视思明，听思聪”。其中就包含了行政公开透明的意思。然而现实政治生活中，不公开、不透明、暗箱操作的事例不在少数。如饱受诟病的中国证监会“大小会制度”——小事开大会，大事开小会，特别重要的事不开会。只有监管层握有信息发布权，大机构拥有信息优先知晓权，致使小基金公司被套牢，散户则失去最后屏障。

公共危机事件是考验政府公信力的好时机，所以尤其需要行政公开透明。

美国政府的开放心态使得公共危机管理水平很高。从政府到军方，他们都很重视危机管理（crisis managment）。对灾难和事故的调查权和解释权，政府从来不会强力垄断。民间独立机构有权利对灾难和事故彻查到底，媒体可以充分报道，但必须准确。这就保证了调查中的公众监督和调查结果的客观公正。这样，政府的自信与从容很容易获得国民信任，也比较容易化解灾难和事故导致的政府公关危机。

有论者拿2007年的济南水灾和新奥尔良水灾做了一个比较。被飓风袭击的新奥尔良差点毁于一旦，事件发生后，白宫和地方政府都遭到猛烈抨击，布什总统声望跌至新低。但美国政府对这场灾难的态度仍一如既往，跟随民意和舆论走，提供便利让民间独立机构接手调查。随着调查结果的深入，该开除的开除，该辞职的辞职，当地政府和警察局承担了应负的责任，公众无话可说，总统声望开始回复。在这个事件中，政府一开始就没有把自己放在民意和舆论的对立面，结果畅通的民意表达和不受干涉的媒体恰恰为白宫解了套。

相比较而言，济南水灾是一场规模要小得多的灾难，虽说这场灾难也有人为因素，但毕竟是历史上罕见的大暴雨引发的。这场灾难发生后，如果济南当局善待民意和舆论，也不至于造成严重后果。但济南当局恰恰作出了相反的选择，以致发生拘留网友“红钻帝国”的极端事件，而引起公众的普遍愤怒，造成了比济南水灾本身要严重得多的负面影响。直到今天，一度淹没济南市区的洪水虽然早就排走，但质疑和伤痛，却仍然堵塞在民众的胸口。

当然美国也不是所有灾难和事故中，都只有民间的独立调查，政府同样要介入调查，所不同的只是政府不能垄断调查权和灾害信息发布权。正因为政府不能垄断，灾难和事故的调查及信息发布就存在竞争，政府只是竞争中的一员，稍有闪失，很容易被揭穿。这就迫使政府的灾难和事故调查及相关的信息发布不能不特别谨慎，特别周密，力求无懈可击。①

这里不妨再做个对比。中国佛山九江大桥垮掉后，政府及时派出专家组，据说几个小时就把问题搞清楚了，而且发布了新闻。真是惊人的效率！试问：如果垮桥的原因如此简单，以至于仅仅过了几个小时，专家组就能立即得出结论，发布新闻，那么垮桥之前，安监部门、桥梁维修部门、交通部门和运输部门为什么都没有看出来并及时发布预警呢？

8 月 1 日，美国明尼苏达州密西西比河桥梁发生结构性坍塌。调查人员说，了解坍塌可能需要 18 个月的时间，这还是在动用直升机、高分辨率摄像器材、激光导引探测设备、计算机成像技术等高科技辅助之下。每一步都省不掉，而且每一步都必须公之于众。这就需要足够的时间和耐心，想快都快不了。在美国人看来，只有这样才能确保政府的调查彻底而全面。如果不是这样，而是速战速决，

---

① 杨恒均：《美国怎样把灾难变成教科书》，《南方周末》，2007 年 9 月 6 日。

那么不但是草率的,不负责任的,而且肯定是要掩饰什么。民意和舆论的严密监督,最终成就了政府调查的客观和公正,从而确保了政府的公信力。

相比美国同行,中国却高效得多。九江大桥被撞,6 月 19 日,从全国各地抽调 10 位专家组成技术安全鉴定组,第二天就正式公布了鉴定结果:九江大桥设计和质量均没问题。评论家时寒冰对此有一句妙语:“我们的专家用肉眼——这种天然的低成本、无污染的绿色工具,完成了鉴定的全过程。”[①]

在信息公开、表达渠道畅通的美国,公众和媒体对灾难挖掘真相,榨取精华,锲而不舍。这种对灾难的反思方式不但有助于避免类似灾难重复发生,而且也比较成功地处理了政府和民众之间的关系。这样的政治智慧,值得我们认真汲取。

十、孝之三层次

做官先做人,这是千古共识。孝道是作人的根本,也是中国传统文化的重要组成部分。《孝经》云:“夫孝者,天之经也,地之义也,人之本也。”这首先涉及对“孝”的概念认识。

何谓孝?人人都有自己的见解,但认识上不会产生太大出入。甲骨文中的孝是一个小孩子扶着一个老人。这应该是孝的最初定义。《尔雅·释训》中说“善父母为孝”;《说文解字》中释为“善事父母”;而《礼记》中谓孝“畜也”,顺于道,不逆于伦,是谓之畜。说简单点,畜,就是养,赡养。晚于《论语》的《孝经》将孝分为五个层次:天

① 徐迅雷:《“中美塌桥之别:中国有火箭调查速度无真正调查者”》,《中国经济时报》,2007 年 8 月 17 日。

子之孝，诸侯之孝，卿大夫之孝，士人之孝和庶人之孝，这样一来，对不同的人来说，尽孝的内容和要求就有了区别：

天子之孝：爱敬于亲，德加百姓。

诸侯之孝：在上不骄，制节谨度。

卿大夫之孝：非法不言，非道不行。

士人之孝：事君则忠，事长则顺。

庶人之孝：用天之道，分地之利，谨身节用，以养父母。

《孝经》中对庶人的要求便是对我们最大多数人的普遍要求。孝，是做人的入口，具备这一基本品质，才能修身齐家，也才能步入社会，忠于民族、忠于国家、忠于职守，去做治国平天下的大事。今天为什么还要对当官的人讲孝呢？这涉及对“孝”的基本内涵的准确把握。

笔者的理解是，从字形分析，做儿子的肩上扛的不是别的，正是沉厚的土地。人们常把大地比作母亲，不错，大地满足了人类基本的生存需求，母亲满足了儿女成才的所有要求。所以，孝，是作为接受者在给予者面前的基本道德，也是作为接受者对给予者最深沉的情感回报。

文明具有“共通性”，孝不只是儒家的特产。基督教虽然宣扬一切为神所赐，但也讲孝。“当照耶和华——你上帝所吩咐的，孝敬父母，使你得福，并使你的日子在耶和华你上帝所赐你的地上，得以长久。”（《申命记》）“要孝敬父母，使你得福，在世长寿。”（《以弗所书》）古希腊哲学家苏格拉底也说：“不孝父母而尽情于他人，无益也。”

孝，其实就这么简单。我们用不着把它抬到多么高的位置，搞得多玄乎。既然人类能从乌鸦和羊羔那里学到孝行，说明它原本就是一种自然行为。后世之所以出了那么多的不孝之人，只是因为他们的心智被蒙蔽了，人变笨了。

从横向的角度看，《论语》中涉及对待父母的态度约略有三个层次：孝养、孝顺与孝敬。

1. 孝养

为父母提供基本的吃、住、行、医疗保障，是作为子女的基本责任。明人金圣叹写给儿子的信中有这样的话：我和你是朋友，最初你也没有指定要我做你的父亲，我也没有指定要你做我的儿子，大家是撞来的，因为是撞来的，所以彼此之间没有交情可谈。但是话得说回来，这个老头子（指他自己）和这个老太太（指他的妻子），从替你揩大便小便开始，照顾了你二十年。这二十年，你去社会上找找看，还有没有比这两个老朋友更好的朋友？我们现在不要求你孝不孝，这些都是空话，只要求你按照这两个老朋友照顾你二十年的感情，也同样照顾这两个老朋友二十年，就够了。

这是金圣叹的游戏文章，也说明了孝道的真正哲学，所以中国人讲孝，其实就是爱的回报。

在城市，赡养老人不成问题，即使子女们在经济上不给予，老人也有退休金，够自己花销。不过，农村的老人一般都没有养老经济保障，得靠子女养，这也不算大问题，因为现在农村的温饱也基本解决了。麻烦的是老年人生病之后，生活不能自理，病床上一躺就是三五月乃至三五年。俗话说，“床头百日无孝子”，就是再孝顺的孩子，整日里擦屎擦尿，喂吃喂喝，也难以坚持下去。好在今天的七八十岁的老人一般都有三四个孩子，子女们可以轮流值班伺候。但是，也有些子女在外地工作——山里孩子往外走嘛，毕竟忠孝不能两全。现在暂时抛开忠于国家的问题，就是个人也要挣钱，也要养家糊口。在有些家庭，子女们实在没有时间去照顾老人，就找个保姆专门伺候，这样子女们就只是出钱的问题了。当然，还有的把老人送进养老院，这对“养儿防老”观念根深蒂固的老年人来说不太容易接受，可实际上对老人的身心是有益处的。想想吧，今后的独生子女两个人要赡养四个甚至是八个老人，也的确够难的。这是不可忽视的社会问题。所以，政府要成为今日中国最大的“孝子”，妥善解决城乡养老问题。可喜的是，事情在一天天地取得进步：覆盖城乡的医疗保障网正逐渐铺开，有的地方还给 60 岁以上农民发放养老金……

2. 孝顺

孝，和“顺”常常是连在一起用的，意思是说对父母的态度应以顺从为主。

孟懿子问孝。子曰：“无违。”（《论语·为政》）

孟懿子问什么是孝，孔子答道：“不要违背。”这“无违”二字给人留下了非常丰富的解释空间，它的宾语到底是什么？不要违背什么东西？历史上主要有两种解释：一是不要违背父母之命，二是指不能违背礼节。前一种解释着眼点在于亲子关系的互动。“孝”和“顺”是紧密相连的，做子女的要顺从长者之意，小到吃饭穿衣上遵命而为，大到婚姻之事请其裁决，不能因为任何地方的“不听话”而惹长辈生气。可是这样一解释，问题就来了，如果父母之命是明显错误的，或者有悖常理，或者有违礼制，那么做子女的是听还是不听呢？显然，这是一个两难选择。于是，第二种解释就出来了，它认为，能以礼事亲方为至孝。如果父母有不合礼之命，子女应当按礼制要求来做，然后向父母解释，并努力帮其改正错误认识。结合上下文来看，第二种解释更为恰切。杨伯峻说，黄式三《论语后案》引用《左传》数例，证明“古人凡背礼者谓之违。”这应该是最接近孔子原意的。但王充《论衡·问孔篇》就质问孔子为什么不讲“无违礼”，而省略成两字，难道不怕人误会为“毋违志”吗？可见，东汉的人们已经不了解“违”字的含义了。僖子贤而好礼，懿子不能守父之教。故孔子教其“无违”，以成乃父之志。

当时樊迟为孔子驾车，孔子就借这件事情对其教育，主动告诉他说孟孙问孝，我是如何如何回答的。樊迟不解，就进一步追问先生所言是什么意思。孔子说：“所谓的孝，就是父母在世时子女按照礼法规定悉心服侍，让他们开心生活；父母去世之后，子女要按照礼法规定举办葬礼，以后还要按时按规矩行祭祀之礼。”所以孔子所说的“无违”，不可以简单地理解为无条件的顺从，而更偏重于合“礼”。

李鸿章的母亲精明能干，共生了六子二女。丈夫李文安见生计窘迫，大感烦恼，写诗发牢骚：“难得多累怨丁添，烦碎高堂问米盐。”她听了以后把眼一瞪：“我教孩子发奋读书，长大后都能成为栋梁之材，哪里还怕什么贫穷？”她天生一双大脚，嫁到李家，下田劳作，立下汗马功劳。鸿章兄弟显达后，这双大脚也闹出不少笑话。李作直隶总督，将母亲接来天津同住，各级官吏纷纷设家宴迎请，以示巴结。每当出门坐上八抬大轿，老太太总要将一双大脚伸出帘外，招摇过市，引得路人纷纷驻足围观，成为街议笑料。李面子上下不来，于是苦苦哀求老妈将脚收敛一点。老太太勃然大怒：“你老爸当年也不敢说这般话，没有老娘这双大脚，谁供你们读书做官？”说罢倒头便睡，绝食三天，以示抗议。李只好连跪三天赔罪告饶，从此任凭老妈为所欲为。①

子夏问孝。子曰:“色难。有事,弟子服其劳,有酒食先生馔,曾是以为孝乎?”(《论语·为政》)

《礼记》说:“孝子有深爱者,必有和气;有和气者,必有愉色;有愉色者,必有婉容。”

子夏问孝,孔子回答道:“在父母面前,总是和颜悦色,这是不容易做到的。子女替父母做一些体力活,好酒美食先让父兄享用,这哪里就算得上孝呢?”意即多干活、让酒食皆是“孝”之皮毛。《论语》中言及“弟子”共七处,二处指年幼者,五处指门生。言及“先生”者二处,皆谓年长者。有人由此推断孔子把师生关系纳入孝的范畴,学生对老师应该像子女对父母那样。这样理解还是有一点问题,因为学生在老师面前谈不上“色难”,这就和前文脱节了。这里的“弟子、先生”还是放在家庭范围讲比较合适。

传说当年乾隆皇帝读书,读到《论语》子夏问孝,自言自语反复吟读:色难,色难。纪晓岚以为皇帝又在出对,随口答曰:容易,容易。不想竟然几成绝对。

“色难”为孝之精髓,史有二解。一,难在承望父母之颜色,即能在无形无声中体会父母之意。《小戴礼·祭法》:“视于无形,听于无声”。二,侍父母,以能和颜悦色为难。《小戴礼·祭法》:“孝子之有深爱者,必有和气。有和气者,必有愉色。有愉色者,必有婉容。”两种解释都讲得通。

“色难”,为什么难?难在何处?为什么父母对子女、下级对上

① 余世存:《非常道》,教化第二十一,北京:社会生活文献出版社 2005 年版,第 192 页。

级从来都不会“色难”，而反过来就存在“色难”呢？父母对子女和悦，那是人类天性所致，是人欣赏自己“成果”的真情流露。下级对上级和悦，是因为自己命运掌握在人家手里，不得不如此。二者都是合乎常理的，因而也就很容易做到。一旦形势逆转，子女对待年迈且无用的父母，上级对待听命于我的下属，那可真的是“色难”喽！一对老夫妇气愤地说：“现代年轻人把他们对情人的‘态度’分移给父母百分之一就算是大孝子了。”唐太宗李世民之所以能在历史上留下英名，怕是和勇于克服“色难”颇有关联！有一天，魏徵提醒他对臣僚太威严，有伤君臣情分，要他以后面带笑容。为了君臣大伦和社稷大业，这位英明的君主也真听话，从此时常站在镜子前练习微笑。

然而，人非圣贤，孰能无过？我们可亲可爱的父母也会犯错误，做子女的还能无原则地顺从吗？

子曰：“事父母几谏。见志不从，又敬不违，劳而不怨。”

父母有错，倘能自省改过，那当然最好，如若觉察不到，那就要考验为人子女的处事能力了。有人碍于父母的威严而不敢作声，任其发展。有人按自己的是非观念坦率纠正大人之过，因为自认真理在手，所以态度强硬，非逼着父母认错，殊不知中国的父母最爱子女，更爱面子，做了坏事不怕公安局抓到，就怕孩子看到，以免影响其光辉形象。要让父母认错，无异在大庭广众之下裸其身，曝其短。圣人的教诲是，婉转劝止父母之过，打个比方，举个例子，言在此而意在彼，语气还要温和，在润物细无声中提醒长辈注意自己的过失。如果不能奏效，说明其悟性未开，时候不到，继续委婉的劝谏之旅。在整个过程中，要始终和颜悦色，不可发生激烈的冲撞——孔子不赞成王朝的革命，自然也不愿看到家庭成员间的肢体冲突。父母不能改其过，子女要看在眼里，急在心里，为之忧，为之愁，唯独不能由此引发怨恨。老实说，圣人教的办法是难了点，似乎在中国做子女也很辛苦，要有道德家的眼光、外交家的辞令、推销员的忍耐和佛祖的胸怀。然而，只要想想十月怀胎的艰难，何怨之有？何况，这本身就是锻造“君子”的家庭训练法嘛！

叶公语孔子曰：“吾党有直躬者，其父攘羊，而子证之。”孔子曰：“吾党之直者异于是。父为子隐，子为父隐，直在其中矣。”（《子路》）

叶公与孔子立场不同，故观点亦不同：叶公为便于统治，希望哪怕是父子之间也能相互检举；孔子重人伦教化与家庭温情，当然希望父子间在公开场合相互掩护，而在私下解决问题，以使之不再犯类似错误。儒家是厌讼的。按古代宗法，君臣父子之间可以相互批评，但不能相互诉讼。“隐”，不是终极目的，只是一种处理手段而已。人前要隐，人后要劝，这才是孔子的意思。

3. 孝敬

子游问孝。子曰：“今之孝者，是谓能养。至于犬马，皆能有养；不敬，何以别乎？”（《论语・为政》）

子游问什么是孝，孔子说：“现在所谓的孝，不过是在吃饭穿衣上解决了父母的物质生活需求。其实就算家里养上一条狗一匹马，你也得搭个狗窝，盖个马厩，一日三餐地喂着它。如果对父母不加敬重，那么，这两者又有什么差别呢？”

历来对这条有不同解释。一种是说犬马能养人，能为人出力，但不会敬人，人如果不敬父母，那就和犬马一般。另一种是说，人都能给犬马以吃住，对父母如果不敬，那和对待犬马有啥两样？朱熹赞同后者："犬马待人而食，亦若养然，……若能养其亲而敬不至，则与养犬马者何异？"

在有的人眼里，养只狗能看门，养匹马能拉车，养个老母还可以省下保姆费。纽约亚裔研究机构亚美联盟 2005 年的一份调查显示，纽约地区 65 岁以上的亚裔老人有 10 万，居全美各大城市第三，其中中国老人有 3.9 万人，是最大的族群。这些中国老人非常清楚，自己去美国不是游山玩水，而是照顾儿孙——在美国请个看小孩的人工费很贵，而中国父母则完全是无偿劳动。赴美定居，成为一种无奈的选择。有人把他们在美国的境遇形容为"五子登科"——听不懂英语是聋子，看不懂报纸是瞎子，不会说话是哑子，不会开车是拐子，拿起电话不会答，手抖得像呆子。也难怪有的老妈妈在还能干活时孩子们争着要，一旦干不了活，就成了"足球"，谁也不要，原来孩子们都戴上了功利眼镜。

这里，圣人教诲道，仅仅从物质上赡养还算不上"孝"，关键是要"敬"：敬父母创业之不易，敬父母哺育子女之艰难，敬父母待子女恩重如山——生育之恩、养育之恩、教导之恩。因此，对父母的敬，既是一种报恩心态，也含有为自己的子女树立榜样的潜在意蕴。

很多优秀母亲都是相当可敬的。民国总统徐世昌少时家贫，其母刘氏系桐城派刘大櫆的后代，颇有修养，教子甚严。一次，徐世昌与弟世光见桌上有三块糕点，都争着要多吃一块，刘氏大怒，掷糕点于地，不准他兄弟俩吃，说："你们如果从小就不兄友弟恭，长大了怎么办？"

假如说孝敬父母是子女的义务，那么对做媳妇的来说就得算优良品质了。中国的婆媳关系恐怕是世界上最难处理的关系，二者仿佛一对天敌。彼此之间的矛盾其实从婚前就开始了。对于未来的媳妇，父母和儿子有着迥然不同的标准——老人喜欢稳重、踏实、勤快、门当户对的女孩，儿子却可能更喜欢漂亮、温柔、爱自己的女孩。老人要求儿子择偶所把握的标准完全符合自己心里预设的标准。如果不符合，就不舒服，不高兴，不赞成。“准媳妇”刚一进门，涵养差点的家长冷言冷语，极不友好，涵养好点的家长则不冷不热，实在拗不过儿子，就听任发展。等到媳妇过了门，其实已经是心存芥蒂了，也给以后的相处埋下地雷。一场争夺同一个男人的战争由此展开。在很多问题上，她们各持己见，不让半步——媳妇看婆婆封建保守，婆婆看媳妇未经世面。这就是与儒家“和而不同”的教诲相违背。要允许保留各自的世界观、价值观和生活习惯。同在一个屋檐下，相互忍着点就都过得去，非要争个你高我低，闹得家庭失和，伤身伤心，何苦呢？“四十而不惑”，到了40岁的媳妇应该已经把这些看得很清楚了，如果还是和婆婆一争高下，那就是不开窍。人生不过几十年，能够结伴就是缘！女人原本应该比男人更善于包容，可要遇到另一个女人情况就发生变化了。其实，进了一家门的两个女人，就好比一对舞伴，相互要配合好——你进一步，我退一步；你进两步，我退两步；我进一步，你退一步。作为男人，兼具丈夫与儿子两个身份，则要扮演那一对舞伴的伴奏乐师，协调她们的舞步，告诉她们，心放宽点，什么都有了。非要针尖对麦芒，搞个两败俱伤，家里可就乱套了。

孝养、孝顺与孝敬，构成儒家孝文化的三个层次。

十一、父母在，不远游？

子曰：“父母在，不远游。游必有方。”（《论语·里仁》）

孔子讲了这句话，很多人都听了进去。可也有人提出疑问：“当孔子领着一帮五湖四海汇聚而来的弟子周游列国时，这些年轻人是怎么平衡这种漫无目的的流浪和孔子‘父母在，不远游，游必有方’的教训的？莫非他们都是一群孤儿？”其实这是因为没有很好理解“方”字的含义。

“父母在，不远游”这句话，不知阻断了多少青年闯世界的脚步，延宕了时代的进步，但这笔账无论如何不能记在孔子头上，因为有人对圣人之谕断章取义，故意削去了“游必有方”四字。孔子不反对“游”，但附加了一个条件。

“游”有不同的目的和功效。游学四方，眼界日广，对学行进步不无裨益，孔子自己满腹的学问和高明的见解，不就是周游列国的产物吗？游商走南闯北，广泛搜集商品信息，敏锐捕捉商机，故此“行商”往往比“坐贾”有出息。游宦者走的是上层路线，虽说侯门深似海，拼着性命与尊严也要摸上几条鱼。如果运气好，还能混个渔夫的正式身份，光明正大地抓鱼吃。相熟的渔夫多了，一人得道，鸡犬升天也就是迟早的事。可见，游是必要的！但为何父母在就不能远游呢？今天理解这句话一定要把握其精神实质——儿子游，则父母必得忍受念儿之苦。孟郊的诗说得好，“慈母手中线，游子身上衣”，可儿行千里母担忧，你带走了我的线，我却见不着你的面，教我如何不思念？

“三十亩地一头牛，老婆孩子热炕头”，能锁住平庸者的腿脚，却拴不住理想者的心灵。他们的双眸中写满了对海阔天空的渴望与向往。似乎冥冥之中有个声音告诉他这世界很大，此生他还应该挑起更重的担子，“路漫漫其修远兮，吾将上下而求索”是他们出发的号角，“海阔凭鱼跃，天高任鸟飞”是他们慷慨激昂的宣言，“走四方，路迢迢，水长长”是他们闯天下的心理疫苗。唯一成为出发磕绊的，恐怕就是对父母的安置了。

“方”曾被解为“方向”，我一直觉得这个解释滑稽，东西南北上下，六合之内，总有你去向的维度，那还用讲出来？物理学讲只要运动你就有方向嘛！所以我觉得解作“道理”较好——此行何为？有何困难？父母，尤其是年迈父母如何妥善安置？如何解除父母的思念之苦？都是不能不考虑的。坚定地离去，置父母哭喊于不顾，那是负气离家出走，而不是真正意义上的游子。现代社会分工细致了，通讯进步了，交通发达了，游子可以大放其心了。父母生活可委之于养老院，吃、住、病、药都有专人负责。“游”的间隙有空就回家看看，不要说帮爸妈捶背揉肩，哪怕就是在眼前闪一闪，也能让老人一阵心安。实在抽不出空，QQ的视频聊天亦可解除相思之苦哇。

游，不是问题！重要的是游出名堂，以慰藉父母。

歌曲《父亲》词写得非常棒：“那是我小时候，常坐在父亲肩头。父亲是儿登天的梯，父亲是那拉车的牛。忘不了粗茶淡饭，将我养大，忘不了一声长叹，半壶老酒。等我长大后，山里孩子往外走。想儿时一封家书，千里写叮嘱，盼儿归，一袋闷烟，满天数星斗。都说养儿能防老，可山高水远他乡留，都说养儿为防老，可你再苦再累不张口。儿只有轻歌一曲，和泪唱，愿天下父母，平安度春秋。”这就是中国父亲，不愿意给儿女添一点麻烦——山里孩子往外走，都有自己的前程嘛！于是，中国的父母肩上扛的东西就太多太多，包括思念出游在外的孩子！实在扛不动的时候，用“一声长叹，半壶老酒”解解忧愁。养儿防老，这是千百年传下来的训示。难道他们就不渴望回报吗？我不知道！但我所知道的是，回报的形式是多样的，有人喜欢儿孙绕膝的晨昏定省，有人喜欢子女光耀门楣的功成名就。因此，做父母的不到万不得已，是不会告诉他们家里困难的。可人老了，腿脚不灵便了，田间劳作力不从心，空闲时间也就多了。人一闲下来，身上的这病那病就都冒出尖。当他最老弱多病的时候，也许就是最想念远方儿子的时候。可是，想念归想念，他知道儿子有儿子的事情，能腾出手的话一定会回来看他的，自己就不要张这个口了。既然心中思念不足为外人道，只好自己往下咽吧。想儿时，“一袋闷烟，满天数星斗”！天下做儿女的，想想吧！这是怎样的场景啊！词人说“酒入愁肠，化作相思泪”，那么，烟入愁肠呢？又该化作什么？抽一口闷烟，和着对儿女的思念，在愁肠中转上一圈又一圈，轻轻飘向头顶那若隐若现的月亮。“千里共婵娟”此时是否有了别样的意味？那月，那烟，那人，那寂寥的小院，那悠长的思念……然而，婵娟固然美好，就算解得了老父亲的思念，可又怎能解得了老父亲的寂寞与孤独？谁来陪他说说话？谁能陪他喝杯酒？胸中纵有万语千言，诉与谁人听？算了吧，也许，数天上的星星，是个排遣孤寂的好办法——反正永远都数不清！可数来数去，年迈的父亲就是弄不懂，天上那么多的星星，哪一颗是儿子看他的眼睛……

十二、寿诞怎么过？

子曰：“父母之年，不可不知也。一则以喜，一则以惧。”（《论语·里仁》）

每逢小儿女过生日，父母忙前忙后，张罗一桌好菜，订一块大蛋糕，在“Happy birthday to you”的歌声中幸福得一塌糊涂。每逢老父母过寿，大多数人也会在经济条件许可的情况下，摆上几桌，宴请亲戚朋友，一来老人高兴，贺寿者沾沾寿喜，二来自己还能落下“孝子”之名。可逢自己过生日，正值壮年的我们往往唯有四目相对，高寿的老人也许早忘了这一天，青春年少的儿女心里填的是他们的追星之梦，哪管得了许多？中年人的生日宴席多半是夫妇对饮，无人喝彩，甚至忙起来自己也会忘了。由幼及少，由少及壮，由壮及衰，生命的流逝在壮年人身上显现得格外充分，处于由盛转衰的分水岭上，壮年人多少是有些凄凉的。苏东坡就说他年未及四十而齿摇发落，目视茫茫。英国首相布莱尔对大学生说，他最怕的就是五十岁之后人家提醒他的生日到了。中年人的这种心态二十来岁的子女不易体察，所以我估计孔子这句话就是在这种背景下说的，表达对中年人的关怀，也许他自己就很有感触。

在年方弱冠的人看来，整个世界都是生机勃勃的，一如自己体内的利比多，却唯独看不到父母每次洗头时大把大把掉下的头发。对父母的年龄，一则以喜，一则以忧：喜的是父母把我养大，陪我长到成年，免受孤儿之苦；忧的是天命无常，血气渐衰的父母时刻都有可能离我而去。人们在自己的生日宴会上最爱听到的一句祝词是“愿年年有今日”，就是这个道理。用“生育之恩”、“反哺之行”来劝导年轻人关注父母之年，这样讲道理的方法只对一部分可教之孺子管用，即所谓“君子喻于义”。对没肺没肝的小子就无效了，那只好“小人喻于利”了，跟他说，寿命跟遗传相关，父母的寿命跟子女将来的寿命有基因关联。就算是爱自己，他们也会开始关注父母健康状况与年龄的关系，以便及早预防某种病症出现在自己身上。这听起来有点像阿凡提跟国王说“我比你早死三天”的恐吓与蒙人，可它确实管用。拯救非常之人，必用非常之策！

十三、祭神如神在

子曰："父在，观其志；父没，观其行；三年无改于父之道，可谓孝矣。"（《论语·学而》）

坦米尔族有谚语云："父亲的价值，要等到父亲死后才知道；正如盐的价值，要到用完之后才知道。"父亲身后留给我们的，不见得一定是锦衣玉食才可贵，沉淀在我们灵魂深处的精、气、神才是生命的根苗啊！父亲的世界观、价值观和行事方式，乃至举手投足，都深深地嵌入儿身，生命就是这样一代代得以延续的。所以，父亲在世时，做儿女的要言行谨慎，志向远大，父亲去世，则要说话做事一如从前，不为出格之举，不令先人蒙羞。晚清时期，官文由湖广总督免职回京，银子多得难以装运，便在当地连开 9 个当铺。丧之时，几个儿子急于析分家财，竟封锁消息，等把当铺分定以后才发丧。四川总督宝兴嗜好收藏鼻烟壶，据说有 48 箱之多。子孙忙于争夺遗产，也是几天秘不发丧。这些八旗子弟的"行"成为世人笑柄，当然，这和乃父在世时的贪墨形成一定的因果报应关系。

宰我问："三年之丧，期已久矣。君子三年不为礼，礼必坏；三年不为乐，乐必崩。旧谷既没，新谷既升，钻燧改火，期可已矣。"子曰："食夫稻，衣夫锦，于女安乎？"曰："安。""女安则为之！夫君子之居丧，食旨不甘，闻乐不乐，居处不安，故不为也。今女安，则为之！"宰我出。子曰："予之不仁也！子生三年，然后免于父母之怀。夫三年之丧，天下之通丧也。予也，有三年之爱于其父母乎？"（《论语·阳货》）

宰我问孔子："按照礼制，父母去世要守丧三年，期限太长了吧？三年不修礼仪，就会忘掉；三年不习乐，乐就会荒废。陈粮吃完，新粮已收，四季交替完毕，生老病死、新陈代谢，这是自然规律。所以对父母之丧，为表孝心守上一段时间就行了。"孔子反问："父母去世不到三年，你天天吃着白米饭，穿着绸缎衣袍，心里能安宁吗？"宰我回答说："心安啊！"孔子生气地说："你要是心安你就那样去做吧。君子在服丧期间，即使吃到美味也不觉得甘甜，听到音乐也不会感到快乐，在日常宫室中起居(而没有去墓地庐居)心里也不安。所以不会这样去做。你要心安就随你吧！" 宰我出门后，孔子对其他弟子说："宰我不是个仁义之人啊！ 小孩生下来三年才能离开父母怀抱，独立行走。为父母守丧三年，这是天下通用的礼制。我怀疑宰我能不能为父母守丧三年。"

孔子认为，一个连对养育自己的父母都缺乏回报热情的人，是不可能做到仁的。宰我认为守孝三年太长，应以务实为上。宋朝的仰忻，力学笃行，年及五十时母丧，为尽孝背了土筑坟，并且在墓旁建屋，寸步不离。不过，时代发展了，形式上的东西可以变通，但内心的思念与亲情却无论如何不能因金钱与忙碌而冲淡，否则将失去生命之根。

然而，近年的"代理扫墓"业务引人深思。一些人虽然希望向先人致敬，但因居住在较远的城市或者海外而无法亲自前往扫墓，代理扫墓正满足了这个群体不断增加的新需求。这主要分布在北京、上海、天津、广州和深圳等一二线城市。基本的服务要价在300～700元人民币，服务时间为20～30分钟，包括烧香与烧纸钱、供奉果品、鞠躬、诵念祭文、清除灰尘和剪除杂草。还有一些特殊服务要另外收费,如在墓前下跪哭泣,燃烧纸制的“佣人”并供上酒。一家网络商铺说,代哭要价至少 300 元,并且每延长 10 分钟要追加 300 元,一个扫墓人磕三个头要价 100 元。顾客可根据代理扫墓人留下的 QQ、电话等进行联系,确定扫墓时间、地点、要求等,谈妥价格后用“支付宝”等第三方支付平台付款,代理扫墓人前往墓地代为祭扫。商业入侵传统的家庭祭奠仪式令人震惊,虚假的眼泪是对先人的不敬。祭拜已故亲人,并不只是简单地清扫墓地、摆放祭品等,更重要的是通过祭扫表达怀念、愧疚、遗憾等丰富的内心情感,这才是清明扫墓的更深层意义。

十四、自古忠孝难两全?

一言以蔽之:做人的根本到底在哪里?“孝”!做官的根本又在哪里?在忠!由孝及忠,就好比“一屋不扫,何以扫天下”。要说这事也不算难,关键看我们如何理解忠、孝的概念。

有一句话人们耳熟能详,那就是——“自古忠孝难两全”。而且讲这话的场合,多数都是为了安慰因工作忙碌而不能照顾家庭者,父母撒手人寰时儿子或守卫边疆,或坚守岗位,总之,未能养老送终。作为一个立足于社会的人,为了事业,为了工作,耽搁了家庭,造成终生遗憾。那么,忠与孝之间,究竟有没有根本性的矛盾冲突?

何谓忠?儒家说“尽己之心谓之忠”。于是,忠的对象可以是自己的心、某个俗人、宗教主、国君、民族、国家——为人谋而不忠乎?给人家当参谋尽心尽力了,这是忠;对家庭负责,对配偶忠实,这也是忠;教徒对教主忠心耿耿,日月可鉴,是忠;对国君、领导始终拥护,不离不弃,也是忠;为中华崛起而读书,为民族复兴而呼号,是忠;国家利益至上,为此可抛头颅洒热血,更是忠……

忠与孝的关节点在哪里?回报!

我们常听高级领导在宣布命令大会上对新提拔的干部讲,"要知恩图报"。从经济学的角度分析,孝,体现的就是回报。按进化伦理学者的说法,"母爱"对亲子的"利他"行为,只是为了延续她的基因。在血亲之间的利他行为是下倾的,即基因的承继者对施予者的牺牲行为要明显地弱。此时,"孝"作为一种文明的构件,强化了履行互惠义务的"担保"作用,它对先期付出者是一种补偿机制。如果说疼爱子女是出于传续自己基因的本能,多少有点自私自利的想法,那么,"孝"就是对这种行为的回应与奖赏,从而保证了物种的延续。只有具备孝心、晓得回报的人才能在"忠"的问题上让用他的人放心。

对为官之人来说,懂得了孝敬给我自然生命的父母,才能更好地回报给我政治生命的人民。忠和孝没有本质冲突,完全可以统一起来。二者的结合点在哪里呢?就在于给予付出者以应有的回报,这是对付出者的价值肯定,更是受惠者的良心体现。不忠不孝者便是没有良心的"白眼狼"。在部队干好工作有出息,是父母最乐意看到的,也最令其欣慰,父母乐之,孝便在其中;领导乐之,忠亦在其中。岳飞能"精忠报国",首先是因为他是一个孝子,如果不听母亲的话,谈什么"刺字"?建什么功业?"忠臣"与"孝子"历来都是一致的,二者不存在根本矛盾。封建时代的统治者非常有效地运用了这一招,帝王们以国为家,以家为国,将帅们把仁慈和威严和谐起来。曾国藩创办湘军,把教育分为训营规和训家规两种,"将领之管兵勇,如父兄之管子弟","我辈带兵勇如父兄带子弟一般"。《水师得胜歌》的歌词有:"我待将官如兄弟,我待兵勇如子侄"。袁世凯编练新式陆军,也强调对士兵如待子弟。这种巧妙的构思使忠与孝水乳交融,家与国统一和谐,政治生活完全伦理化了。

封建统治者集中了全国每个人的权利在自己手中,他们才显得权力无边,能够生杀掠夺,尽享荣华富贵。今天的社会关系已经完全改变,但忠孝依然是相通的。从政之人应该经常扪心自问,叩问自己的良心:"我为组织付出了多少? 又对父母回报了多少?"

不孝者找出各种各样的借口为自己的行为开脱。有人说:"父母待我不公,偏向弟弟",也有人说"父母没帮我看孩子",还有人说"父母没给我留下什么遗产"。这都是无法自圆其说的。偏向弟弟,是因为弟弟的生存能力不如你,他们的行为体现了公平;没给你看孩子,是你离家太远,他们心有余而力不足;没留遗产,是他们这辈子过得也不易,能让你活得像个人样,就是最宝贵的遗产!

这世上从来就不缺乏慈父慈母,而不孝之子却遍地都是。

评价历史人物,政治和道德要分开来看。胡宗南(1896～1962)这个人从政治上讲他是反共的,这没有一点问题。但在个人品质上,此人很受部下尊崇。1962 年就死了,但现在每到生日,老部下都要很隆重地纪念他。50 岁之前有意中人,但不结婚。这不是因为生理上有毛病,而是因为他发过誓——只要中国的土地上还有一个日本人他就不结婚。果然,1945 年日本投降,他 50 岁,这才结婚,当时已经是战区司令,赫赫有名的"西北王",但结婚前自己动手刷新房,请客七八个人。个人道德上似乎还比较完美,但这个人作为高级将领,心理仍然不是很健全。1936 年(40 岁)任第一军军长时,驻扎徐州。一次他的父亲从孝丰老家去看他,找到他的司令部。卫兵进去报告，胡却说："此人我不认识，叫他回去。"卫兵出来回报胡父，胡父十分诧异，对卫兵说："你一定传错了，他是我的儿子，我是他的老子，他怎会不认识我呢？你再去对他讲，叫琴斋（胡宗南的号）自己出来见我。"卫兵只好再进去报告，胡宗南立刻翻脸说："哪里来的混账老头，这样无赖，快把他撵走！"随后却派一心腹副官去跟踪他父亲，等副官回来报告他父亲住在哪个旅店后，胡才化装、着便衣去旅店看他父亲，对他父亲说："以后你不要随便到司令部来找我，现在给你三百块钱，你快快回家吧！"把他父亲气得要死，大骂儿子势利，一怒之下，钱也没拿，向同乡借了点盘缠就回了老家。

虚荣心作祟不认父亲的，不只是旧时的国民党将领，今天的大学生也不乏其人。有人不愿在同学面前承认千里迢迢来看望自己的乡下父母，有驼背老汉跑了一千里路，给刚刚毕业的儿子送去买房子的四万块钱，儿子却向同事介绍说这是俺老乡！乡人后来再问起此事，父亲悲愤地说："咱花了四万块钱给人家大学生当了一回老乡！"诚然，供出这样的大学生不值得。但是，父母也需要反思，自己的教育方式、方向是不是出了偏差，在孩子成长过程中爱的付出是不是有问题。教育部门也得反思，对学生做人的教育是不是不到位，致使他们虽掌握了大量知识，却不懂得为人处世。须知，忘记了"孝"，便是丢了做人的根本啊！

陕西合阳是个穷县，只有 30 多万人，但农民对教育特别重视，每年考上大学的多达3000人。因为贫穷和重视，父母为子女的付出在那个地方格外感人。全县财政收入每年2000万元，但农民供孩子上大学的花销可达 3 亿元。那里流传着一句来自平凡母亲的名言——"为儿女奉献到死的母亲才是最好的母亲"。一个叫党宪宗的农民，屡屡被类似的事迹感动，便把承包的县城招待所交给别人打理，自己花了三个月的时间，到乡下搜集供孩子上大学家庭的事例，最后写成《沉重的母爱》一书。出版之后，迅速在全县畅销，他也成为县城名人。在外上学的合阳学子从此在自己的背包里多了这么一本书，作为自己的精神鼓励。陕西省文联还在西安专门开了一次研讨会，贾平凹给予高度评价。凤凰卫视的《冷暖人生》也作了专访。书里记录了许多感人至深的故事，这里选择几个介绍给读者。有个家庭，儿子在西北工业大学读书，向家里要 10 块钱，而且很急。一贫如洗的父母一筹莫展，便来到田头，在人家摘过的棉花壳里抠发黄的劣棉，剥了一上午，卖了 5 元。下午，两口子把棉花秆从地里拔回来，铡成一厘米长的短截，用平车拉了十几里路，送到纤维板厂，卖了 4.9 元。天黑才回到家，又向邻居借了两角钱。这才凑够 10 元，用平信寄出去。有一位母亲是家里的主要劳力，独自拉着一平车的玉米上坡。偏巧赶上大雨，泥泞的路上一步一滑，行走艰难。危急时刻，这位母亲跪在雨中的坡上，拿出“文革”时候的拼命劲头，高呼：“下定决心，不怕牺牲，为了儿子，夺取最后胜利！”（读者朋友，想象一下这个场景：狂风呼啸，大雨倾盆，一个妇人跪在山坡，手中紧攥双辕，肩上是沉重的拉车带子，身上早已是泥污斑斑，体力在一点点地消耗，心中却因儿子的未来而火焰冲天。再高明的导演，在这天然一幕面前都是拙劣的。写到这里，我已忍不住热泪纵横。1980 年，我还读小学，母亲已是五十出头。一个没有文化的农村妇女，坐车七八个小时，到西安贩些塑料布回县城卖，后来还卖过油炸麻花、家里自产的无花果……那一幕一幕，至今难忘）还有一对卖烧饼的夫妇，供两个儿子上完中学、大学，前后花销 16 万元。党宪宗说，我给你算一笔账：你一个烧饼赚一毛钱，16 万元就需要卖 160 万个烧饼；一个烧饼需要 10 道工序，那就是1600万道工序……摊主憨厚地笑笑，说也没想那么多，反正就是一天到晚地做烧饼，有时累得站不住，胳膊抬不起，刚躺下，一想到儿子，立刻浑身是劲。

相信每个人都在自己的成长中饱含着父母的关怀，都能讲出一串亲子之间的故事。历史上“孟母三迁”和“岳母刺字”的故事我们都知道，也十分敬佩。甚至有人提议将孟母生日定为中国的“母亲节”。余世存《非常道》里，收集了几个名人的成才小故事，其父母之可敬由此可见一斑：

沈葆桢少时胆子极小，夜里听见猫叫都害怕。沈母教以儒家道德观念，问曰：“你敬仰历朝历代的忠臣孝子吗？”葆桢回答：“当然敬仰。”沈母随即举例说古代忠臣孝子九死一生、百折不挠的故事，问儿子：“你知道他们的胆子从哪来的吗？”葆桢说：“他们天生大胆。”沈母说：“不对，因为他们做人做事都堂堂正正，心里想的都是如何孝敬父母，报效国家，所以胆子就大了。”随后又经常有意让沈葆桢独自往返阴森可怕的地方，一来二去，沈葆桢的胆子也就练大了，终成清末名臣，与李鸿章一道成为海军南洋水师的主持者。

程潜少时，学习刻苦，每当夜深人静，万籁俱寂，程潜伴如豆油灯，摇头晃脑，琅琅出声。一夜，月悬中天，程潜正襟危坐，一遍又一遍地诵读《诗经》，恰逢屋檐下一小偷驻足，贼盗为程潜抑扬顿挫之声所迷，禁不住扑哧一笑。后来，此小偷对乡里一农民说：“程家的后生读得真认真，将来定有出头之日。”程潜参加同盟会后，从事革命，举凡辛亥、讨袁、护法诸役，莫不为民前驱，其乡人庆之，其母则说：“男儿以身许国，除暴安良，分内事耳，何以庆之？”为绩而不辍，人复劝休止，则又说："人贵自食其力耳，吾不欲以身暴人。"

顾颉刚出生在一个书香门第，母亲对他要求甚严。一次天降大雨，顾想借故逃学，对母亲说："今天雨太大了！"母亲说："你不想去了吧？就是落铁，也得去！"

黄炎培对黄万里教育甚严，要点凡三："一、必须尊重农民。黄炎培多次教育下属说，我国自有历史以来，劳动的农民从来没有对不起他们的统治阶级。二、为人必须喷出热血地爱人！爱乃是道德的根基，所谓真善美实皆包含在爱中。三、戒骄傲。戒骄必须从内心出发，仅在形态上不虚伪犹不足道也。"

鲁迅去世的消息传到八道湾，老太太甚为悲痛，对周作人说："老二，以后我要全靠你了。"不想苦雨斋主面露难色："我苦哉，我苦哉！"老太太很不满意，后来对别人说："老二实在不会说话。这种场合，他应该说，大哥不幸去世，今后家里一切事，理应由我承担，请母亲放心。难道他说苦哉苦哉，就能摆脱他养活我的责任吗？"[①]

十五、你读懂父母了吗？

双亲在世，我们该怎样做呢？

蔡琴有一首歌《读你》，唱得煞是动人，可她读的对象是恋人，处在"情人眼里出西施"的语境之中。面对恋人，年轻人高歌"读你千遍也不厌倦"；面对情人，我们很是擅长解读那明眸皓齿、朱唇玉指所传递出的无穷信息；面对领导，一个眼神、一声咳嗽，都可能让做下属的我们绞尽脑汁；面对娇女爱子，饭桌上皱一皱眉头，便足以让

① 余世存：《非常道》，心智第二十八，北京：社会生活文献出版社 2005 年版，第 245 页。

爹妈明白小宝贝不喜欢吃哪个菜。可是，面对老态龙钟、说啥都行的父母，我们有几个人去认真地解读过呢？他们嘴里说的，和心里想的是一致的吗？他们再三地阻止你给他买家具，可看见邻居家搬回新沙发时眼中却分明流出无尽的艳羡。只要不是傻子，谁都明白他们是在心疼你的钱！他们嘴上说你快忙去，可心里多么希望你能留下来陪他们吃上一顿饭。可惜啊，太多太多的细节被我们忽略了，有时是无意的粗枝大叶，有时却是有意地装聋卖傻。面对这些"把爱全给了我、把世界给了我"的人，我们都不曾认真地去读，还能奢谈什么"懂你"？

"色难"其实有两解：一是难在能于无形无声中体会父母之意；二是侍父母以能和颜悦色为难。按前一种理解，孝顺之行，重在善于解读父母。中国有句俗话："可怜天下父母心。"说的便是，中国父母在为子女付出时是最慷慨的，甚至可以卖肾捐肝，而到了老弱之年需求回报之时，他们又是最含蓄的，从不轻易向孩子提出物质的或精神的要求，他们总是那么善解人意。电视连续剧《我们的父亲》在每集的片尾都要强调："父亲总是说，我没什么要紧事儿，你们忙，不要管我，等你们闲下来，也来得及。"然而就是因为听信了这句话，三个终于没有来得及行孝的子女面对倒在车轮前的父亲追悔莫及。在中国这个讲究"温良恭俭让"的国度，父母可以这样含蓄地对待自己所抚养大的子女，而负有赡养义务的子女却不可以顺水推舟地作个聋子、哑巴——"不要就算了，反正不是我不给你"，这话骗旁人可以，可要骗自己的良心，还差点儿！

其实，花甲、古稀之人跟稚子蒙童并没有太大的差别，有一点点小脾气，有时也会贪一点点嘴。我的母亲患有脑梗兼贫血，食欲不振,双腿乏力,但由于对高蛋白、高糖食物的恐惧,蜜桃、苹果、鸡蛋、花生、瘦肉,她一概坚拒不纳,尽管医生建议她适量食用鸡蛋和白色肉类。这令我很是犯难。有一天陪她散步到崖边(暑假里,我每天强行陪她散步两次以活动筋骨),火红的酸枣令她眼前一亮。恰好那一瞬间被我捕捉到了,便赶紧给她找个地方坐下。崖边杂草丛生,我唯恐里边蹿出蛇虫,酸枣刺也很扎手。正当畏难之时,眼前浮现出一袋酸枣。那是五年前我读博士时用脑过度,睡眠不佳。听说酸枣仁对这有帮助,年近七旬的母亲为我采摘了一大袋子,足足有五六斤,托人从山西带到天津,直到现在家里还剩好多,那也是"粒粒皆辛苦"哇!想到这里,我羞愧万分,也勇气倍增。看着母亲一粒粒地拈起掌心里的小酸枣,津津有味地咂摸,我百感交集。

行孝要趁早啊!古人用一句话很精辟地总结了这一点:"树欲静而风不止,子欲养而亲不待"。很多事情是不依人的主观意愿为转移的。父母不会永远地活下去,等着我们具备足够的能力、时间和心思去孝敬他们!不要让那双告别世界的眼睛流露失望……

假如您对父母有不理解的地方、不满意的时候,请大声朗诵下面这首诗(注:非原创):

孩子!当你还很小的时候,

我花了很多、很多时间,

教你慢慢用汤匙、用筷子吃东西。

教你系鞋带,扣扣子,溜滑梯

教你穿衣服,梳头发,擤鼻涕

这些和你在一起的点点滴滴

是多么的令我怀念不已

所以，当我想不起来，接不上话时，
请给我一点时间，等我一下
让我再想一想……
很可能，最后连要说什么，
也一并忘记。

孩子！你忘记我们练习了好几百回
才学会的第一首《娃娃歌》吗？
是否还记得，每天总要我绞尽脑汁
去回答不知道从哪里冒出来的“为什么”吗？
所以，当我重复又重复，说着老掉牙的故事，
哼着我，孩提时代的儿歌
体谅我，
让我继续沉醉在这些回忆中吧！
希望你，也能陪着我闲话家常！

孩子
现在我常忘了扣扣子，系鞋带。
吃饭时，会弄脏衣服，还咳个不停
梳头发时手还会不停地抖，
不要催促我，
对我多一点耐心和温柔，
只要和你在一起，
就会有很多的温暖涌上心头。

孩子！

如今，我的脚站也站不稳，走也走不动，

所以，

请你紧紧地握着我的手，

陪着我，慢慢地。

就像当年一样，

我带着你

一步一步地走……

心态篇

《论语》中的仕宦心态

子谓颜渊曰："用之则行，舍之则藏，唯我与尔有是夫！"

危邦不入，乱邦不居。《泰伯》

子曰："不在其位，不谋其政。"

"中庸之为德也，其至矣乎！民鲜久矣。"

人到中年,常常会追问生命的意义。不管是人在江湖,还是人在仕途,都会对自己的未来有打算。这时候,秉持什么样的从政态度就很重要了。身处江湖之远者僵卧孤村,鸿鹄之志不泯,时时做好伯乐垂青的准备。如果真有那么一天,一定竭尽全力,亦不负平生所学。可如果那一天迟迟不来,生活总得继续,人总不能吊死在同一棵树上吧?居庙堂之高者不得不面临升职问题,渴望更高的位置、更大的权力,如果组织上提拔重用,那肯定好好干,可万一不用呢?怎么办?

人活着如果不能做点有意义的事——做官为公众办事,那就做点有意思的事——归隐忙自己的生活。我想这会得到不少读者的赞同。而这,正是《论语》所倡导的从政态度——用之则行,舍之则藏。

一、出仕,还是隐居,这是一个问题

做不做官?做谁的官?做到多大的官?这一切都要根据形势变化来作出正确选择,不可强求。

子谓颜渊曰:"用之则行,舍之则藏,唯我与尔有是夫!"(《述而》)

孔子对他最钟爱的弟子颜回说:"做官的条件如果成熟,那就好好去干,大丈夫不能枉此一生;要是条件不允许,做不得官,那就找个地方猫起来,读书、养性、看风景,千万别去蹚浑水。这就需要克服官瘾了,一般人是做不到的,恐怕只有咱爷俩有这种定力。"

"用之则行,舍之则藏",体现的是一种随遇而安、顺势而为、无为而无不为的处世态度,它融合了儒道两家对世界、对人生的应对策略。这一生存哲学，闪耀着慧者的睿智与人性的光辉。它其实来源于水在大自然中的生存启迪。道家特别推崇水，庞朴先生解释“玄之又玄，众妙之门”时说，那个“玄”，其实就是漩涡的意思——漩涡深不可测，充满神秘感和力量感，它从水中吸聚了那么多的能量，却又朝着那个莫名其状的地方奔去。然而水给人们的启示又何止这些？《老子》曰：“上善若水”。多么聪明的水啊：遇到高山，斗不过你，我绕着走，行吧？遇见池坝，我就歇歇脚，蓄积更大的力量；等我羽翼渐丰，翅膀硬了，就汇聚成浪；即使势单力薄，我也要滴水穿石，以示存在；行到低处，就汇成湖泊，来个“欲把西湖比西子，浓妆淡抹总相宜”，走到高处，便成瀑布，“飞流直下三千尺，疑是银河落九天”，多美啊；至于水的用处，那也是各有千秋——深处藏龙，浅处育虾，蒸腾成汽，沉土润苗。简直就是无可无不可，既随遇而安，又不失本性。这实际上就是一种相当自然而惬意的生存态度，对待命运如此，对待官运亦如此。

那么，孔子在这里所说的“用”和“舍”分别有着怎样的背景呢？换句话说，如何判断二者不同的适用范围呢？

人都是环境的产物，没有人可以脱离环境而独自生存，自然环境是这样，政治环境也是这样。这和股市的牛市是一个道理，当股票普涨的时候，谁都会炒股，谁买谁赚钱，太容易了。政治环境好，有了成绩能得到上级奖赏和百姓称赞，有了过错受到相应程度的警示，绝不搞什么株连，那做官是一件多么愉快的事啊！相反，古人所谓“生不逢时”之类的慨叹，说的则是政治环境恶劣：碰上一个昏庸的君主，朝廷小人当道，有了成绩被人忽视，有了过错被人用放大镜盯住不放。这时，做官成为一件十分受罪的事情，既没有成就感，也没有幸福感，甚至没有安全感。那情形如同被推上架子准备接受炙烤的鸭子，试想，身处这样恐怖的气氛、令人惊悚的环境，哪只鸭子愿意继续在这条路上走下去？明智的人都会依据政治环境的优劣决定自己何去何从。

子曰："直哉史鱼！邦有道，如矢；邦无道，如矢。君子哉蘧伯玉！邦有道，则仕；邦无道，则可卷而怀之。"(《卫灵公》)

史鱼是卫国大夫史鰌，字子鱼。他临死时嘱咐儿子不要治丧，草草埋掉算了，以此来劝告国君卫灵公亲近贤臣蘧伯玉，远离小人弥子瑕。这也就是古人所谓的"尸谏"。这事在《韩诗外传》卷七有载。史和蘧都是孔子同时代人，其中蘧与孔子私交甚笃，经常互相问候。在这里，孔子把二人并提，是因为他们都是孔子的"同志"，都是品行不错的士大夫，也都赶上了一个不怎么好的政治时代。他们之间的区别在于选择了完全不同的政治态度。史鱼太过刚直，政治清明时他像箭一般直，政治黑暗时还是像箭一般直，不懂变通，不懂顺势而为，孔子只是敬佩其赴死的勇气，绝无效仿之意。在他看来，为一个昏庸的国君而死，太不值！既不能保证此举可以感化国君，改善政治，又不能让民众从中受惠，请问价值与意义何在？蘧伯玉就不一样了。政治清明时，我就出来做官，实实在在地干点对老百姓有利的事情。如果政治黑暗了，我就把自己的政治本领都藏起来，扮作一个傻乎乎的和事佬，因为我知道自己的个人能力有限，无力改变政局。乱世中人往往特别钟情于因庄子而名的"樗"——一种因不成才而保全性命的树木，甚至成为末世文学作品中一个引人注目的意象。元末明初，隐居西湖的刘俨名其集曰《樗隐集》；徽派理学大师郑玉族人郑潜以《樗庵类稿》名其集[①];胡行简名其室曰“樗隐”;储能谦名其室“樗巢”[②];杨维桢弟子李诇名其室曰“樗亭”,自号“樗散生”[③];金华许存礼不轻于用世,托“樗散生”自号[④]。贝琼《清江文集》卷二亦有《樗隐先生传》一文。曾鲁因庄子而叹曰:“有生勿为材,只以身试难。杞梓堪栋梁,何曾保枝干。彼樗乃散木,匠石眼不看。终然老山林,长将栎为伴。”[⑤]高启之友徐贲亦在友朋联句时叹道:“成器未为福,不才反逃祸。”[⑥]胡行简尝语王祎曰:“樗隐者,吾之托以自志也。樗,不材木也,无所可用,是以能终其天年也。”[⑦]至于樗的特殊性,明初开国文臣之首宋濂说:“樗似春,人呼为山椿,或呼为虎目桐,以其叶脱处有痕如之,故名。材极易大,而不中器用,故又以散材称之。”[⑧]“樗,散木也,肤理不密,沈液弗固,嗅之腥,爪之不知所穷,为栱为枨且不可,况为负任器耶?”[⑨]

与其徒劳地做些无用功,把自己碰得遍体鳞伤而又于事无补,倒不如先保护好自己,待以后相机而动,有所作为。孔子在这里没有亮明自己的观点,不过我们还是能感受到他对“卷而怀之”的赞同,因为在《泰伯》篇中,他又做了这样的阐述:

---

① [清]永瑢:《〈樗庵类稿〉提要》,《四库全书总目》(北京:中华书局,1965年版),卷一69,第1475页。

② [明]宋濂:《芝园续集》,卷四,《宋濂全集》,第1529页。

③ [明]宋濂:《朝京稿》卷三,同上,第1695页。

④ [明]宋濂:《跋樗散生传后》,《翰苑别集》卷六,同上,第1061页。

⑤ [明]宋濂:《题番阳蔡渊仲散木庵》,《明诗纪事》(陈田辑撰,上海:上海古籍出版社1993年版),甲签,卷六,第148页。

⑥ [明]高启:《病柏联句》,《高青丘集》,卷十四,第567页。

⑦ [明]王祎:《樗隐记》,《王忠文公文集》(明万历七年金华府重修本),卷九。

⑧ [明]宋濂:《跋樗散生传后》,《翰苑别集》卷六,《宋濂全集》,第1061页。

⑨ [明]宋濂:《工师之谏》,《燕书》,《宋文宪公全集》,卷七十六。

“笃信好学，守死善道。危邦不入，乱邦不居。天下有道则见，无道则隐。邦有道，贫且贱焉，耻也；邦无道，富且贵焉，耻也。”坚定地相信我们的道，努力学习它，誓死保全它。不进入危险的国家，也不到祸乱丛生的国家居住。君子就应该像识时务的凤凰一样，天下太平，就出来做官；不太平，就隐居。做出此种选择的理由何在呢？那就是因为君子有耻感啊！政治清明，四海祥瑞，人家都在踏踏实实地做事情。正如十一届三中全会以后，政策好了，只要勤劳就能致富，劳动者的脸上写满光荣。想要做官的人也一样，在政府部门谋个差事，做个勤勤恳恳的公务员，为人民大众服务，贡献自己的才智，拿着不菲的薪水，不亦乐乎？谁要是在这个时候选择隐居，啥都不干，日子过得紧巴巴，可耻啊！不光说明他懒，而且说明他认不清形势，是个糊涂虫。同样的道理，国家混乱不堪之时，如果有人发国难财，凭借打砸抢之类的土匪手段实现大富大贵，“富”得不明不白，“贵”得名不正言不顺，那也是耻辱啊！这一思想在《论语》其他地方也有论述，如《宪问》：“邦有道，谷；邦无道，谷，耻也。”

二、你有过“野花”心态吗？

子贡曰：“有美玉于斯，韫匮而藏诸？求善贾而沽诸？”子曰：“沽之哉！沽之哉！我待贾者也。”（《子罕》）

子贡看到孔子总也不出去当官，也不明白为什么，就有点急了，不过话说得还比较委婉，他打了个比方：“老师，假如我这里有一块美玉，您看是把它妥善保管在柜子里头，还是找个识货的行家卖个好价钱？”孔子当然听出了他的弦外之音，忙不迭道：“卖！卖！我正是在等那个识货的人啊！”孔子何尝不想做官？他一辈子都在寻找出仕的机会，他找得很苦，以至于已经不求“明君”来隆重地礼聘，只要有人承认他的价值，认识到他的作用，诚心诚意地重用他，那就知足了。古人云：“士为知己者死，女为悦己者容。”在渴望被发现、被承认方面，士人和女子有着很大的相似之处。士人苦读，无非想着“学成文武艺，货与帝王家”，但他们内心对礼聘仪式的向往是那样强烈。那个仪式越隆重，心理自足感越强。如果说“十年寒窗无人晓，一举成名天下知”代表着光宗耀祖的满足，那么“朝为田舍郎，暮登天子堂”无疑意味着实实在在的生活改善。不过这一切都是后来的荐举制和科举制的产物，在孔子那个时候还谈不上。但孔子保持着和后来读书人一样的自尊。能做官吗？能！想当官吗？想！十分想！那就四处推销自己去吧？不！绝大多数读书人是不会这么干的。即使被人讥为“寻章摘句老雕虫”，他们也不愿意像三十多岁的老姑娘那样急匆匆地把自己嫁出去，更不会站在大街上四下里吆喝推销自己。田震的歌曲《野花》表现的岂止是一个孤独女人的落寞，更是渴望被认识者的心灵呼唤：“山上的野花为谁开又为谁败，静静地等待，是否能有人来采摘。我就像那花儿一样，在等他到来，拍拍我的肩，我就会听你的安排……别让她在等待中老去枯萎。”等待，是生命的面纱，覆盖了希望，也遮掩了绝望。多少在等待中耗去青春，等得那花儿都谢了，等得那海儿都枯了……柳宗元笔下那“独钓寒江雪”的老者，钓的真是鱼吗？

孔子三十五岁时等来了他的第一次机会，可惜的是没有发生在他的祖国，而是在齐国。齐景公向孔子问政，孔子跟他讲了“君君臣臣父父子子”的道理后，他很是高兴，觉得这还是个可用之才，但还是把待遇问题首先提了出来：“若季氏则吾不能，以季、孟之间待之。”像鲁君对季氏那样对你，我做不到。如果次于季氏而高于孟氏，那我还是可以做到。这样的日子过了一年，能干的孔子终于受到齐国大臣的排挤，无奈的齐景公只好说：“吾老矣，不能用也。”(《微子》)我已经没有宏图大略了，请先生另择高枝吧。加上齐臣的威胁，孔子走得十分狼狈，“接淅而行”。

周游列国途中，孔子遭遇到各种各样的拒绝，有的人出于无奈，有的人出于无知，有的国君直截了当，有的国君婉转温和。最“温柔”的一次拒绝可能是来自好朋友卫灵公的。他收留了孔子近十年，交情不可谓不深，当终于知道自己无力再把好事做下去的时候，他不再向孔子请教文化礼乐之事，而是问陈(通“阵”，兵法战术)于孔子。孔子努力地保持着自己的尊严：“俎豆之事，则尝闻之矣；军旅之事，未之学也。”明日遂行。(《卫灵公》)毕竟，做官不是生命中最重要的事，所以他能够坦然待之。关于人生道路选择的对与错，民国著名记者陶菊隐先生为蒋百里作传时讲得很是在理：“百里学成问世后，一辈子未揽过大权，未做过什么督军、省长或什么部长、主席，这或者又是人们悲其不遇的原因。我以为一个人的遇合当视其学业之成就及其影响以为衡，百里虽未做大官，却以此躲过了人事、应酬、造孽、扮鬼脸的种种动作，得以潜心研讨学问、培植人才，迄今为世所重，怎能说他的不遇呢?”[①]孔子的际遇，以此作评，恐亦不为过。

面对“公卿有党排宗泽，帷幄无人用岳飞”的政治现实和一次次的碰壁，孔子颇有几分无奈。看来干谒君王的正统渠道是走不通了，那就退而求其次吧：

---

① 陶菊隐：《狷介与风流》，太原：山西人民出版社 2007 年版，第 157 页。

公山弗扰以费畔，召，子欲往。子路不说，曰："末之也已，何必公山氏之之也。"子曰："夫召我者而岂徒哉？如有用我者，吾其为东周乎？"（《阳货》）

佛肸召，子欲往。子路曰："昔者由也闻诸夫子曰：'亲于其身为不善者，君子不入也。'佛肸以中牟畔，子之往也，如之何！"子曰："然。有是言也。不曰坚乎，磨而不磷；不曰白乎，涅而不缁。吾岂匏瓜也哉？焉能系而不食？"（《阳货》）

这一回，是真的有人来拍孔子肩膀了，孔子毫不犹豫地说："我听你的安排！"如果不是子路的干涉，孔子差点儿就要青史留"污"喽。公山不狃和佛肸都是叛主之人，很想笼住孔子这棵大树，而孔圣人也顺水推舟地动了凡心。不料又是勇猛的子路噘着嘴，气咻咻地将了老师一军：没有地方去就算了，何必要为那种人效力？我先前听您教诲说君子"危邦不入，乱邦不居"，您老怎能病急乱投医呢？如果说对南子这事问心无愧，那么这一次夫子就有点心虚了，老人家苍白地辩解道："坚硬的东西磨不薄，洁白的东西染不黑。放心吧，老师我就像那莲藕，保证入污泥而不染。再说了，周游列国为了啥？我可不愿再像葫芦一样挂在墙上，没人搭理，也没人采食。"显然，子路的话戳到了先生的痛处。

历来解《论语》者为圣人讳，说孔子应召并非真心，他不会帮助乱臣贼子兴风作浪，所谓的"欲往"，不过是趁机教育学生。其实不然，公山不狃召之在鲁定公八年，孔子当时 50 岁，佛肸召之在鲁哀公五年，孔子当时 62 岁。前后相距一"纪"，同样面对叛臣之召，孔子痴心不改，仕欲不减，应该能说明一些问题。而"匏瓜"之喻清楚地表明，他是真的想要建立一番功业，哪怕是在叛臣手下做事，自己也许可以化腐朽为神奇,以人格力量感化叛臣。孔子正是抱着这样一种幻想孜孜以求,奔走不息。这多少有些书生意气吧?

三、失意者的心态调适

官也好,民也好,日子都是自己的;苦也好,甜也罢,总要一天天地过下去,一天24个小时,一秒也少不了。所以,愁也是一天,乐也是一天,日头总是东升西落。想明白了,就知道人生不可能天天精彩,走麦城、下野、赋闲,都是从事政治的人不可避免的仕途风景。如果想不明白,只会徒生烦恼。腾讯网一项在线调查显示,71%的人认为现实生活充满焦虑,处处都是不如意。湘军首领曾国藩率兵与太平天国军队作战,连连遭到惨败。如何把军事上屡遭惨败的战况向皇上禀报呢,曾国藩冥思苦想,绞尽脑汁,无计可施。万般无奈之下只得在奏章上写道"屡战屡败"的字眼。军师读了奏章之后,连连摇头说:"不可不可! 如此上报,必有杀头危险。"提笔将其改为"屡败屡战",曾国藩看后,不禁拍案叫绝。如果说曾氏的"屡败屡战"还有开脱罪责之嫌,那么孙中山先生类似的话却是肺腑之言。总理曾对蔡元培说:"我不善处成功,而善处失败;愈失败,我的精神愈焕发。"

失意,是三四十岁的老姑娘望着镜中皱纹对韶华易逝的慨叹,是秋葵目送最后一抹残阳的无奈,是寻寻觅觅、冷冷清清的午后之凉,是"廉颇老矣,尚能饭否"的感喟,是"冯唐易老,李广难封"的壮志未酬、十二道金牌召回的英雄之泪,是才不见用、赐金放还的怅惘,更是"拣尽寒枝不肯栖"的"寂寞沙洲冷"……

从政之人只要稍微了解一点股票,就会处理好仕途的短暂失意，因为官场和股市有着太多的相似之处。入场目的上，有人为投资，有人为投机，投资者拿出家产五分之一买股票，纵然赔完也不大妨碍生活质量，投机者把鸡蛋放在股市这一个篮子里，只想数钱到手软，殊不知危机暗伏；有人当官是希望为百姓谋福利，一开始就抱着“天下为公”的态度去干事，是以宠辱不惊，有人做官是想光宗耀祖，所以有了权力先给自已人办事，印把子成了私家物品。操作方式上，有人理性地止损止赢，割肉时候不心疼，赚钱时候不心狠，有人疯狂地大赌一把，胜则为王败则寇；理性的人做官虽也为公众谋利，但也给自己留一条后路，该得罪人的时候不让步，但不会把人逼上梁山，给人办好事时绝不可能把所有的好处都给一个人，赌徒性格的人做官直来直去，用孔子的话说，就是“爱之欲其生，恶之欲其死。既欲其生，又欲其死，是惑也。”(《颜渊》)所以他总有想不明白的地方，疑惑万分。投资方向上，有人喜好业绩股，因为买这样的股心里有根，有人喜好概念股，因为它尽管可能泡沫堆得老高，但毕竟有可能浑水摸鱼；喜业绩股的人做官工作扎实，注重实绩，把钱都花在群众需要的地方，喜概念股的人做官尽弄花架子，“形象工程”、“面子工程”一个接一个，结果工程搞完了，官也升上去了，老百姓得勒紧裤带给他买单。个股的未来上，有人不抱信心，为一时的涨跌而笑骂，有人始终捂住不放，因为他相信总有涨的时候，野百合还有春天呢；有人做官升一职就笑，降一职就跳，有人却三起三落，处变不惊，终于大器晚成，功业赫赫。大盘走势莫测，时而牛气冲天，时而低迷如熊，弄不好还会崩盘；盛世做官教人越走越开心，末世为官却如履薄冰，可能走上不归路，也可能一夜回到解放前……

有了股市的借鉴，从政之人心态多少能平和一些。孔子那时还没有股市这个玩意儿，但夫子用自己的方式，提示即将步入仕途的弟子们调整好自己的心态，正确对待仕途的顺境与逆境。

子谓仲弓曰："犁牛之子骍且角，虽欲勿用，山川其舍诸？"(《雍也》)

仲弓即冉雍，冉耕冉伯牛之子，孔子弟子，因为出身寒微，所以对自己的未来很没有信心，孔子就打了个比方劝他。犁牛是杂毛牛，属于下等，多用于耕耘，而不用作祭品。人们觉得作祭品是给了一个灵魂与上天接近的机会，所以想当然地认为畜生们也这么看，祭祀时就选用纯色上等牛。犁牛是不够格的。骍(xīng)是周人最尊崇的赤色。按周礼，用骍牲者三事：第一，祭天南郊；第二，宗庙；第三，望祀四方山川。犁牛之子纵不用于郊庙，山川次祀宜可用。《淮南子》曰："犁牛生子而牺，以沈诸河。河伯羞其所从出，辞而不享哉？"犁牛之用于祭祀，比喻出身下等之人见用于世，诫冉雍勿有自卑之感。正是"老子英雄儿好汉"，老子狗熊儿子未必笨蛋。只要不是笨蛋，还肯努力，就有机会封侯拜相。

这里实际上也是一种心理暗示，但和迷信风水有根本不同。弟子们还说"子不语怪、力、乱、神。" 孔子在这里劝说仲弓放弃出身意识，把精力放在"骍且角"——强化自身素质上。而迷信风水者却是把希望寄托在风水师的"鬼符"上。

国家行政学院的程萍博士曾做过"中国县处级公务员科学素养调查"。这份研究报告表明：尽管中国县处级公务员科学素养总体高于普通民众，但是只有不到 1/2 的官员表示：不相信"相面"、"周公解梦"、"星座预测"和"求签"中的任何一种迷信形式。

2007 年 5 月 1 日出版的《求是》杂志评论道："当前少数党员干

部对党的忠诚意识有所动摇，逐渐弱化……一些党员不信马列信鬼神，值得高度注意。”来自重庆的道士九真道人，自称曾受一名“负责大工程”的当地局级官员委托，在道观里专门设坛，24 小时烧香，祈求其高升。该官员还佩戴着一块被“加持过”的玉。“宝玉”是如此炼成的——根据此人的生辰八字，九真道人把“符咒”写在他的照片上，和玉石一起在坛里供奉了七七四十九天。“在外面做工程身体平安”、“官位稳定”等一些“指定信息”，已经全部“输入”。而到年底时，这块玉还要拿回坛里，输入新信息，祈求明年运程。整套项目，该官员每年需要付6 000～7 000元。如果他有一些临时的特殊要求，“那么根据具体要求实现的难度，另收几千块到十来万的情况都有”。

已有事例证明：一些干部——包括一些高级官员，被这种“玄学”俘虏。河北省国税局原局长李真，曾因一风水师预测他“5 年内成为封疆大吏”，一高兴就给了对方8000元。沈阳市中级人民法院原院长贾永祥，在新办公大楼即将落成时，通过院领导班子讨论决定，花费 3 万元，从澳门请来风水先生择定“乔迁吉日”。原山东泰安市委书记胡建学，因为某大师说他“有副总理的命，只缺一座桥”，不惜将建设中的国道改线横穿水库，修上一座桥。

平常时，风水师们主要的客户，商人要多于官员。但地方党政机关换届时，“大师”们就把工作重点“转移”到了党政干部这边。

一位风水师曾给沿海某省的几个地方一把手着重“看了看办公室”，因为他们都有权力在整栋大楼里选择自己办公室的位置。其中，在某官员办公桌的东南角，这位风水师摆上了一尊铜钟，按照业内的说法，这是一个“金钟罩”，能把位于东南面的官运拿过来。

听听风水师的说法：

“相较于商人，官员们更相信一些‘玄’的东西……给他们调整一下办公桌的位置，他们会觉得太简单，不放心。但给他们在地下埋一点吉祥物，布一个阵，他们就觉得很灵了。”

“党政干部们比较喜欢符咒。”这些画着只有风水师自己才能看懂的符号的纸片，通常会被放置在办公室的一些很隐秘的角落，比如说抽屉背面、挂钟后头，甚至用水泥封在地板下……“给一个官员的安排成功了后，他给我磕头，流眼泪啊！”

“为什么有人能升官，为什么有人掉了乌纱帽，在一些官员看来，存在很多不确定性。”北京大学心理学教授王择青对记者说，“自己不能掌控，就求诸鬼神，找寄托。而关于风水成功的各种传说流言，当官员们处于换届调整这样的紧张时刻，就会给他们强烈的心理暗示。”这让他们觉得，已经有风水的加持了，事情就搞得定了。这样，信心就有了。而一件事情的成败，和当事人的信心有很大关系。①

四、小心驶得万年船

俗话说：“病从口入，祸从口出”。当一个人不得志的时候，喝凉水都塞牙缝，免不了要发发牢骚，说几句怪话，甚至偶尔做一点出格的事情。但情商高的人就不一样了，他深知官场的微妙，不经意的话语虽然暂时可以发泄心头之愤，但日后极有可能为自己惹来一身臊气，不但不能摆脱目前的困境，反而会愈陷愈深。所以，聪明的人都懂得背运时要谨慎处世，夹起尾巴老实做人，少给自己找麻烦。

① 郭力：《这些官员迷风水，不信马列信鬼神》，《南方周末》，2007年5月17日。

子曰："不在其位，不谋其政。"（《宪问》）

官场上的人都晓得这一句话的利害：在其位，不谋其政，那是渎职；不在其位而谋其政，那是越位；不在其位，不谋其政，那是本分。渎职者是要犯法判刑的，谁让你履职不尽责呢？越位者是要招人嫌恶的，谁让你手伸得太长呢？唯有本分者能安于其位，消停地过自己的日子，给位置就干公家的事，不给位置就做自家的事，怎么着不是个活呀？穆彰阿恭维曹振镛："老师德高望重，京师谁人不知？声名如师者，怕空前绝后矣！学生正欲求教为官之道。"曹大笑："告诉你也无妨，此亦无他，唯多磕头，少说话而已。"①这是经验之谈啊。无独有偶，连战父亲告诫之，做官如脚踏车，头要不停地点，脚要不停地踩。

失意之时要谨慎，得意之时同样谨慎，才能小心驶得万年船。

张之洞的精明也体现在他的谨慎小心上，为官多年，他从来不肯弄险。有一则轶事很能说明问题，那是他生命的最后几年，张之洞被调往京城，明摆着是入军机，但在任命没有下来之前，他到了军机处的台阶前，任凭里面的张百熙百般呼唤，就是不肯踏上那一块豆腐高的台阶半步。原来，当年雍正设立这个机构的时候，曾有规矩，非军机处的人，不论官衔多大，只要非请踏上军机处的台阶，一律杀头。可是到了晚清，这个规矩早就没有人理了，但是人家张之洞却依旧如此较真，其谨慎非同一般。

子曰："贤者辟世，其次辟地，其次辟色，其次辟言。"（《宪问》）

处境不妙时，贤达的人要做"闪客"，所处的时代欠佳，束缚手脚，闪开！所处环境不好，记住，"危邦不入，乱邦不居"，闪开！上级

① 余世存：《非常道》，廉耻，北京：社会生活文献出版社2005年版，第250页。

领导不给你好脸色，估计不会有什么好果子吃，闪开！群众舆论对你不利，人言可畏呀，闪开！如果闪得不够快，甚或没有闪的意思，那可是要吃大亏的。在“反右”结束时，有一位文艺界人士满肚子牢骚，以为现在终于可以发泄出来了：“他妈的，这个也是右派，那个也是右派，谁有本事把我也打成右派试试！”有人向上汇报了，他因此成为“自己跳出来的最后一个”右派。本应“避世”，你不但不避，反倒自己跳出来，不识时务，怎能称俊杰？估计他还是《论语》没有读透。子曰：“邦有道，危言危行；邦无道，危行言孙。”（《宪问》）政治清明时，言语正直，行为正直；政治黑暗时，行为正直，言语谦顺。乱世之中更要小心，该回避的一定回避，千万莫逞一时口舌之快！

子曰：“君子食无求饱，居无求安，敏于事而慎于言，就有道而正焉，可谓好学也已。”（《学而》）

要想成为一名君子，就必须做到出言谨慎，行动果敢，喜好学习，虚心请求有道之士指出自己的过失，而不要把主要精力放在对个人饮食、居住等物质生活的追求上。

准确地说，孔子所说的“食无求饱”和人们常说的“饭吃八分饱”不是一回事。孔子认为一个君子在吃饭、睡觉这样的问题上过得去就行，投入过多便是浪费。君子所思所想应该是如何加强个人修养，如何提高执政能力。“饭吃八分饱”是今天的养生观念，当然也是有科学依据的。不少乞丐之所以长寿，也和这个有关系。日本科学家研究发现，长期吃太饱可能会导致大脑早衰、脑动脉硬化、老年痴呆。所以，要想拥有健康的身体，必须养成良好的饮食习惯——平时吃饭七分饱。人过中年以后，则应该像“羊吃草”那样，饿了就吃点，每次不多吃，让胃肠保持在半饱的状态。

孔子就以“好学”自许：“十室之邑，必有忠信如丘者焉，不如丘之好学也。”在孔子看来，“好学”是一个青年人进步的原动力，也是成就事业的必需素质。因此，他对弟子中最为好学的颜回青睐有加，格外喜爱。

“敏于事”就是认真做事，积极寻找机会。在立身问题上，父亲曾以农民的经验告诫我——“凡事赶前不赶后”，种庄稼的人要提前把地犁起、耙好，种子、化肥买来备齐，免得到时抓瞎，耽搁一年的收成。当人们处于生活失意、事业低谷的时候，并非一无所有，恰恰拥有了大量的时间和精力，正好可以梳理一下这些年的得与失，对人生教训做一总结，再利用难得的赋闲时间，加紧学习自己日后将赖以安身立命的本事。失意，并不见得总是一件坏事，停下匆忙的脚步，给自己充充电，加加油，为向更高峰冲击蓄积充足的力量。

子曰：“圣人，吾不得而见之矣；得见君子者，斯可矣。”子曰：“善人，吾不得而见之矣；得见有恒者，斯可矣。亡而为有，虚而为盈，约而为泰，难乎有恒矣。”（《述而》）

朱熹说这一则“谓有恒者之于圣人，高下固悬绝矣，然未有不自有恒而能至于圣者也。故章末申言有恒之义，其示人入德之门，可谓深切而着明矣”，即孔子向弟子训示恒心对于道德修炼的重要性。钱穆先生说，没有装作有，空虚装作满足，困约装作安泰，这所以难乎有恒了。南怀瑾先生则认为，孔子是在说社会上的人“充壳子的多，根本空空如也，什么都没有，架势可摆得大，乱充蛮有学问的样子……虚而为盈，社会变乱中，有的人内在本来空虚得很，可是还引以为自满，自认为对……约而为泰……在变乱的时候，有很多人本应节约的，却很少这样做，都是要充面子，讲排场……有了这三种情形当中任何一类型的人，一定不会有恒心向学问道德努力的，因为他的心理已经不健全了。”以上注解者都认为“亡而为有”三句有伪装的意思。笔者不敢苟同。其实，朱熹的解释基本上已触及要害，可惜前后相牴牾，其所谓“虚夸之人不能守其常”与“学者入德先要有恒”终究隔着一层，令读者不知所云。而钱、南两先生仅取其“浮夸”之义，则又是舍本而逐末，虽说与数百年前的朱注相较更为单一明确，但在取舍上不幸误入歧途。今天读来，这一章的意思应该还是较为明晰的。依笔者愚见，它并非无“虚夸”之义。夫子先提出两对范畴——“圣人”与“君子”、“善人”与“有恒者”，其各自的差别是显而易见的，如朱子所言“圣人，神明不测号。君子，才德出众之名”。在孔子看来，自己在当世是看不到圣人和善人的，只好退而求其次，能遇见君子和有恒者也就不错了。对时世的批评自然蕴含于其中了。从“君子”到“圣人”，从“有恒者”到“善人”，要想在道德水平上实现“质”的飞跃，肯定需要一个艰苦的修养提升过程。于是，夫子接着说：“亡而为有，虚而为盈，约而为泰，难乎有恒矣。”这句过程性评价语对修行者的过程与要求作了明确解释：一个人能否从没有（学问上目不识丁、修养上粗俗卑劣）到有（学问上满腹经纶、修养上举止得体），能否从空虚变得充实，能否从穷困局促、畏首畏尾到安泰坦荡、器宇轩昂，其中起决定性作用的正是“有恒”。换言之，有恒之人凭恒心与毅力完全可以实现这一飞跃，“亡而为有，虚而为盈，约而为泰”，而无恒之人不作努力，只好永远沉沦，空虚困约，以“小人”面目立世。强调恒心在道德修炼过程中的重要作用，是本章的主旨。电视连续剧《士兵突击》中许三多的形象之所以可爱，正在于他的人生六字信条——“不放弃，不抛弃”。中国电子商务的领袖、阿里巴巴掌门人马云创业之路布满荆棘，总结其成功之道，他说每天要对自己说一遍："今天很残酷，明天更残酷，但后天很美好。"大多数人坚持不下去，都死在了"明天晚上"。"新东方"的领袖俞敏洪认为，遇到挫折就是考验你智慧的时候，要坚持，要忍耐。别人一年做成的事，我用两年；别人十年做成的事，我用二十年；实在不行了，我保持精神愉悦，身体健康，等到别人八十岁了，我把他送走，再接着干……

五、道不行，怎么办？

如果人生失意到极点，原来的圈子里实在混不下去了，那就走人。"树挪死，人挪活"嘛。不翻过山，我们怎么知道山那边的风景更迷人？不闯关东，又如何领略生活的另一种魅力？"天涯何处无芳草"，哪里黄土不埋人？今天来看，孔子当年遇到的挫折简直不可思议。拜见 70 位国君都没有用武之地，灰不灰心？今天的大学生求职困难是客观现实，招聘会上到处投放简历，运气好的还能碰上个面试机会。学生们把多次面试的人戏称为"面霸"。要说，这五千年来，中国大地上最资深的"面霸"，恐怕还是要数孔老夫子。圣人的胸怀也不是一开始就那么大，心理承受能力也不是一开始就那么强。最困难的时候，老先生也跟弟子说过"道不行，乘桴浮于海"的话，打算弄个竹筏子漂到海上去，不跟这帮不懂事的政客打交道了。这当然是气话！离开人群，到一个荒岛上搞什么政治？治谁呀？那些伦常道德讲给"星期五"听吗？不过，我们完全可以把这看作从政之人在不得志时的自我心理减压。这条路本来就枯燥乏味，再不泄泄愤，还不把人憋屈死？我们用不着笑话孔夫子，今天的人们逼急了不也说"此处不留爷，自有留爷处，处处不留爷，爷就自己处"吗？瞧，这就是"道不行，乘桴浮于海"的当代版本！

六、人人都有性格缺陷

季康子问："仲由可使从政也与？"子曰："由也果，于从政乎何有？"曰："赐也，可使从政也与？"曰："赐也达，于从政乎何有？"曰："求也，可使从政也与？"曰："求也艺，于从政乎何有？"(《雍也》)

季康子想要从孔子的门下选拔一些干部，接连向孔子提出三名人选，都遭到拒绝。孔子的理由是他们都有某种性格缺陷：子路做事太善于拍板；子贡太过通达；冉求才艺过人，也不是好事。

果，说好听点是太果断，说不好听点那就是武断。正如真理与谬误仅一墙之隔一样，果断与武断也只有一步之遥。当一把手的确需要当机立断的性格，该拍板的时候就要痛下决心，不可拖泥带水。但拍板是有前提、技巧和禁忌的。前提是尊重事实，充分了解事情的前因后果、利弊关系，这才能拍得准。有的领导者明明对现场中的问题弄得不是很清楚，却又怕在下属面前丢面子，硬是打肿脸来充胖子，不是以事实为准绳，而是瞎拍一通，结果板子越拍越乱。拍板的技巧是，现场拍板时不要忙于做指示，指出答案，而是要针对这个问题的处理方法，多提出几个假设，多换几个角度。领导者要善于引导，启发下属分析、思考，在思维中增长智慧，在解决问题中提高能力。拍板的禁忌，是信口开河，随意决断，一意孤行。这就难免武断之嫌了。有两个历史典故可资佐证：

乌克兰的基辅市市政厅设在一座古老的建筑里，据说这幢建筑至今已有100多年的历史了。十月革命胜利后，苏维埃政府曾对这座已显陈旧的建筑进行修葺。在修葺过程中，施工人员意外地发现了这样一件令人匪夷所思的怪事：大厅中央的巨型支柱与屋顶并未接触，其间有1厘米宽的空隙。之所以如此，是因为支柱下沉还是缘于屋顶走样？大家议论纷纷，莫衷一是。市长波尔金知悉此事后，旋即找来了当年负责设计、建造本大厦的工程师奥罗斯基，企盼他能对此做出让人信服的解释。

“尊敬的市长同志，一切正常，当年建造时就是现在这个样子。”奥罗斯基诡秘而不失恳切地向市长表白。

市长满脸狐疑：“建造时就是现在这个样子，那么这根巨大的支柱不完全是形同虚设多此一举么？”

“你说得太对了，市长同志，确实是多此一举。”

市长更加大惑不解：“明知这是多此一举，你为什么还要这样设计，难道你不以为大厅中央竖这样一根柱子会有碍观瞻么？”

“是的，是有碍观瞻。市长同志有所不知，我当初的设计里原本就没有这根柱子，是你的前任柯蒙老市长命令我加进去的，他认定这样做大厦才安全。如果我当时坚持己见，老市长断不会采用我的设计，也肯定不会让我来负责建造这幢大厦。”

原来如此！市长波尔金恍然大悟：这位工程师有意让支柱与屋顶之间空开1厘米，是为了以此来见证自己原来的设计是正确的。所以当奥罗斯基提出“老市长早下台了，这根柱子如今可以拆了”的时候，市长波尔金深思后果断表态：“不，留下它，让以后的市长和市政府的官员以此为鉴。”

于是，这根多余的柱子被保留了下来，人们称之为长官意志的耻辱柱。

1955 年，国务院召开了关于黄河规划的第一次讨论会。有人提出“圣人出，黄河清”，所以主张兴建三门峡工程，并由苏联专家进行规划，许多专家对规划交口称赞。唯独黄万里坚决反对：“黄河不能清。黄河清，不是功，而是罪。”

在讨论会上，拦洪蓄沙的高坝派、拦洪排沙的低坝派和只有黄万里一人的“反上派”(反对上三门峡工程)，展开了激烈的争论。他认为，三门峡筑坝后，将淤没田地，造成城市惨状。争辩七天无效后他退而提出：若一定要修此坝，则建议勿堵塞六个排水洞，以便将来可以设闸排沙。此点全体同意通过。但施工时，苏联专家坚持按原设计把六个底孔都堵死了。”

70 年代，这些底孔又以每个1000万元的代价打开。

时间毫不留情地验证了一切。

1957 年，三门峡水库高坝派取得了胜利。按他们的方法，在黄河上游筑坝进行水土保持，在三门峡建高坝拦洪蓄沙。这样搞了五十年后，今天的情况怎么样呢？水土保持日益恶化，下游河水已所剩无几。从 1972 年黄河开始断流，20 世纪 90 年代已每年断流平均 100 多天，1997 年达 222 天。三门峡水库建成后不到两年，水库淤积严重，渭河河口淤积 4 米多高，西安已面临威胁。

工程总投资预算为 13 亿元，而工程总结算时实际耗资达 40 亿元。对当时的中国来说，这相当于四十座武汉长江大桥的造价。“三年自然灾害时期”，一些农村出现饿死人现象。就是在这样的情况下，三门峡工程跟原子弹试验工程一样，得到中央政府财政上的特别优先保证。可以说，中国人勒紧了裤腰带，直勒到奄奄一息的程度，来支持三门峡大坝的建设。建造三门峡大坝的水泥是从国外进口的，是用两袋小麦换一袋水泥、一吨猪肉换一吨钢筋换来的。如果把这40亿元用来购买救灾粮，至少可以获得800亿斤粮食，这些粮食足以挽救几千万中国人的生命。”后来三门峡大坝的改建究竟花了多少钱，从来没有做过披露。

决策失误是最大的失职，几十年过去了，不知该由谁来为当年的“果断”决策买单？

原山西省政协副主席吕日周在卸任长治市委书记之后，2004年2月2日在北京台湾饭店对《新京报》记者谈话：“有些事情一把手要有果断的决策，但果断有些时候可能独断。敢于决策，给人的印象就可能是霸道。”

子路这个人好激动，属于情绪冲动型的人。孔子四处碰壁，灰心地说“我的学说没有用武之地，干脆弄个竹筏子漂到海上去。子路你跟我去吗？”本来是一句发牢骚的话，他却没听出来，更没有安慰老师，而是“闻之喜”。这样的人如果做了领导，遇事一点不冷静，既不能判断事情的真伪，也不能顾全大局，妥善处理各方关系。所以孔子对季康子说他太“果”，不适合做官。

再说子贡的“达”。达，就是通达、明白的意思。按说明白人当官没什么不妥，但“知子莫如父”，孔子愣是发现了子贡不适合从政的地方。郑板桥做了八年的县令，深刻体会到一个道理——“难得糊涂”。这糊涂，肯定不是真糊涂，它大概有两层意思：一个是遇到棘手的事情揣着明白装糊涂，既不愿失职，又不能得罪人，难；第二是不能把官场的事情看得太通透，太通透就没意思了。明明知道人家都在戴着面具演戏，嘴里不说心里话，那你最好就坡下驴，别太当真。假如执意要弄个水落石出，分出个青红皂白，似乎纠偏正谬就是天降于你的大任，那最后只有一个结果，就是你成了《皇帝的新装》里那个遭人嘲笑的小男孩。“糊涂”、“不达”，还有另外一个意思，就是对官场的激励措施不要看得太清，就算晓得升职、晋级、奖赏之类的手段无异于农夫在驴子嘴前挂个胡萝卜，该啃的时候也得装出努力去啃的样子，切莫显出孤傲清高的姿态，招致同侪排挤。子贡可能就是不看重这些身外之物，孔子才觉得他不合适。不过这并没有妨碍子贡后来作为游说之士建功立业。司马迁《史记·仲尼弟子列传》对他评价颇高：“子贡出，存鲁，乱齐，破吴，强晋而霸越。子贡一使，使势相破，十年之中，五国各有变。”充分展现了子贡口齿伶俐，巧于辞令，胸中韬略和游说的才能。

冉求的“艺”同样是为官之忌，也是从政之人的性格缺陷。君不见，古往今来有多少才子式的帝王功业未建而江山拱手于他人。宋徽宗、南唐李后主在艺术上占有一席之地，但抵不住“故国不堪回首月明中”的凄婉。李煜“为人仁孝，善属文，工书画……不恤政事”。他的词不假雕饰，语言明快，形象生动，性格鲜明，用情真挚，亡国后作更是题材广阔，含意深沉，超过晚唐五代的词，成为宋初婉约派词的开山，后世尊称他为“词圣”。在文学史上，李后主堪称“五代之冠”。但在政治生活中，却是极其失败。被俘称臣后，他所宠幸的小周后多次被赵光义强留宫中，受尽侮辱，在无限的痛苦中服毒自杀。宋徽宗赵佶在位25年，政治能力不值一提，昏庸奢侈，重用蔡京、王黼、童贯、梁师成、李彦、朱勔，时称六贼。他的艺术才能极高，吹弹、书画、声歌、辞赋无不精擅。张择端完成《清明上河图》这幅歌颂太平盛世的历史长卷后，宋徽宗成为此画的第一位收藏者，用他著名的“瘦金体”书法亲笔在图上题写了“清明上河图”五个字，并钤上了双龙小印。徽宗主管画院，亲自出题、批卷，还亲自授课，所出考题情趣盎然，如“竹锁桥边卖酒家”、“蝴蝶梦中家万里“、“踏花归去马蹄香”……至今仍为人们所称道。然而这一切，根本无助于他的政治命运，国亡之后，昔日的帝王被囚禁了9年，受折磨而死。

从政之人有点小才艺，作为枯燥的衙门生活的调味剂，不是不可以，但怕就怕上了瘾，沉迷于艺术世界之中，把政事撂在一边。副职还好说，反正权力不多，责任也就不大，空闲时间也还有一点。一把手就不行了，你是掌舵人，多少人的前途与命运都系于你一人之身，岂可醉心于勾勒花鸟鱼虫、描摹仕女山水？

喜好夸耀也是一种性格缺陷，不利于从政之人的立身。孔子用一个将领的事例向弟子说明这一点：

子曰：“孟之反不伐，奔而殿。将入门，策其马，曰：‘非敢后也，马不进也。’”《雍也》

孟之反是鲁国大夫，名侧，这个人从不自我夸耀。有一次带兵战败撤退，他让部队先走，自己殿后。这当然是需要相当勇气的。等到快要撤回到城门时，已经进入安全区域，他给了马一鞭子，赶到队伍前面，并且跟人说：“不是我胆大，马实在走不快。”这一鞭子并非多此一举，而是为免除别人对部下的道德指责——这帮胆小鬼，竟然让主帅殿后。主帅不居功，还处处为部下着想，这是世故人情，亦是为政艺术。

七、蓄势待发

子贡问曰：“何如斯可谓之士矣？”子曰：“行己有耻，使于四方，不辱君命，可谓士矣。”（《子路》）

子曰："诵《诗三百》，授之以政，不达；使于四方，不能专对；虽多，亦奚以为？"(《子路》)

"士"为四民之首。子贡问其内涵与外延，孔子这样界定：行为限定在道德框架之内，才干能够独当一面，担当出使大任不辱君命，这就算作士了。面对着前来投奔的青年人，考虑到他们即将进入官场，孔子不但强调弟子们努力学习，更注重知识的转化与应用。他说假如你已经把《诗经》读懂读透了，可交给你一个差事却完成不了，不知道怎么跟人说话；让你出席外交场合，你又不能圆满完成辞令应对。那么，你背诵那么多东西管什么用呢？可见，孔子反对死记硬背不知活用的学习方式。近几十年来，我们的基础教育走了弯路，孩子们的书包越来越重，眼镜越来越厚，考卷越来越多，一旦考上大学，那些东西都还给老师了，通常不会发挥太大用处。高中文理分科对于人才培养也至关重要。从短线来看，高考成绩要刀下见菜，那可是一圈人都眼巴巴地盯着的。从长线来看，女怕嫁错郎，男怕入错行。而文理之别，基本上就是在挑选"入行"的门券。一旦选择失当，轻则耽搁事业发展，重则误人一生。分班的那一天，我终于可以名正言顺地卸下物理、化学、生物三个包袱，当时长长地吁出的那一口气，似乎今天还在飘荡。然而，年近不惑之时，每当夜阑人静、反躬自诘，总会为当年幼稚的想法而羞赧不已。西方早在一百年前就倡导"通识教育"，注重人的全面发展。我们虽然在高喊着"素质教育"，却并没有理解到这个概念的深邃，简单地在素质和弹琴、绘画、唱歌之间画上等号。其实素质是一个复合概念，它包括道德素质、思想素质、文化素质、艺术素质等，不一而足。文与理，犹如车之两轮、鸟之双翼，可以分科，却不可以偏废。文理得兼，可以搏击长空，遨游万里，倘若偏科严重，则如跛者疾行，要想在人生的马拉松跑道上拿个名次，谈何容易！今天站在武警部队最高学府的讲台上，面对中级指挥官们，关于中国传统文化、当代社会问题、反恐怖，我可以侃侃而谈，滔滔不绝，那份自信如入无人之境。然而一旦涉及诸如原子弹与氢弹威力比较、无线电通讯、纳米材料之类的话题，我就不得不"顾左右而言他"了。可我谁也不能怨，这是自己在分科之后任由兴趣发展而亲手酿制的苦酒。

科学技术在我国目前的发展中处于重要地位，理工科就业前景光明，于是20年前"学好数理化，走遍天下都不怕"的局面今天"涛声依旧"，文科似乎也还是无用的东西。这和文科教学"重记忆，轻分析；重理论，轻实践；重自我陶醉，轻与人沟通"有很大关联。真正意义上的文科是要教人以智慧，陶冶其审美情操，培养其清醒的头脑，小心保护与生俱来的爱心，并且不会使之疏离社会。一言以蔽之，理科是培养人才的，文科是培养君子的，而君子一定要有胸怀天下的意识、忧国忧民的情怀、处变不惊的心态与平和从容的潇洒。

好在近年教育部给了高校一些办学自主权，使这一现象在一定程度上有了改观。比如复旦大学自主招生的面试，主要考查考生是否关心国计民生、人类困难和社会问题，有无独立分析判断能力和探索精神，能不能把所学知识灵活运用于日常生活。如用什么方法预测上海近3天的天气(三种方法都对)；就网络语言对文化传统的冲击谈谈自己的看法；中部崛起，有哪些资源可资利用？这是可喜的信号。

子曰："不患无位，患所以立；不患莫己知，求为可知也。"(《里仁》)

子曰："君子病无能焉，不病人之不己知也。"（《卫灵公》）

圣人在这里告诉众弟子：不要担心官僚体系中没有你们的位置，而要多考虑你能不能凭真才实学在那个位置上站得住；也不要担心没有伯乐发现你这千里马，而要多想想自己有没有值得人家重用的真本事。

中国古代文学中，有难计其数的作品在慨叹自己生不逢时，才不见用。李白从"天生我才必有用"的自信最终沦落到赐金放还，可能主要原因还是才能有所偏重，吟诗作赋可以蟾宫折桂，执信用兵却束手无策。军中参谋陈子昂在幽州台上慷慨放歌，"独怆然而涕下"，个中缘由史无明载，我们也不好杜撰。

韩愈发牢骚说"千里马常有，而伯乐不常有"，是因为他以千里马自居，而抱怨统治阶层缺乏慧眼。孔老夫子恰恰相反，他奔波一生而未遇明君，却始终未发怨辞，反倒谆谆告诫门生"不患无位，患所以立"，因为被伯乐相中的前提是自己确实能日行千里。要占住位置，必定得有能占得位置的本事。求人不如求己，先把自个儿弄强大了，即今人所谓的"内强素质，外树形象"，待时机成熟，自然有人看中你的使用价值，给你位置。倘若总把眼珠子盯在位置了，一心盘算如何能登上去，这功夫就下得不值。上小学时，老师就告诉我们"是金子，总会发光的"这句至理名言，我们也就在期盼发光的等待中默默地送走了"弱冠"之年、"而立"时节，眼看着就到"不惑"的坎上了，却还是没弄清楚自己发没发光，在哪儿发的光，还能发多亮的光？"80后"的年轻人就不像我们这般含蓄了，个性张扬，活力四射。在一次毕业生招聘会上，有学生打出了"我是金子，我要发光"的横幅，一时惹来众多目光。平心而论，我很佩服年轻人勇于表达对施展才能舞台的热切渴望，也羡慕他们不容商量的自信。如果自身才能与这自信能实现“天仙配”，那么，这金子的光定会炫了世人的目。

这里，要处理好一对矛盾关系，即领导人的道德形象(这里主要指百姓眼中的道德形象)与实际才能孰轻孰重。要求领导人在这两方面都无可挑剔，那是理想境界，也永远实现不了。在大多数历史阶段，恐怕还是才干更重要些。我们说，海瑞这个人是道德典范，但并没有建立多少功勋。国家要前进，社会要发展，对领导人的品格不能过分苛求。光是道德形象好没有用。“白猫黑猫论”实际上就是这个道理，“抓住老鼠”就是才干，就是政绩。当然了，领导人在道德上也不能有明显的硬伤。

在同一级别的岗位上，人们不自觉地要进行攀比。更年轻一点的干部也往往招来人们的羡慕。谁都希望进步快一些，这是人之常情。但这不一定是好事。过早得到提拔，会产生“得来全不费工夫”的错觉，对手中的权力不懂得珍惜。

子路在季氏家作家臣时推荐同门子羔(高柴)为费宰(地方长官)。子曰：“贼(zé)夫人之子。”子路曰：“有民人焉，有社稷焉。何必读书，然后为学？”子曰：“是故恶夫佞者。”(《论语·先进》)

孔子把他骂了一顿，说你要害了人家孩子。因为学业未成熟而使之从政，担负责任，这不是害人吗？子路接着孔子话头随口答辩，说治民和祭祀执政也都是“学”，为何一定要读书才算是学呢？结果招来孔子更大的怒气，说我就讨厌巧舌如簧的人。在他看来，过早入仕可能进步比较快，但最终的人生成就不一定会很大。《论语·子罕》云：“苗而不秀者有矣夫！秀而不实者有矣夫！”有的庄稼幼苗出得不错，很讨人喜欢，但能不能开出美丽的花儿可要另当别论了。有的植物倒是绽放了煞是漂亮的花朵，可日后能不能结出甜美的果实，又在不可知之中了。所以，孔子对早慧、早仕之人并不看好，这可能来源于他“少也贱，故多能鄙事”的生活经验。农民都晓得“蹲苗”的道理——小苗出土之后，不急于灌水，先旱一旱，让它自己拼命把根往地下扎，去寻找养分和水分，自然长得敦实，后劲无穷，而且特别耐旱。

八、中庸行事少偏颇

常言道“花看半开，酒饮微醺。”平常做事情要把握好尺度，从事政治更要拿捏到位，从政策的制订到执行，都要由可行性出发，照顾绝大多数人的利益。为此，孔子提出了“五美四恶”的说法。

子张问于孔子曰：“何如斯可以从政矣？”子曰：“尊五美，屏四恶，斯可以从政矣。”子张曰：“何谓五美？”子曰：“君子惠而不费，劳而不怨，欲而不贪，泰而不骄，威而不猛。”子张曰：“何谓惠而不费？”子曰：“因民之所利而利之，斯不亦惠而不费乎？择可劳而劳之，又谁怨？欲仁而得仁，又焉贪？君子无众寡，无小大，无敢慢，斯不亦泰而不骄乎？君子正其衣冠，尊其瞻视，俨然人望而畏之，斯不亦威而不猛乎？”（《尧曰》）

为官者应具有五种美德，排除四种恶政。我觉得这是很有借鉴意义的。把五种美德归纳为：为官者使老百姓得到好处，而自己不耗费；使唤老百姓，而老百姓不怨恨；追求仁义，而不贪图财利；性情安宁，而不骄傲；态度威严，而不凶猛。并进一步解释说，叫老百姓做对他们有利的事情（如修路、架桥，而不是修皇家颐和园），不就是使老百姓得到好处而自己不耗费吗？选择可以劳动的（时间、情况和百姓）叫他们干事情（资源的合理配置），还有谁会怨恨呢？自己追求仁义而得到了仁义，还贪图什么呢？无论人多人少，无论势力大小，君子都不敢怠慢（民众享有同等地位，不受歧视），不就是安宁而不骄傲吗？君子衣冠整齐，目不斜视，态度庄重，使大家见而生敬畏之心，不就是威严而不凶猛？孔子之见，今天也许还有值得讨论的地方，可是，有一点可以肯定，用现代的话说，他也想到了"群众满意不满意，群众高兴不高兴，群众拥护不拥护"会影响政令的实施这一层，还是令人佩服的。我想，当今的为官者读到这里应该能体会到孔子的为官之道。会不会把古代那些政绩不错、体恤百姓的为官者视为一种榜样呢？

这就是中庸！

"中庸之为德也，其至矣乎！民鲜久矣。"（《雍也》）

"惠而不费，劳而不怨，欲而不贪，泰而不骄，威而不猛"的"五美"之说，其实正是体现了中庸之美。

这里我们着重谈谈"欲而不贪"。贪婪是人性的弱点。从人的本性来说，没有欲望是不合道理的。传说吕洞宾准备收徒弟教点石成金，因为干这一行最重要的就是不贪心。他就摆了个摊子，标明卖汤圆一文钱吃一个，两文钱吃到饱。结果一天里头所有人都选择吃到饱。黄昏时，终于有一个青年选择吃一文钱的，吕大喜，问之，答曰身上只有一文钱，否则也会吃到饱。吕失望至极，飞身上天。可见，神仙都找不到没有欲望的人。

然而，欲望与理智总是要斗争的。欲望也要被理智控制在合理的限度之内，超出范围，那就是利令智昏而糊涂了。有道是，"不贪是智”。中国古代的清官表现的不只是品格,还有相当一部分不贪是“智”。有了这份“智”,才能常在河边走,就是不湿鞋!

在曲阜孔府前上房对面的照壁上,彩绘着一只怪兽,它不吃草,专吃金银财宝,人们叫它“**獖**(tān)”,它把天上八仙的宝贝都偷来还不满足,想把天上的太阳也吞到肚子里。孔子后人在解释孔子的“欲而不贪”时,将此物刻在墙壁上,成为一面时时警示的镜子。

明·朱载堉的《十不足》讲得颇为实在:

终日奔忙只为饥,才得有食又思衣。
置下绫罗身上穿,抬头又嫌房屋低。
盖下高楼并大厦,床前缺少美貌妻。
娇妻美妾都娶下,又虑门前无马骑。
将钱买下高头马,马前马后少跟随。
家人招下数十个,有钱没势被人欺。
一铨铨到知县位,又说官小势位卑。
一攀攀到阁老位,每日思量要登基。
一日南面坐天下,又想神仙来下棋。
洞宾与他把棋下,又问哪是上天梯。
上天梯子未做下,阎王发牌鬼来催。
若非此人大限到,上到天梯还嫌低。

九、宠辱进退平常心

做官的人面对官位,自然是要努力获取的,谁要说自己压根儿就不想,那是骗人的。但是,无论争得到争不到,都要有“天下为公”的胸怀:在其位,谋其政,发奋努力,自我砥砺;不在其位,不谋其政,不失落,不抱怨,自我调适。

官位毕竟不是自家私有物品！要明白,相对于这个职位,自己不过是一个过客而已。这个时候,“做一日和尚撞一天钟”的精神就派上了用场。占着这个位置,做着这个“和尚”,那就要尽到“和尚”的本分,自我砥砺,戒绝欲望,勤奋撞钟,而且还要撞得好、撞得响！这才算一个合格的和尚,才对得起香客们无私献上的香火钱。有朝一日还俗了,告别寺庙,云游四海,那就可以放下一切,不但不用撞钟,最好连碰都不要碰,“不在其位不谋其政”嘛。和尚也好,官员也好,占位置要占得凛然,放手要放得坦然。否则,会被孔夫子瞧不起的。子曰:“鄙夫！可与事君也与哉？其未得之也,患得之;既得之,患失之。苟患失之,无所不至矣。”《阳货》孔子对当世一些人很是不屑一顾,说他们真是抬不上桌面,也配在朝堂之上侍奉君王？他们在没有得到那个官位之前,只怕得不到,所以削尖脑袋往上钻。得到官位之后,不把心思放在工作上,而是处心积虑地想着怎么保住位置、保住个人的荣华富贵。假如总是这样想问题,那就会不择手段,无所不用其极,小则吮痈舐痔,大则弑父与君,甚至为了取悦君王而自烹其子。这是君子所为吗？又如何与官员身份相称？

自我调整心态,就要正确对待自己的升迁与离职。上去的时候要想着有下来的一天,这毕竟不是自家的热炕头。原山西省政协副主席吕日周总结道:“有实权干大事,有虚权干实事,没有权也能办好事。”只要想干事情,可干的太多了。有人只能干有权的事,但实际上没权的人总是多数,而事是多数人做出来的。因此,我们做官还是要向下面故事中的这名老和尚学习,莫学小和尚。师徒俩下山要过河去,见一女人也要过河却不敢。小和尚有心去帮忙又怕戒律，踌躇不定，老和尚二话不说，背起女人就过河，看得小和尚目瞪口呆。回到山上，请教师父为何教导我们不许近女色自己却能背女人？老和尚说，我背她的时候就没想着她是个女人，而只是一个需要帮助的人。再说，我一过河就把她放下了，你为什么到现在还没放下？道行高的人就是不一样，咋说都有理。但人家能"放得下"的功夫确实了得。换成小和尚或是俗人，估计回去三天都在品味当时背女人的肌肤感受，甚至可能刻意再找机会去"助人为乐"，鸳梦重温！

调整心态，更要正确对待别人的升迁，要多看人家的努力与付出。山里建寺庙，从同一个地方采来石头，有的切成阶梯供香客踩踏，有的雕成佛像供香客朝拜。做阶梯的就不服气了，说咱们"本是同根生"，一个窝里出来的，凭什么你高高在上，受人尊奉，而我们毫无地位可言，遭人随便踩踏？佛像说，你们从山野石头到今天这一步只切了几刀就成，而我呢？那是千刀万剐呀！我被精雕细刻的时候遭的那份罪你们谁能体会？谁又能忍受？

官场上，我们见过太多似乎没有什么本事却又春风得意、直线上升的人，也见过太多与自己一同起步却职位高出自己许多的人。我们只愤怒于现实的不公平，却完全不了解人家的付出，或者苦心经营人际关系网，或者暗暗下功夫干好工作，只是我们没有看见而已。当然，也不排除这样一种现象，有人作恶多端却享尽荣华富贵，有人善言善行却终生不如意。对此，佛教的解释系统是，作恶者享福是享前世福，作来世孽，来世还要受罪。行善者受罪是前世作恶，不过今世行善来世自会享福。我觉得在这个问题上，我们不妨接受一点佛家思想，因为佛家这一思想和我们解脱烦恼的意愿是一致的。在修身养性、和谐相处方面，宗教和社会主义、共产主义并不矛盾。有些人在成名、成功之时，欣喜若狂，得意忘形，失意之时丧魂落魄，惘然若失。老子说，我之所以有祸患，是因为有我这个身体，如果我没有身体，我还有什么祸患呢？意思就是说，宠辱祸患都是身外之事，没必要看得这么重。大作家萧伯纳也曾说道："人生有两大悲剧，一是贪欲难遂，一是贪欲得遂。因为财富带给某些人的只是让他们担心失掉财富。"

能看淡自己的升职与离职，能善待他人的进退走留，人的心态自然平和舒坦。明人洪应明《菜根谭》里有两句话——"宠辱不惊，看庭前花开花落；去留无意，望天上云卷云舒"。许多人将其作为座右铭，其实就是警示为政者要常修"平民心态"。"平民心态"，就是平常百姓心态，平凡普通人心态，千万别把自己放在"平凡人"之上，架子放不下，心态就摆不正。高兴了就笑，悲伤了就哭，有荣辱是非之心，有喜怒哀乐之情，纯朴率真、坦诚善良。温家宝总理曾说过："天下最大事，莫非万民之忧乐。行事要思万民之忧乐，立身要先天下之忧而忧，后天下之乐而乐。这就是我的座右铭，我要用行动来实践它！"这位怀着常人心态的"亲民总理"、"平民总理"，能在年三十戴着安全帽辗转工地矿井，也能沿着蜿蜒起伏的山路深入农户，访贫问苦；能到田间地头，关心农业生产，也能冒着雨雪到南中国灾区，与群众、地方领导一同商议抗灾对策……

身为领导干部，需要不同于常人的道德自律能力，从酒、色、财、气、家教、交友等方面把好关，练就金刚不坏之身。虽住繁华都市，亦不可入妓院、舞场、赌场，为无聊之消遣。管钱管物，万不可将钱挪作私用，或为金钱所管。管人管事，公正用权，既不捉弄他人，也不培植党羽。做官不可作威作福，亦不可以政客面目作固位之想、幸进之图，始终保持平民本色。

封建社会是中国最为漫长的一段历史时期。在这期间，中国的社会形态日渐发育成熟，社会文化一步步地相对完善。这包括封建官僚文化，它并不总是代表腐朽没落，其中亦不乏可称道者。清代河南内乡县衙三堂有一对联，将为官之作用、为官之本质、官员应有之心态说得煞是通透。朱镕基高度评价此联对官民关系的辩证阐述，李铁映前来参观时挥笔书录之：

得一官不荣，失一官不辱，勿说一官无用，地方全靠一官

吃百姓之饭，穿百姓之衣，莫道百姓可欺，自己也是百姓

规诫篇

《论语》中的为官戒律

“惟酒无量，不及乱。”

“吾未见好德如好色者也。”

“无友不如己者。”

子曰：“为政以德，譬如北辰，居其所而众星共之。”

古代中国讲“万般皆下品，唯有读书高”，这话其实并不是夸赞读书有多么高尚，因为“项庄舞剑，意在沛公”——读书为的是什么？科举，做官，当人上人。现在选拔官员的渠道多了，并非唯有读书一途，而人们成就事业的方式也多了，不仅仅做官这一样。但是，在官本位的中国，做官当领导还是很多人的愿望，对权势的崇拜使得人们趋之若鹜。这显然是价值观上的误区，也是认识片面的表现。其实，当官不是一件容易的事情。人们只看到了官员光彩照人的一面，看到了拥有权力给自己和家人带来的物质好处，看到了生活质量的改善，至于官员的苦衷，事中人“不足为外人道也”，局外人也看不明白。

因此，为官者需要进行自我约束与心理调适，本章希望能从传统文化的角度为读者提供一些资源。清代赵慎畛桂林府衙、河南内乡县衙夫子院有这样的楹联：

为政不在言多，须息息从省身克己而出

当官务持大体，思事事皆民生国计所关

上联讲的是要求官员不发空言，时常反躬自省，模范遵守道德律条。下联要求官员勤政爱民，不忘肩上重担，努力提高才干。整个联语从德才两个方面对官员提出行为要求。我们不难看出它们和《论语》的血肉联系。《论语》中有不少这方面的论述，促使官员自警自省，自我调适。自警使人止步，自省使人改过，自适使人平和。

一、官人当自警

政府官员手中握有权力，如果监督不力，就很容易腐化堕落，不思进取，所以需要经常自己给自己打打预防针。关于官员的个人修养问题，明人冯梦龙在《警世通言》中有诗三首：

其一：

香甜美味酒为先，美貌芳年色更鲜；

财积千箱称富贵，善调五气是真仙。

其二：

酒是烧身硝烟，色为刮肉钢刀；财多招忌损人苗，气是无烟火炮。

四件将来合就，相差不欠分毫；劝君莫恋最为高，才是修身正道。

其三：

饮酒不醉最为高，好色不乱乃英豪；

无义之财君莫取，忍气饶人祸自消。

其实"酒色财气"诗的原创者并非冯氏，而是宋朝的佛印和尚。相传苏东坡在相国寺与佛印和尚对饮，和尚即兴挥毫："酒色财气四堵墙，人人都往墙里藏；若能跳出墙垛外，不活百岁寿也长。"苏东坡即席和道："饮酒不醉最为高，见色不迷是英豪，世财不义切莫取，和气忍让气自消。"后来，宋神宗和宰相王安石同游到此，见墙上"酒色财气诗"，各有感触，王安石先和一绝："世人无酒不成礼，人间无色路人稀；民为富财才发奋，国有朝气方生机？"皇帝随即吟道："酒助礼乐社稷康，色育生灵发纲常，财足粮丰国家盛，气凝大宋如朝阳。"四个人三种身份，对"酒、色、财、气"各有不同的感悟。和尚作为方外人，看到了俗人的"俗"，文臣士大夫看到了对君子修身的警示，君王则看到了四者的积极作用，善于从正面来理解和引导。

这对今天领导人的行为规范应当也有启迪。

美国军方官员和分析家说，以前高级军官的品行不端会被悄悄地掩盖过去，不会干扰职业生涯，但现在将军们会在众目睽睽下受到处罚。规定变得更严格了。犯错的余地变小了。他们处在显微镜下。近日,负责监管美国核力量的军衔第二高的军官蒂姆·贾尔迪纳中将因被控在艾奥瓦州一家赌场使用假筹码而遭解职。几天后,身为空军第20航空队司令、负责陆基核导弹的迈克尔·凯里少将因"失去信任"而遭解职,据说与酗酒有关。2012年,非洲司令部司令、四星上将沃德在一项调查发现他不恰当地将资金用于奢华旅行后受到惩戒,被剥夺一星,降级退休。2013年1月,美国陆军准将杰弗里·辛克莱因强迫鸡奸和其他指控面临军事法庭的审判。戴维·彼得雷乌斯在服役期间从未受到处罚,但2012年在承认与自己的传记作者有不正当男女关系后被迫辞去中央情报局(CIA)局长一职。从这些案件中不难发现,在一个严格的体系中,逐步晋升的高级军官在成功抵达高层时似乎迷失了自己的方向。

现为美国新安全研究中心研究员的退休将军戴维·巴诺说,"过去这样的事件或许会以悄悄退休的方式处理,现在必然会直接上报纸头条。这不是件坏事。大约10、15、20年前,大概也会发生这样的事,但会在公众视野之外更低调地处理,和那时相比,现在的世界无疑更透明。"军方高级官员马丁·登普西将军正负责对为将军们开设的旨在着重强调道德规范和个人品性的培训和教育项目展开全面审查。

我国的公务员道德培训也已经提上日程。

二、酒文化的驳杂

茶道是中国传统艺术。西方有一个皇帝拿死牢里的孪生兄弟做实验,哥哥每天五杯茶,弟弟每天五杯咖啡,最后,喝咖啡的活到

83 岁,喝茶的 87 岁,当时"茶是慢性毒药"的传言才消失了。茶是好东西,可惜功能太过单一。

酒至少有两种功能:一是解愁,现代人听爷爷这么说,所以压力大时喜欢用,但李白似乎不信,"抽刀断水水更流,举杯浇愁愁更愁"。笔者没试过,所以没有发言权。二是壮胆功能,李玉河"临行喝妈一碗酒",所以"浑身是胆雄赳赳",而荆轲刺秦"风萧萧兮易水寒,壮士一去兮不复返",也未必不是酒的功劳。现在不少人以酒壮胆,其实不在于酒有多厉害,而是酒把人弄得迷迷糊糊,不晓得害怕!平常不敢说的话,这时候敢说了,而且颠来倒去、重复多少次也没有关系。平常见到顶头上司畏惧如鼠,谨言慎行,酒后拍拍肩膀,称兄道弟,做出无比亲热的样子也都在情理当中。平常想了多少次都没敢做的事,酒后壮着胆子尝试一把,也都是常有的事。《史记·李将军列传》说李广一度赋闲家居,一次带着随从外出,喝酒喝得很晚才回家。路过霸陵亭时,喝得醉醺醺的霸陵尉大声吆喝,命令停步。随从告诉霸陵尉,他的主人就是原先很有名的李将军,结果霸陵尉说,即使现任将军也不得夜行,别说是原先的将军了,粗暴地命令李广在霸陵亭下过夜。

阮籍是魏晋"竹林七贤"之一,本来怀着济世之志,但生逢魏晋之际,天下多变故,放荡的名士少有能保全自身者。为逃避政治迫害,阮籍经常醉酒,披头散发,裸袒箕踞。阮籍有个女儿容貌姣好,司马昭想纳为儿媳,于是托媒求婚。阮籍避之不及,唯恐玷污自己在士林的声誉,可要当面拒绝又会得罪司马昭,恐有生命之虞。这时候,酒帮了大忙。他天天喝得烂醉如泥,不省人事,而且一醉就是 60 天。提亲的人束手无策,司马昭也只好悻悻作罢。利用酒文化正面力量的另一成功案例是温峤。晋明帝在位的时候，大将军王敦准备谋反，时任大将军左司马的温峤想尽快赶回首都，向明帝报告。王敦对此毫无警觉，所以很痛快地准了假，但他手下的谋士钱凤足智多谋，早有察觉，准备向王敦建议，杀害温氏。于是温峤心生一计，走之前大张旗鼓地宴请同僚。在酒宴上，温峤故意用大杯向钱凤敬酒，遭到拒绝以后就装醉，痛骂钱凤，还动手打落了他的帽子。第二天，钱凤果然劝王敦为防止泄密，应该杀了温峤。但王敦笑道："你是因为昨天在酒席上他得罪了你，才这么说的吧。"还是放温峤走了。

《论语》当中涉及酒的有三处，孔子的观点真的是很中庸，放在今天也能得到绝大多数人的赞同。比如说，我的意见就是要有一定的量，但也要有一定的度，不可酗之。这其实正是来自《论语》的。

子曰："出则事公卿，入则事父兄，丧事不敢不勉，不为酒困，何有于我哉？"(《子罕》)

孔子说，我到社会上与公卿大夫交往，回到家里跟父兄同处，帮人家办理丧事不敢不尽礼，喝酒不被酒所困扰，这些事情对我来说有什么难的呢？

"惟酒无量，不及乱。"(《乡党》)

这一句出现在记载孔子日常生活习惯的《乡党》篇，孔子平时喝酒并不限制数量，视当时的身体状况与心情而定：身体欠佳，对酒的反应比较强烈，就少喝点；有朋自远方来，不亦乐乎？那就放开肚子，但饮无妨。但有一条原则，那就是不能醉。俗话说："君子有量不贪杯，儒夫无志常求醉。"因为酒能活血也能乱性，万一喝多了，酒后兴起，干点出格的事，一世英名可就全毁了。历史上的谢几卿身为官员却嗜饮无度。有一次在省衙里值夜班，本就无聊，天气又热，就与学生一起喝酒号呼。醉酒后，满屋子小便，以致尿液溅到了在一旁的令史身上。朝廷知道此事后，罢免了他的官职。“裸袒酣饮”也成为历史笑谈。像这样“喝一辈子酒，丢一辈子丑”的人可谓亘古未绝！

“乡人饮酒，杖者出，斯出矣。”(《乡党》)

孔子参加乡里蜡(zhà)祭。这是一种祭祀场合，放在十二月份，用丰收的粮食祭祀百神，以祈求保佑来年的收成。其中有一道程序正是饮酒。初始，大家还按年龄辈分来，温文尔雅，等到礼仪末尾，就要人人都喝醉才算尽兴。子贡曾经看过一次蜡祭，形容其场面是“一国之人皆若狂”。可能类似于西方“西红柿节”的红汤横流、面目全非，或者像“枕头节”，人们用枕头互相打砸，直砸得羽毛狂飞、街头狼藉。要求酒喝高了的人讲究礼仪，那简直就是苛刻了。一年之中，也就在这一天人们才尽情释放长期被礼教层层包裹的真性情。可是，孔子毕竟是孔子，即便是在这样的场合，孔子也还是显出他的修养与原则性。按古制，五十杖于家，六十杖于乡。《论语》这里记载的孔子参加蜡祭，当时他应该还不到六十岁，也没有喝醉，等人家“杖者”(长于他的人)出门他才跟着走出去。

中国的酒文化源远流长，可惜今天继承下来的多是其糟粕，比如“喝酒就是为了工作”乍一听绝对是胡说八道，但到基层单位却的确是这么回事。假正当行政事务之机拿酒捉弄人、报复人、要挟人的现象并不稀见，也有不如意者借酒浇愁、心怀鬼胎者酒不醉人人自醉。

三、成功男人多好色？

有道是“英雄难过美人关”，所以“美人计”在中国历史上也是屡试不爽，久演不衰。好色，是男人的本性，其实也是无可非议的，它起码证明你功能健全。问题的关键在于一定要把握好度，“好色不乱”更不淫，才是君子所为。秀色可餐，可欣赏可品评，但不可玩弄。古今中外，领导层总是男人的天下，大权在握，搞一点“权色交易”就成了常有的事。封建男权社会的重要衍生物就是男人对女色的享用心态，不是怜香惜玉，而是以奴待之，对女性缺乏足够的尊重。这是需要大加挞伐的。孔子训诫弟子：“吾未见好德如好色者也。”足以证明人们对色的追求是自然本能。他曾会见卫灵公夫人南子。南子私行有秽，坊间颇有非议。子路对此亦耿耿于怀，逼得孔子指天赌誓：“予所否者，天厌之，天厌之。”（《雍也》）党员领导干部在这上面更应注意。

其实，告子老早就说过：“食、色，性也。”可见色原本也是很正常的东西，乃是人的天性。它与我们的生活息息相关——没有“食”，人类是要饿死的；没有“色”，种族是要灭绝的。的确，这世上只有两种人，男人和女人，一阴一阳。“一阴一阳谓之道”，而“道”又是无所不在的。好色，可谓人类生存的要求、本性的体现。但色后来为什么就成为修身之一害呢？主要是因为它同时也击中了人性的弱点——人对于好东西总是贪婪的，做不到“中庸”行事。哲学家周国平说：“试金可以用火，试女人可以用金，试男人可以用女人——往往都经不住这么一试。”男人本来就需要生理的快感和心理上对占有欲的满足，所以一旦有了权力的怂恿，男性领导便极易拜倒在石榴裙下、牡丹丛中。孔子当年深有感触地说:“吾未见好德如好色者也。”(《子罕》)我没见过谁追求道德的劲头能赶上追求女色的劲头。追求道德,凭的是完善人格的自觉性和崇高感,而追求女色,凭的是荷尔蒙的驱动。前者需要精神上的境界支持,他只有认识到自己有必要做一个高尚的人,才会朝着这个方向努力。后者则属于纯自然的动物本性,其作用原理不过是异性相吸而已,基因和激素就能主导其进行。二者孰难孰易,稍作比较,便能立时显现出来。

中国历史上,帝王将相因为对女色把握不准而断送江山的不胜枚举。商纣王宠妲己,“酒池肉林”,醉生梦死;周幽王“烽火戏诸侯”,“良夜颐宫奏管簧,无端烽火烛穹苍。可怜列国奔驰苦,止博褒妃笑一场!”唐玄宗得到杨贵妃,“春宵苦短日高起,从此君王不早朝。”吴三桂恋上陈圆圆,“冲冠一怒为红颜,恸哭六军皆缟素。”对此,握有话语权的男性领导人少有反躬自省者,反倒抛出什么“红颜祸水论”,小说家又为之添油加醋,最终鲁迅先生看不过眼,狠狠地讽刺了一番:“中国的男人,本来大半都可以做圣贤,可惜全被女人毁掉了。商是妲己闹亡的;周是褒姒弄坏的;秦……虽然史无明文,我们也假定他因为女人,大约未必十分错;而董卓可是的确给貂蝉害死了。”反语的运用向来是鲁迅先生的强项,这里讽刺得真是入木三分!

子夏曰:“贤贤易色,事父母能竭其力,事君能致其身,与朋友交言而有信。虽曰未学,吾必谓之学矣。”(《学而》)

这一则讲夫妇、父子、君臣、朋友之道,此为“四伦”,加上师生,则为“五伦”。是说丈夫对待妻子要尊重其贤德,而不是以貌取人;侍奉父母能竭尽全力,悉心照料;效忠君王则能建功立业;与朋友交往言而有信。具有如此美德的人,即使他未曾接受过完整而正规的教育,子夏也觉得这样的人是好学之士、饱学之士。贤贤:前一个“贤”字是动词,后一个是名词。

南怀瑾《论语别裁》认为:“这个‘色’字,很简单,就是态度、形色”,而“易色”也就是转变态度的意思,这样,“贤贤易色”的白话解释就是“看到好的人能肃然起敬”。不过,比较而言,我还是倾向“夫妻说”的解释,因其与后面的话一同构成“四伦”。“色”应指外表,即重内在之贤德,轻外表之美丑。

举案齐眉、相濡以沫,是中国传统中夫妻相处的最高境界。而安分守己、相夫教子、勤俭持家,又是女子身上最被看重的品德。今天时代不同了,小伙子们择偶的标准也“与时俱进”,有更多的人把“漂亮”作为首位条件。爱美之心,人皆有之,原本亦无可厚非,但如果偏执于漂亮,哪怕她只是一个素质不高甚至缺乏独立生活能力的“花瓶”,也毫不犹豫地将其挽入婚姻殿堂,那恐怕就有点问题了。选择妻子,那可是给自己挑选终身伴侣,能“执子之手,与子偕老”的另一半。如果贤淑温良、知书达礼,那么,即使容貌差些,居家过日子也是说得过去的,甚至还可能成为你事业的帮手。诸葛亮虽然娶了一个满脸麻子的媳妇,却成就了一番惊天动地的伟业。朱元璋的发妻人送外号“大脚马皇后”,听起来不雅,其实也是一个不得了的人物。当单身汉朱元璋还是一名下级军官时,犯了错误被关禁闭,正是这个姑娘把刚烙出来的饼给他送去,为了不被人发现就捂在胸口,结果烫得通红;朱元璋事业发展时期,她又充当了大秘书的角色,替他分担公务;当了皇帝的朱元璋想要火烧功臣楼、吃秀才肝之时,还是这位善良而聪慧的妇女巧妙地消解了危机。民谚曰“一代好儿媳，十辈好子孙”，道出了女性道德品质与素养的重要性。

1923年秋，冯玉祥在任“陆军检阅使”时，原配夫人刘德淑病逝，有些原来抱独身主义的北京姑娘，都想成为陆军检阅使夫人。冯玉祥选择的方法很特殊。他采取当面考试的办法以定成否。他问对方：“你为什么和我结婚?”许多姑娘羞涩地回答说：“因为你的官儿大，和你结婚，就是官太太。”或是说：“你是英雄，我爱慕英雄。”这样的回答，冯玉祥将军都是摇头，以表示不可！当马伯援介绍李德全和冯玉祥见面时，问李德全为什么要和他结婚，李德全爽直地说：“上帝怕你办坏事，派我来监督你！”冯对这一回答，频频点头，认为这个女子不凡，随即奠定了两人结婚的基础。①

古代皇帝和暴君或许以纵欲好色而闻名于世。但是现代有权势的男性，如杜鲁门、克林顿、埃利奥特·斯皮策、约翰·爱德华兹、约翰·恩赛因，以及施瓦辛格和斯特劳斯·卡恩，在这方面表现同样糟糕，换妻子或情妇的频繁程度如同走马灯。难就难在如何控制冲动，这样才不会使自身陷入一种弄巧成拙的境地。心理学专家说，在动物王国，动物不希望它们的首领主宰所有的交配机会，同样的现象或许可以解释在听到精英们不忠行为时公众义愤填膺的情绪。人们不希望领导人是玩弄女性的人。在一个平等的社会，任何人都不应该垄断所有的女性。

在西方国家，个人的私生活受到高度尊重。一个普通平民在妻子之外拥有多少情人，包养多少二奶，政府和他人一般不去干预，因为那是个人的事情。而且由于历史和文化差异，拥有情人在一些德国人看来并非不道德的行为，因此法律没有明文禁止。如果一名公

① 余世存:《非常道》，信念，北京:社会生活文献出版社2005年版，第178页。

务员在业余时间用自己的工资和情人约会而没有对工作造成不良影响，这就属于私生活范畴。但作为官员，特别是民选官员，他们私生活的空间就小了许多，几乎完全暴露在民众眼前，接受监督。一个官员如果在任内制造绯闻并被曝光，那么，“选民很生气，后果很严重”。

四、不义之财谁敢取？

中国几千年的文化传统中，社会阶层通常表现为“官一民”二元结构。春秋以降，士为四民(士、农、工、商)之首，也是民众群体中最有可能向官吏阶层转化的一个集团。因此，历来人们对“士”的道德要求普遍高于其他群体，如“文官不爱钱，武官不惜死”，要求文士鞠躬尽瘁，要求武士赴汤蹈火，“死不旋踵”。在不绝如缕的官箴中，“清慎勤”一则最为简洁醒目，几乎成为这个群体必须奉若圭臬的核心价值观。

官之贪财，大约源于封建体制下的买官卖官，此乃恶性循环之始。晚清把这一点发挥到极致。自嘉庆以降，为满足帝王挥霍欲望，清廷公然卖官，且美其名曰“捐官”、“花样”，市场疲软时就打折销售。咸丰、同治朝保至记名提督者近8000人，而全国提督不过19员，即使一年一换，也要420年才能轮完。光绪三十二年，官员编制在4万人，但候选候补人员就有257400，是编制的6倍。这个时候，要想提前获得肥缺，就不得不花大把银子啦。嘉庆在位20年，卖官获得4072万两银子。儿子道光在位30年，仅捐监生一项卖3388万两。

也有士大夫在仕途末尾释然。咸丰九年(1859年)九月初八日，年满花甲的张集馨守制期满奉旨署福建布政使。离京之时，张氏全然不顾官场礼节，在年谱中写道："京中同人，以及同事，原该留别，窃思时势艰难，无从借贷。且我年已六秩，官兴阑珊，不值热中要求权贵，即或百端罗拙、抵任后无力偿还，累己累人，诸多窒碍。且思命中如果能升巡抚，何至两遇坎坷，其福命之衰薄，已可想见！今已立定主意，三五年内决志回京，何苦终身不悔，甘心降气，为人属吏那！"自叹"大彻大悟，如桶脱底"，对官员的买官之苦一泄为快，这个腐朽王朝的官，不做也罢。

唐人张悦撰有《钱本草》一文，精辟地概括了钱财的作用与副作用："钱，味甘，大热，有毒。偏能驻颜采泽流润，善疗饥寒，解困厄之患，立验。能利邦国，污贤达，畏清廉。贪婪者服之，以均平为良；如不均平，则冷热相激，令人霍乱。其药，采无时，采至无理则伤神。此既流行，能役神灵，通鬼气。如积而不散，则有水火盗贼之灾生；如散而不积，则有饥寒困厄之患至。一积一散谓之道，不能为珍谓之德。取而合宜谓之义，使无非分谓之礼，博施济众谓之仁，出不失期谓之信，入不妨已谓之智，以此七术精炼，方可久而服之，令人长寿。若服之非理，则弱智伤神，切须忌之。"作者提出"驭钱七术"——道、德、义、礼、仁、智、信。以药喻钱，如医患对坐。而作者有 40 多年的为官经验和 17 年的修史经验，其对钱的认识当然较常人深刻。

在市场经济条件下，社会保障尚不十分完善，人们追逐利益的本性被最大限度地激发出来，而官员贪腐的消息又一再刺激着公众的神经。今天，主流价值观所抨击的拜金主义、享乐主义与极端个人主义，说到底，还是个人利益至上的实用主义。这在官员和群众身上不同程度地存在着。就官员而言，热衷“形象工程”、建造豪华办公场所、强制拆迁无疑为个人政绩服务，以求尽快升迁，而吃拿卡要、执法不公、滥用职权则又在满足个人的权势欲望。行政价值观扭曲，腐败迅速蔓延，成为一种社会风气和生活方式渗透到人们的日常行为中，导致人们将腐败利益合法化和正常化。善恶颠倒，是非混淆，一些通过不正当手段谋官位、取私利的人，被羡慕为“有能力”、“有门路”。辐射到民间，即使在信仰这样严肃的问题上，普通百姓也首先考虑信仰的实际益处——信仰儒教，希望光宗耀祖；信仰道教，希望延年益寿；信仰佛教，希望来世更好。中国是传统农业社会，农民种田自然是要收获的。所以传统文化虽然一直在教人积德、乐善好施、修桥铺路，但行善是要“福报”的。扭曲的价值观使得不少人在“义利之辨”中迷失自我，加剧价值危机。甚至在一些地方和单位，颇为“能干”的贪官被查处，财政纪律得到加强，党风、政风为之一新，却有干部和群众因为福利受损，反而怀念“你吃肉我们喝汤”的贪官时代。

子路问成人……曰：“今之成人者何必然？见利思义，见危授命，久要不忘平生之言，亦可以为成人矣。”(《宪问》)子路问什么样的人才算作“成人”，也就是完美的人。孔子列举了一堆“现当代”名人，说把他们每个人的优良品质集中到一起，才算完美的人。说完又叹了一口气说，现在到哪里去找这样的完人呢？标准不敢定得那么高了，就降格以求吧：看见利益能想想该不该得，遇到危险肯付出生命，长久生活在穷困之中也不忘平日诺言。这样就可以算作完人了。孔子提出了三条标准，看起来容易，做起来难呐。别的暂且不说，这里只谈谈“见利思义”一条，因为它关系到官员对“财”的处理问题。

拿挣钱多少来衡量一个人的事业成败，是当下不少人的价值观。老同学、老战友聚会，不是开车来的先矮人三分，开个便宜的车都不好意思往停车场放。在这样一种重视物欲的环境下，加上长期以来公务员的低薪制，权力寻租、“见钱眼开”、“不给钱不办事，给了钱乱办事”就司空见惯了。其实，这都是目光短浅的表现，如此得来的钱财放不安稳，或者用迷信报应的话说就是“来得容易去得快”，你充其量不过是一个钱财的中转者而已。靠劳动拿报酬，拿得心安理得，踏踏实实。涩泽荣一被誉为日本“近代实业之父”，为日本的大国崛起做出重大贡献。他著有《论语与算盘》一书，号召日本企业家一手拿算盘一手拿《论语》，前者代表“利”后者代表“义”，义利结合，方为坦途。而靠压榨员工、偷税漏税、以次充好等不当手段起家，最终难成大事。这不能不让人佩服《论语》中“见利思义”、“见得思义”观点的警世之功，也使从政者由此领悟“权钱交易”的道德之害。

普通人要面临钱与道德仁义的问题，官员则要在更为显要的层面处理这一对矛盾关系，因为你手中掌握着更多的公共资财，也有更多眼睛在监视。司马迁在《史记·货殖列传》中有句名言：“天下熙熙，皆为利来；天下攘攘，皆为利往。”深刻地揭示出一个真理。我们称之为真理，并不仅仅在于它与民谚“人为财死，鸟为食亡”相印证，更在于这一道理穿越千古的时间深度。直到今天，趋利思维仍然是不少人的意识倾向。佛家视金钱如粪土，认为这一切生不带来，死不带去，所以要求教众放弃“名闻利养”。这对世俗之人有借鉴意义，但不宜将其推广为俗人标准，因为修佛者没有衣食之虞，他可以化缘,赶上个信教的皇帝还能划拨给寺院相当的田地来供养僧侣。老百姓如果也如此,就算能讨到饭,那不也是“取之者众而生之者寡”吗?笔者不敢在道德上高标为超凡脱俗的圣人,亦无意于否认“趋利”在社会发展中的促进作用,但非常赞同将孔夫子对完人提出的“见利思义”标准推广到常人群体,尤其是官员群体。比如公务接待中,有一些小的花销不开发票,那么下次能开发票的时候适当多开一点,无可厚非,毕竟是因为公事嘛。但绝不能像揩皇帝油那样——明穆宗有一次心血来潮,要吃果馅饼,御膳房领旨后,有人购料,有人选果,然后熬糖、和面、做馅……到最后,算盘珠子一拨拉,说是共花白银5000两,于是这笔费用就报销了。不用说,经办此事的大捞了一把。清朝咸丰皇帝即位不久,宫廷一个门轴坏了,需要修理。这么一丁点活计,最后结算下来,说是花了5000两银子!咸丰一听大怒,这不是欺君吗?工部主事者见状,忙改口说:“奴才看错了看错了,是 50 两。”

正确的“义利观”有助于社会管理者恰当地运用权柄,合乎道义地支配公共资源,做一个合格的“过路财神”。现在中央推行公务员的“阳光工资”,正是为了促进官员收入的透明化,这既是对官员的爱护,也是树立政府威信的重要手段。

子夏为莒父宰,问政。子曰:“无欲速,无见小利。欲速,则不达;见小利,则大事不成。”(《子路》)子夏担任地方长官,来向孔子问政,孔子告诉他两点:不要急功,不要近利,还简单地跟他讲了其中原因。“无见小利”好理解,作为地方父母官,眼里总盯着给自家腰包塞几个小钱,哪有这样的“父母”?何况“见小利”,则势必谋不了大利。小利,对一个地方的发展岂非杯水车薪?只有目光短浅的人才会贪图小利，那是成不了大事的。

政治领域也是同样道理。俗话说“新官上任三把火”，为什么要烧“火”？没有别的原因，新官好比刚入洞房急吼吼的新郎官，都想施展新手段，树立新形象，给百姓一个新希望。初衷肯定都是好的，比尸位素餐者强了不知多少倍！不过按唯物辩证法原理，事物的发展总有一个过程，也必须遵循其内在规律，有些事情是急不得的，它不会随主导者的急迫而改变原来轨迹。这样的教训古今不乏。新中国成立后，为了迅速摘掉贫穷的帽子，摆脱落后挨打的处境，人们建设国家的热情被最高领导人点燃，不切实际地提出了“超英赶美”的发展目标。“大跃进”时候的疯狂，今天人们还记忆犹新。什么“天津郊区新立村人民公社水稻亩产120000斤”、“徐水大寺各庄保证皮棉亩产5000斤”、“商丘县王楼人民公社玉米35393斤”……不一而足。“欲速”的结果是，百姓腿肚子上的坑越来越深，饿死的人越来越多。至于“达”，则根本没有见着踪影。

官员在戒除钱财错误方面称得上模范的，恐怕莫过于海瑞。

明代是官员俸禄最低的时期。当时所有官员都要收红包才能维持生活，他是唯一不收红包的人。他在衙门里种萝卜白菜，日子过得很艰苦。他给母亲祝寿，买了两斤肉，还成了新闻。临死时，身边只有8两银子和几件旧衣服。留下的积蓄不够办丧事的，棺材钱都是同僚们捐助的。这样的清官，老百姓当然由衷拥护，因为你没有侵吞“纳税人的钱”，官员们对他却又敬又怕，皇帝也不怎么喜欢他。万历皇帝的批示说他，“当局任事，恐非所长，而用以镇雅俗、励颓风，未为无补，合令本官照旧供职”。意思就是说，用他做实际工作不会有什么成绩，用来做官员队伍的道德表率，倒是很合适的。

还专门给他刻了一方印，叫作“掌风化之官”。《论语》有云，子曰：“孟公绰，为赵魏老则优，不可以为滕薛大夫。”(《宪问》)孟公绰这个人估计和后世的海瑞属于同类，孔子说他作赵、魏这样大国家的阁老没有问题，但肯定无法胜任滕、薛这种小国家的大夫之职。为什么呢？你人格很高尚，道德无可挑剔，作为阁老不掌实权，不办实务，就像一块招牌一样立在那里，这他做得到。但作为执掌一定权力的大夫，哪怕是小国家的大夫，那也是需要行政能力的，光道德好没用，所以说他做不了。

话又说回来，把政治清明的希望寄托于“清官”身上，那是极不牢靠的，一来清官太少，在官员队伍中沧海一粟而已，二来清官难保终生都不变质，如果腐败成风，官员队伍的逆向淘汰机制便会发挥作用。所以，今天还是制度建设更重要一些，通过惩戒机制、监督机制、保障机制使官员不敢贪、不能贪、不愿贪。

五、盛气凌人焉能久？

普通人修身，需要戒除的“气”是不与人盲目争斗，比如相声里说的两个暴发户在歌厅比赛谁打开的 XO 更多，俩邻居比谁的房脊更高一寸。所以冯梦龙说要“忍气饶人祸自消”。气是什么？本质上讲，就是一种盲目攀比、在哪方面都不服人的不良心态，成语“盛气凌人”就颇能说明其总想高人一等。“气”表现在官员身上，就是特权意识。啥事都跟百姓划清界限，走路要走“官道”，乘车要乘专车(以致小品里宋丹丹特意要坐个拉砖的车去北京，无非是想过过“专”的瘾)，食堂要吃小灶，车牌要用“特号”。街头的红绿灯对他不起作用，想冲就冲，想闯就闯，交警干瞪眼不敢管。某“优秀民营企业家”、省人大代表，因为街头跟人撞车，一怒之下，大打出手，“瞬间突变”成一个夺人性命的犯罪嫌疑人。评论家潘多拉评曰：

中国一向有“能上不能下”的传统，某人好不容易爬到了一定的位置，突然有一天情况不妙，感到权力受到削弱，心理平衡就可能被打破。另一种情形是，认为自己好歹也是“官人”，却不能呼风唤雨为所欲为，便痛感万般之憋屈与窝囊，比如司法局长感觉自己“有职无权”，省人大代表看到“一个破老头儿也敢和我较劲”，那心理一开始肯定就是严重失衡的。心理脆弱发展到极致，便是觉得自己一旦为“官”，就理所应当天文地理经史子集无所不知，琴棋书画吹拉弹唱无所不能，工作学习生活娱乐一帆风顺，即便一个微不足道的小环节，也容不得有一丁点儿不顺（由自尊而自卑，觉得自己官场失意，是天底下最不幸的人）、“不行”（由自卑而自尊，觉得被老头儿挑衅，受到了史无前例的冒犯，是可忍孰不可忍），否则就要冲冠一怒了。①

为官之人要有干一番事业的志气、敢于负责的勇气、惩恶扬善的正气、不计得失的大气，而要杜绝蝇营狗苟的俗气、助纣为虐的邪气、同流合污的浊气和患得患失的小气。

不妨再引用一则反面事例来说说“气”的问题。某县公安局长差点被上级钦点树为“任长霞式公安局长”，他很勤于粉饰自己，各种宣传报道层出不穷，找到某作家写了个《限期破案》的六集电视连续剧剧本，全面渲染其个人功绩。有篇堪称赞美他的代表作《爱拼才会赢》作如此描述：正气、勇气、锐气、豪气，还有几分书生气。这

① 潘多拉：《从特权意识到心理脆弱，教育官员问题严重》，新浪网，2005 年 4 月 5 日。

"五气",放在任何一个中国官员的身上,想不"模范"都不行。后来,人们发现,他竟然很俗气——善于钻营,县委某领导妻子病故,身为公安局长却手捧遗像走在送殡队伍前列。他还很霸气——他的警车5900次闯红灯,其特权意识暴露无遗。当然,还有浊气——法院认定,担任县公安局交警大队大队长、公安局副局长、政委、局长 8 年间,先后 284 次收受 62 人贿赂 116.53 万元、美元1000元以及手机、手表等财物,为他人谋取利益。

气,是个人自尊的过度保护与虚荣心的盲目扩大。别人一句无关紧要的话、一个意义暧昧的眼神、一个极为微妙的动作,都会挑动他脆弱而敏感的神经,为保护自我、维护自尊便大动干戈。这是市井百姓之"气"。孔子称之为:"一朝之忿,忘其身,以及其亲。"(《颜渊》)对为官者而言,要慎防在同僚之间使娇气、下属面前耍官气、上级面前露傲气,在战略决策上,更不得意气用事,那是在拿事业作赌注。郑之相国子产可谓这方面的典范,孔子说他"有君子之道四焉:其行己也恭,其事上也敬,其养民也惠,其使民也义。"(《公冶长》)对自己、对上级、对百姓分别表现出自敛、敬重与义气,一切都从国家大义出发,放弃个人所谓的脸面、尊严、利益,也就赢得了方方面面的普遍尊重。

六、管好子女防"坑爹"

古人感叹"齐家"之难绝对是有道理的!中国人爱孩子的方式是留下家财万贯,所以"富二代"惹事的新闻便不绝如缕。这种爱的结果往往是子孙坐吃山空,富不过三代。而美国财政部长保尔森有着不一样的想法,他又一次捐出 8 亿美元。他说"我太爱自己的孩子了，因此不能把所有的钱都留给他们。”爱孩子，就应该把做人的道德和谋生的技能传给他，给他立身之本。孔子当年正是这么做的：

陈亢问于伯鱼曰：“子亦有异闻乎？”对曰：“未也。尝独立，鲤趋而过庭。曰：‘学诗乎？’对曰：‘未也。’‘不学诗，无以言。’鲤退而学诗。他日又独立，鲤趋而过庭。曰：‘学礼乎？’对曰：‘未也。’‘不学礼，无以立。’鲤退而学礼。闻斯二者。”陈亢退而喜曰：“问一得三，闻诗，闻礼，又闻君子之远其子也。”（《季氏》）

孔子的儿子孔鲤随父学习，同学陈亢总怀疑圣人教学是不是也留了一手，是不是给儿子开小灶，所以就悄悄地问孔鲤有没有比我们多学过什么。孔鲤说没有，只是有一次父亲站在院子里，我快步走过，父亲叫住了我，问我学《诗经》了吗，我说没有，父亲就说，不学《诗经》百科知识不够丰富，你出门怎么能和别人交谈呢？我回去就苦读《诗经》。过了几天，同样的场合，父亲问我学《礼》了吗？我说没有，父亲说，不学礼就没有立足社会的资本。我回去又开始学《礼》。也就这两件事是我单独经历的吧。听了这话，陈亢非常高兴，说我问了一句话，有了三个收获：知道诗，知道礼，还知道君子如何对待儿子。

曾国藩被后人推许为朱熹之后的“儒学代言人”，有联语赞曰：“立德立功立言三不朽，为师为将为相一完人”。作为一个历史人物，从政治角度讲，他镇压农民起义自然是不应该受到追捧的。他留给我们足以成为启示的，笔者以为在于其独特的教子之道！

针对子弟生长于富贵家庭、惯于养尊处优的特点，曾国藩从不准许子女睡懒觉，在家里男要扫地、种菜，女要做饭、织布。妻子女儿跟他同住江宁两江总督府时，他规定她们白天下厨做饭菜，夜晚纺纱织麻到深夜，而且天天如此。他自己的日常饮食，总以一荤为主，非客到，不增一荤。穿戴更是简朴，一件青缎马褂一穿就是三十年。他不准子女积钱买田，衣勿华美。曾国藩深刻认识到："仕宦之家，不蓄积银钱，使子弟自觉一无可恃，一日不勤，则将有饥寒之患，则子弟渐渐勤劳，知谋所以自立也矣。""吾家现虽鼎盛，不可忘寒士家风味，子弟力戒傲惰，戒傲以不大声骂仆从为首，戒惰以不晏起为首。吾则不忘蒋字街卖菜情景，弟则不忘竹山坳拖碑车风景。昔日苦况，安知异日不再尝之？自知谨慎矣。"据调查，曾国藩及其四兄弟家族，绵延至今 190 余年间，共出有名望的人才 240 余人，没有出一个纨绔子弟。如此长盛兴旺之家，在古今中外皆属罕见，原因当归于曾国藩的教子有方。

同样是清朝将领，卫汝贵的史事则可以说明家教不严的严重后果。

甲午战争之时，淮军统领卫汝贵带军向朝鲜开拔。开拔前，卫把饷银 24 万两之三分之一汇往自己家中，其妻与夫书一封说："君起家戎行，致位统帅，家既饶于财，宜自颐养，且春秋高，望善自为计，勿当前敌……"卫果不负妻望，平壤之战一开，他和叶志超弃城逃跑，狂奔三百里，一度逃得不知去向，七八天后才找回清军大队。日本人看到这封家书，视为奇闻，将其作战利品，一度放入自家教科书里。[①]

近代史上，日本敢于欺负中国，乐于欺负中国，实在是有缘故的。不能全怪日本人有侵略的狼性，恐怕也要怪我们自己不争气。

① 余世存：《非常道》，武运，北京：社会生活文献出版社 2005 年版，第 41 页。

执掌国柄者软弱可欺，一再忍让，连充任“国之爪牙”的将领都能做出这等令人不齿之事，血性何在？尊严几不知堕于何处！劝将军“勿当前敌”的家书被倭寇收于教科书，奇耻大辱啊！真不知道卫某人是如何“齐家”的？

在这个被网民戏谑为“拼爹”的时代，无论是官二代、富二代还是星二代惹下风波，根子都在上一代。那些苦心经营的爹们，用金钱、名誉、地位换来的不过是子女的无知、无耻和无畏。台湾旺旺集团老板蔡衍明的大公子蔡绍中也是坐拥亿万身家的富二代，但其低调和谦虚仍然出人意料。他高中一毕业，就被他爹放到公司当了十年实习生。回忆那一段经常挨骂和被“磨”的岁月，他说：“没有名片，也没有 title(头衔)，全公司只有我(的名牌)最特别，我的牌子上就只有‘蔡绍中’三个字。”爸爸不准他读大学，理由是：“你将来会领导很多博士，如果你自己又是老板，又是博士，就怕你会太自傲，你就不会谦虚地听那些博士的意见，就算那些博士想帮你，都帮不到你了。应该有些事输给人家，有点自卑感，对人家才会客气一点。”你不能不佩服蔡老板对中国智慧的深刻领悟啊！

七、交友谨慎少麻烦

人都是社会动物，生活当中是离不开朋友的。朋友是郁闷时的倾诉对象，朋友是老、病时能够拄依的拐杖，朋友更是孤独时可以寄托的希望。儒家把“朋友”列为五伦之一，足以说明对其重视程度。《论语》记载了孔子对于交友对象和交友原则的认识与做法。

1.交友对象

谚云：“近朱者赤，近墨者黑。”看一个人交怎样的朋友，基本上就可以知道他是个什么人了。“物以类聚，人以群分”嘛。

“无友不如己者。”（《学而》）

孔子此语至少有两种解释。传统的解释是“无”通“毋”，即“不要和不如自己的人交朋友”，表现得很高傲。南怀瑾先生对此作了归谬推断，说如果大家都想和比自己强的人交朋友，而不愿意搭理不如自己的人，那岂不是谁都交不上朋友了吗？于是他提出另一种解释——“没有哪个朋友不如自己”，表现出君子谦虚的态度。其实传统的解释是基本正确的，但稍嫌笼统。较为妥帖的解法应该是：不要和在某一方面不如自己的人交朋友。这里是指自己所特别看重的那一方面。“朋友”的程度和层次是有区别的：吹牛侃大山的酒肉朋友可有、对弈厮杀的棋友可有、结伴出游的“驴友”可有，志同道合的事业之友更是不能少。如果我的事业心特别强，那么对那些没有事业心的人，我不会和他成为挚友。

孔子曰：“益者三友，损者三友。友直，友谅，友多闻，益矣。友便辟，友善柔，友便佞，损矣。”（《季氏》）

孔子认为，好朋友有三种，不好的朋友也有三种。好朋友包括正直的人、信实的人、博学广识的人，跟他们在一起，能让你受益，尝到不少好东西。不好的朋友包括谄媚的人、当面恭维背后诋毁的人、夸夸其谈的人，跟他们在一起，则不利于你的品德修养。益友之交乃是君子之交，损友之交则是小人之交。君子之交淡如水，彼此以品行学问相砥砺，若是志同道合便相互切磋，共同进步；若是道不同，则不相为谋，你走你的阳关道，我过我的独木桥。但有一条底线，便是不沾铜臭，不设陷阱。小人之交则建立在共同的利益基础上，彼此之间相互利用而已。一旦利益关系消失或淡漠，便树倒猢猢散，各奔东西。

明代学者苏浚在《鸡鸣偶记》中，把朋友分为四类，“道义相砥，过失相规，畏友也；缓急可共，死生可托，密友也；甘言如饴，游戏征逐，昵友也；利则可攘，患则可倾，贼友也。”前两种朋友可交，后两种绝对交不得。

2. 交友原则

作为时代名人，孔子周游列国十几年，弟子门生好几千，绝对算得上阅人无数，自然也交友无数。他的朋友中有上流社会的诸侯、贤士大夫，也有市井的各色人等，更有弟子中亦师亦友者；有畏友，有诤友；与朋友相与论过道，也与朋友吵过架。孔子从经验中总结出交友一条非常重要的原则——朋友间保持适当距离。

子贡问友。子曰：“忠告而善道之，不可则止，无自辱焉。”（《颜渊》）

子贡请教交友之道，孔子说，对朋友要尽到告知义务，帮他仔细分析事情利弊，并且好好引导他正确处理问题，不能眼看着他犯错误。但是，同时要牢记，你只有告知的义务，没有强迫他按照你的意思办事的权利，因为你只是他的朋友，而不是他爹！（话说回来，当爹的也不一定都能让儿子依顺自己）如果朋友不听，那就算了，不要自取其辱。这句话孔子说得实在高明，也是他的“中庸”之道在交友活动中的生动运用。这个原则放在今天，也绝不过时。

徐志摩写出了无比优美的《再别康桥》，浪漫之人兴致勃发，要跟原配夫人离异，而与陆小曼结合。中国人信奉“宁拆一座庙，不毁一门亲”，而且讲究先来后到次序，原配总能得到更多的道德同情。于是，徐的亲朋好友，一个接一个地书信劝阻。徐志摩的老师梁启超也写去千字长信，劝其悬崖勒马，不要给世人留笑柄。信中说：“呜呼，志摩！世间岂有圆满之宇宙？”无奈徐是铁了心，回信说：“呜呼，吾师！吾唯有于茫茫人海中求之，得之我幸，不得我命，如此而耳！”见弟子如此执着，梁启超便不好再说什么，免得弟子驳了自己的面子。徐志摩和陆小曼后来倒是冲破重重阻力，成就了一段姻缘佳话。当时前清遗老兼留学怪才辜鸿铭有句名言论一夫多妻：“男人是茶壶，女人是茶杯，只见一个茶壶倒多个杯里，未见多个茶壶往一个杯里倒水。”陆小曼是新女性，自然不理会这一套，她对徐志摩说：“你不是我的茶壶，你是我的牙刷；茶壶可以公用，牙刷不能公用。”遗憾的是，后来飞机失事，一代才俊英年早逝。

子游曰：“事君数（cù，过于紧密），斯辱矣，朋友数，斯疏矣。”（《里仁》）

每个人都有自己的私密空间，这包括有形的物理空间，也包括无形的心理空间。他不希望自己最后的领地被别人——甚至是最好的朋友——侵犯、打扰，不管你是善意的，还是恶意的。物理上的私密空间关系到身体隐私、物质收藏和个体活动。比如身体上有点缺陷，平常穿上衣服还能遮掩，他总是不希望别人看到，哪怕是好朋友；又如家里收藏有名人字画、珍奇异物，也不愿别人知道，因为他不怕贼偷就怕贼惦记——就算你不是贼，但难保你不跟某个似友实贼的人讲；再如人家去看望红颜知己，虽然也没做什么出格的事，但总不愿意把个人行踪暴露于他人视野。心理上的私密空间关系到非正当想法和个人尊严。人家有点什么想法，虽亦无碍他人，但毕竟不太合乎当前社会伦常，用今天的话说，只要不妨害别人那就是个人自由。凡此种种，都带有浓厚的个人私密色彩。作为朋友，必须尊重人家的隐私,不可抱着好奇之心探本究源,刨根问底,不给朋友留面子。把人逼急了,不给你难堪才怪!

今天是法制与民主时代,党内的政治制度建设相对完善,官员有义务听取群众意见和建议,反映问题的渠道也不少。但在封建时代,官员在上司面前只有上谏的权利,但纳不纳谏,却在上司。不纳,你拿他一点办法也没有;纳了,人们称赞其雅量。可上司的雅量有没有,有多大,下属无法左右。所以,纳谏的频率就是个技术问题了,要把握适当——频率低,不管用;频率太高,适得其反。唐太宗的从谏如流是青史留名的,但“一根筋”的魏征谏得多了,不给他面子,以致后来太宗居然因为魏征的直谏而心存畏惧。他弄了只好玩的鸟,远远看见魏征过来,吓得藏在了怀里,魏征故意喋喋不休地跟他说事,等他走后太宗再看那只鸟时,已经被闷死了。所以太宗对魏征爱恨交加。历史上那个吃醋的著名典故就源于太宗。唐太宗要赏女人给魏征,魏征说夫人不同意。太宗不悦,于是设宴,席间请来魏征夫人,问:“朕赏赐魏征女人,你为何不准?”夫人说,“国事自然由他说了算,家事须得听我的”。太宗又问:“天子赏赐臣子,是国事还是家事?”魏夫人坚定地说:“有她无我,有我无她!”太宗命人赏之一杯毒酒。魏夫人一饮而尽,魏征在旁边干着急,叫苦不迭。太宗又问味道如何,魏夫人答:“与我家醋味相似。”群臣皆大笑,太宗高声道:“以后再遇此事,你就吃醋吧!”不过,更为人们所熟知的是,魏征将他给太宗上的谏书全部保存下来,准备编成文集传世。要知道,谏书其中有很多指责失实以及言辞激烈的地方。太宗得知这一消息是在魏征死了之后,回想起当年这个家伙给自己的难堪,不由怒从心中起,派人推倒了魏征墓前之碑,那可是太宗亲手为他撰写的呀！

朋友之间又何尝不是如此？“亲密无间”是一个吊诡的说法。“无间”也就意味着牺牲掉个人的所有空间，来换取不见得有多么牢靠的友谊，这难道不是个赔本买卖吗？我们交友不能不注意这一点啊！官员交朋友更应该慎之又慎，多一些肝胆相照，少一些酒肉往来；多一些相互合作，少一些相互利用。

八、三省吾身常检点

自省，是一种难得的好习惯，更是一种高级素养，非人人所能具备。在无信仰者来看，自省是“内省求诸己”的修炼方法，它能发掘人性中的缺陷，督促自己加强修养。在基督徒看来，自省就是在上帝跟前的忏悔，依靠主的力量改正自己的过失。说到底，自省就是以约定俗成的道德规则，来压抑个体追求快乐与利益的冲动。所以，“自省”必须与“自由”相结合，才不至于产生太大的负面作用。自省是针对社会现实，从约束自我的角度出发做出的理性选择，要自己做得更好一些。自由，则是在不影响他人权益的前提下做自己想做的事。只自省而无自由，人会变得丧失自我，唯唯诺诺；只自由而不自省，则信马由缰，单纯追求个人利益最大化，“我死后，哪管他洪水滔天！”的名言就是其最好的注脚。

“愤青”是近些年出现频率较高的一个新词，是指对社会现状不满、惯用道德作评价标准、责备求全、敢于直言的愤怒青年。北大教授李零《丧家狗：我读〈论语〉》出版后，有关单位特意组织了一次研讨会。《原道》主编、首都师范大学哲学系副教授陈明把这本书定位为“作家的文采＋训诂学家的眼界＋愤青的心态”。对于这个评价，多数学者都不赞同。王焱、王学泰、雷颐、唐晓峰、张国刚等都表示了不同的意见。秦晖有一种别样的解释，他说，孔子本来就是愤青，根本就是一个愤世嫉俗的人，孔子对当时的社会不满，梦想恢复西周时期贵族的价值体系。孔子对当世有很多的批评，而且批评得特别厉害，“愤青”起来的时候言论也是非常惊人。孔子不是一个歌功颂德的人！一个“愤青”能有资格针砭社会，首先自己要在品德上立于不败之地，不能给别人留下话柄。反省、检讨时时处处可做，只要你有这个心。理论上讲，没有过错的人是不存在的，“人无完人，金无足赤”嘛。法国文艺复兴时期的作家拉伯雷说过：“人生在世，各自的脖上扛着一个褡子：前面装的是别人的过错和丑事，因为经常摆在自己眼前，所以看得清清楚楚；背后装的是自己的过错和丑事；所以自己从来看不见，也不理会。”《圣经》中亦有这样的一句话：“为什么看见你弟兄眼中的刺，却不想自己眼中的梁木？”

曾子曰：“吾日三省吾身：为人谋而不忠乎？与朋友交而不信乎？传不习乎？”（《学而》）

曾子是孔子晚年弟子，也是《论语》的主要编辑者之一。他这段话是说，我们每天都要经常反思，为别人出谋划策是否尽心尽力了？和朋友的交往中有没有玩花活，斗心眼？老师所教诲的人生道理自己做到了吗？

“三省吾身”并不实指反省的次数，亦不实指所需反省的事件数。我们只要有反省之心，就会发现日常生活中可反省之事太多了。

能否自我反省，是君子与小人的分水岭。君子和小人对待错误的态度截然不同。君子总是有勇气面对自己的过错。孔子说：“过则勿惮改。”“过而不改，是谓过矣。”(《卫灵公》)犯了错误就不要怕改正，谁能不犯错呢？改了就是好同志嘛！要是犯了错还不承认不改正，绞尽脑汁为自己辩解，甚至乱咬别人，倒打一耙，那才是真正的过错！孔子高足颜回就是这样的高手，绝不重复自己的错误。哀公问：“弟子孰为好学？”孔子对曰：“有颜回者好学，不迁怒，不贰过。不幸短命死矣！今也则亡，未闻好学者也。”(《先进》)国君问弟子当中谁最好学，孔子首推颜回，还捎带着把颜回的另外两个优点讲了出来——不迁怒，不贰过。他就事论事，不会迁怒于他人，自己也不会第二次犯同样的错。只要根基正，瑕不掩瑜，用不着文过饰非。子贡曰：“君子之过也，如日月之食焉：过也，人皆见之；更也，人皆仰之。”(《子张》)君子犯了错，就像天上的月食——有了，世上的人谁都能看见，改了，恢复正常了，人们对你的态度还像以前那样。孔子告诉人们，要有日月那样皎洁的人格，太阳并不会因为一次日食而不再光辉，月亮也不会因为一次月食而不再柔美。日食过后，农夫照样在太阳下流着汗水默默辛苦地耕作。月食过后，情人们也依旧在月光下甜蜜地约会。君子坦荡荡嘛！小人就不是这样了。子夏曰：“小人之过也必文。”(《子张》)有点小过失就跟小孩子似的，羞羞答答，东躲西藏，遮遮掩掩，要么往别人身上推，要么恶人先告状。这都不是君子所为。心理学上有个“归因理论”，就是指人普遍有“防卫归因”(Defensive Attribution)的心理，常把成功归诸自身内在之努力，而把失败归因于外在客观环境之不利。与别人发生冲突时，倾向将过错归咎他人，以保护个人的“自我尊严”。孔子不懂现代心理学，但他描画的君子小人之别与此如出一辙。宋代理学家朱熹算是悟出了这一点：“日省其身，有则改之，无则加勉。”

《论语》中说:“子绝四:毋意,毋必,毋固,毋我。”(《子罕》)孔子从自己做起,注意戒绝四种毛病。“意”,通“臆”,臆测,以主观猜测作判断依据,捕风捉影,一犬吠影,十犬吠声;“必”,就是把事情看得死死的,一条道走到黑,不知道变通。如“用之则行,舍之则藏”的处世态度即是“毋必”。在这方面,动物也许可以给我们以启示。美国科学家阿·史蒂文是美洲鹰的专门研究者,在南美安第斯山脉的一个狭小的岩洞中发现了硕大的美洲鹰——两翼自然伸展后长达3米,体重20千克。可是令人奇怪的是,就是这样一种驰骋在海洋上空的庞然大物,其生活环境居然狭小而拥挤,布满了奇形怪状的岩石,岩石与岩石之间的空隙仅0.5英尺,岩石像刀片一样锋利,美洲鹰究竟是怎样穿越过去的呢?阿·史蒂文从实验录像的慢镜头中发现它在钻出小洞时,双翅紧紧地贴在肚皮上,双腿却直直地伸到了尾部,与同样伸直的头颈对称起来,就像一截细小而柔软的面粉条。在庞然大物与窄小柔婉之间转换,必要时放下架子,放低姿态,这也是生存的智慧啊!

“必”侧重行为决断,“固”侧重理论认识,固执己见,坚持自己对事物的看法,而不问真理。例如,相信眼见为实,就固执地认为地球是平面的;小时候遭受欺负,就觉得这世界上到处都是坏人;女人感情受挫,逢人就说男人没有一个好东西,等等。“我”,即唯我独尊,事事以自我为中心,不管他人感受。邓丽君为示爱意请成龙到西餐厅用牛排。成龙散漫成性,难受拘束,大发脾气,几口吞完了事,告诉她以后再也不要带他到这种地方。邓死后,他很为当年的鲁莽抱歉。比如东方传统一直强调集体主义的力量,反对个人英雄主义。体育运动是培养团队精神的最好方式,与别人合作,尊重别人。打篮球、橄榄球、踢足球等，上场人数多，队形讲究，离开了集体，再大的本事也难施展。要总想着展现自我，就没有人和你合作了。

九、自省乃是大功夫

无论是封建官僚，还是国民党人，还是共产党人，都不乏肯做自我反省者。

1. 封建官僚的自省

林则徐对下属发过怒，自己觉察发怒不好，生怕再怒，就自制"制怒"条幅高悬于室以自警。曾国藩之所以能建立"为师为将为相"的卓著功勋，与时时检讨自新分不开：贪睡，骂自己"可耻"；喜欢吟诗作赋，而未用力于经史语录有用之学，乃"好名"、"可耻"；给地方官员写信，亲热了点，检讨乃是希冀他人之馈问，遂撕掉重写；喜欢吹牛，乃"好妄语"，发誓若再犯，"明神殛之"；与同僚说黄段子，"闻色而心艳羡"，乃"真禽兽"；某日吃水烟，口苦舌干，遂将水烟袋捶碎，从此永禁吃烟。要想通过反省取得道德修养的进步，就得对自己"狠"一点，倘若总为不恰当的言行找借口，不断地无原则地原谅自己，那恐怕永远难以求得洗心革面的效果。

其实蒋介石在自省方面也是值得称道的。他有一个习惯，每天早晨起床洗漱完毕后，铺开稿纸，用毛笔书写前一天的日记。蒋介石去世后，日记由蒋经国保存，后来就传到蒋孝勇，孝勇临终时将两蒋日记托付给自己的妻子，即蒋方智怡。2005 年 2 月 16 日，蒋家与胡佛研究院共同宣布，同意把两蒋日记暂存胡佛研究院 50 年，并把蒋介石日记逐年公开。蒋介石日记起于 1917 年，直到 1972 年患病时为止，长达 55 年，全部用毛笔行书工整地在日记本上书写而成。

蒋介石日记分作五个部分,其中之一就是"自省集"。辛亥革命之后的十年间,蒋介石的社会角色一直介于游侠浪人和革命志士之间,那时的日记中充满了荒唐放荡与自责克制的矛盾。如 1919 年 10 月初他下决心:"以后禁入花街为狎邪之行。其能乎,请试之!""色即是空,空即是色,世人可以醒悟矣!"但 10 月 15 日又记道:"下午,出外冶游数次,甚矣,恶习之难改也。"其后几个月,日记中充满自责,也确无"不良记录"。但 1920 年初,他又无法控制自己的欲念,1 月 15、18 日分别记有:"晚,外出游荡,身份不知堕落于何地!""上午,外出冶游,又为不规则之行。回寓所,大发脾气,无中生有,自讨烦恼也。"直到夏天前的日记屡有:"迩日好游荡,何法以制之?""晚,又作冶游,以后夜间无正事,不许出门。""晚,游思又起,幸未若何!"这年夏天,他遇到旧友,言谈中感到别人对自己的不屑、痛感自己为人所鄙,在 8 月 7 日的日记中云:"世间最下流而耻垢者,惟好色一事。如何能打破此关,则茫茫尘海中,无若我之高尚人格者,尚何为众所鄙之虞!"9 日则记道:"吾人为狎邪行,是自入火坑也,焉得不燔死!"以后的日记仍有大量的"理"、"欲"交战的记录,但此时已基本是只有"邪念"而无"邪行"了。他写道:"我之好名贪色,以一澹字药之。""见姝心动,这种心理可丑。此时若不立志奋强,窒息一切欲念,将何以自拔哉!""欲立业,先立品;欲立品,先立志;欲立志,先绝欲。""荡心不绝,何以养身? 何以报国?"……可以说,在"戒色"方面他已取得成功。①

在工作和生活中出错是很正常的事。子曰:"加我数年,五十以

① 余世存:《非常道》,意志第九,北京:社会生活文献出版社 2005 年版,第 92 页。

学易，可以无大过矣。"(《述而》)看看，过了五十岁，而且还学了《易经》，人才可以不犯大的过失。那我们这些不到五十且未学《易》的人犯点错不是很正常吗？过错是多种多样的。从对象上讲，有的妨害个人形象，有的伤害亲人朋友，有的则有损民族国家。从程度上讲，有的错误无伤大雅，比如随地吐痰、乱扔果皮；有的在一定范围内造成影响，如工作失误，国家受损，或者贪污受贿，触犯刑律；有的则是滔天罪行，千古遗恨，如抗日时期做了汉奸。当然，错误的大小和身份的高低也有关联，要防止大干部犯大错误。人犯错误有不同原因，如果能够正确认识错误并加以改正，那就是不断靠近"仁"的表现。子曰："人之过也，各于其党。观过，斯知仁矣。"(《里仁》)

如何正确对待自己的错误，是考量个人品格与民族胸怀的试金石。子曰："已矣乎！吾未见能见其过而内自讼者也。"(《公冶长》)孔子对当世人的改过意识和能力是不抱信心的，他说，算了吧，我还没见过哪个人能自觉发现自己的过错从而向内自省的。在个人层面，有意识地改正过错可以使人进步，不再犯类似错误。在国家层面，着意改正过错可以少走弯路。

2. 共产党人的自省

1941年6月3日，陕甘宁边区政府在延安的杨家岭小礼堂召开边区各县县长联席会议，讨论征粮工作和农民负担问题。当天下午正在开会的时候，突然大风暴雨；一个炸雷，击断了礼堂的一根木柱，坐在附近的延川县代县长李彩云猝不及防，不幸触电身亡。同一天，一位农民饲养的一头驴也被雷电击死了。

噩耗传开以后，人们议论纷纷。这位农民逢人就说："老天爷不开眼，响雷把县长劈死了，为什么不劈死毛泽东？"保卫部门闻讯，要把这件事当作反革命事件来追查，逮捕这个“竟敢如此咒骂毛主席”的农民，并要公开处理，以一儆百。

毛泽东从警卫员口中知道这件事以后，立即阻止了保卫部门的行动。毛泽东说：“群众发牢骚，有意见，说明我们的政策和工作有毛病。不要一听到群众有议论，尤其是尖锐一点的议论，就去追查，就要立案，进行打击压制。这种做法实际上是软弱的表现，是神经衰弱的表现。我们共产党人无论如何不要造成同群众对立的局面。”毛泽东从群众的民怨骂声中深刻反思，并举一反三，下决心与中共中央、中央军委和陕甘宁边区政府的领导同志一道，采取一系列措施改进工作。例如，毛泽东等中央领导同志通过深入调查发现，“确实公粮太多”，“加重了人民的负担”。在 1941 年 11 月 6 日开幕的陕甘宁边区第二届参议会上，开明绅士李鼎铭等十一人提案建议：“政府应彻底计划经济，实行精兵简政主义，避免入不敷出、经济紊乱之现象”，并提出了具体实施办法。11 月 18 日，参议会通过了精兵简政的决议。

在中共中央领导下，陕甘宁边区带头行动，先后进行了三次精简，从而从根本上解决了“鱼大水小”的矛盾；在减轻人民负担、减少消费支出、提高工作人员素质和工作效率等方面，都取得了明显的成效。陕甘宁边区和各抗日根据地的党政军民学各界都开展了轰轰烈烈的大生产运动。中国共产党领导的广大军民，用“自己动手”的方法，达到了“丰衣足食”的目的。在 1945 年 4 月 24 日党的“七大”政治报告中，毛泽东强调指出：“有无认真的自我批评，也是我们和其他政党互相区别的显著的标志之一。”从此，批评和自我批评与理论联系实际、密切联系群众一起，成为中国共产党必须永远保持和发扬的“三大优良作风”。[1] 不过令人遗憾的是，今天一些地方领导远没有毛主席当年的胸怀。2006 年 12 月 31 日，山东省高唐县民政局地名办主任董伟在办公室里被警察带走，理由是他曾署名“佚名”在网上发过一篇《加强对县委书记的监管刻不容缓》的帖子。同时被关进看守所的，还有当地医生王子峰、教师扈东臣——王子峰酒后回到家里，想到在医院听到有病人抱怨说工资、医保都没按时发放，就发帖子说：“高唐这么好，怎么搞得工资都发不出来?”还不指名地骂了县委书记一句脏话；扈东臣则涉嫌“侮辱”、“诽谤”现任高唐县委书记。这在当代中国并非孤例。近期媒体陆续报道的此类事件有重庆和陕西志丹县短信诽谤案、甘肃嘉峪关干部群发短信诽谤领导被开除党籍、深圳三官员短信诽谤领导受处分、安徽五河县两教师因打油诗被撤职……人民的这几位公仆，容不得来自“主人”的表达不满，运用手中的印把子，给“主人”扣个大帽子。

3. 军人的自省

2001 年，金一南再一次有机会访美，这次他选择了小镇文沃斯堡，因为这里是美国陆军教育的核心——美国陆军指挥参谋学院的所在地，当年海湾战争地面作战方案就是从这里拿出的。在这里，金一南再次发现了让他惊讶的事情。他发现当地的军事院校不讲美国的成功案例，而是把失败的案例拿来反复做分析，这让他印象深刻。

金一南说：“我 1997 年在那儿学习的时候就发现了这个问题，2001 年又发现这个问题，他们竟然连海湾战争都不列入他们教案。1991 年的海湾战争，从全世界的评论看，它是一场很成功的案例，

① 薛鑫良：《毛泽东在延安两次“挨骂”的史实》，《学习时报》，2007 年 4 月 5 日。

甚至很多人把它作为一场机械化战争向信息化战争的转折点，但是美国人不这样认为。美国人认为1991年的海湾战争有五个理想：理想的敌人、理想的设施、理想的地形、理想的气候和理想的联盟，美国人说这五个理想很难再现，所以海湾战争没有参考价值。他们继续在他们院校里教越南战争，越战怎么栽的跟头？怎么吃的亏？还在总结越战的经验，当时对我触动非常大。我觉得他们还在研究失败，反映他们非常强烈的求胜欲望。一支军队，如果你躺在过去的光荣榜上，那你争取未来的胜利是很困难的。美国陆军指挥参谋学院有个中心，它那个中心叫“Militry Lesson”（军事教训中心），实际上就是一个败战中心，军事教训中心有七八十个人，分布在全世界，比如阿富汗战场、伊拉克战场，他们分几个小组，全派到作战第一线，专门收集美军在某次作战失利的这种战例，搜集完了马上反馈。这个指挥参谋学院的教官在台上给台下学员讲，几天之前，某场遭遇战，美国人怎么吃亏了，吃亏的问题在哪里？举身边非常鲜活的材料。从这方面看，有很多东西值得我们学习。”

金一南在美国学习的时候，参观了西点军校。西点军校的校舍馆里，志愿军上甘岭战斗的两个模型放在里面——537.7高地和597.9高地。当时陪同他们参观的一位美军的陆军中校是1978年西点军校的毕业生，他指着那两个高地讲，他说他当时学习的时候学过。他问我，你们当时只有两个连守卫，七个营轮番攻击就是攻不上去，我不知道为什么？教官跟我反复解释过，但是我还是没有听明白。这让我感到，一方面美国人研究失败；另一方面，他们对中国军人的尊重。”金一南说，当时志愿军作战艰难困苦的情况，很多美国人直到现在也并不完全清楚。他们对曾与之对阵的中国军人怀有一种颇富神秘感的尊重。这种尊重是对实力的尊重。从他们的角度看,中国军队的实力更多地表现在排山倒海、坚忍顽强、奋勇冲杀和不惧牺牲的精神,他们称之为“谜一样的东方精神”。当年到过朝鲜战场的美国军官,晚年在回忆录中都印象深刻地描述志愿军发起冲锋时“撕心裂肺的军号声”和“尖利刺耳的哨子声”。这些声音一直伴随着他们,走到军事生涯的终点、甚至走到生命的终点。[①]他当时回来写了个报告:“第一,我感到非常骄傲,因为我们的前辈给我们打下了这个资本。第二,我感觉到惭愧,如果今天的中国军人不能够给后面的中国军人积累这样的资本,那我们是无法对国家和民族交代的。”

十、德治之剑今再拭

《论语》认为,衡量一个官员的政绩大小与事业成败,要看两点:一是看执政活动中有没有较大的道德成分;二是看有没有中庸行事,行政尺度没有出现大的偏差。

子曰:“为政以德,譬如北辰,居其所而众星共之。”(《为政》)

子曰:“道之以政,齐之以刑,民免而无耻;道之以德,齐之以礼,有耻且格。”(《为政》)

“德治”是中国古代儒家在国家治理方法上的重要主张,但在董仲舒以前,它基本上只是一种“思想”。自西周初期周公(旦)提出“敬德保民”、“以德配天”的治国思路,中华民族便逐渐形成了重德治教化的传统。孔子的政治思想与此一脉相承,并加以发扬。他认为,强力和刑罚是对人力的征服,德化则是对人心的征服。刑罚是

① http://blog.people.com.cn/trackback.do? wlog_id=1187407442873790.

从人身外部起作用的，德化是从人心内部起作用的。从长远来看，道德比行政和法律的手段更为管用。到了董仲舒那里，他将德治思想全面完善，并使之成为贯穿整个封建社会的基本国策。

孔子也讲法治，但绝对异于今日与自由、民主、宪政密切相关的现代法治，而是由刑罚主导的苛刻与残酷。孔子耐心地比较了“法治”与德治的效果区别。前者造就了无数乐于并善于钻空子的“小民”，你王法规定偷盗农场主1000朵鲜花判刑，我就偷个 999 朵玫瑰送女朋友，让你法官莫奈我何。这样的百姓不会有羞耻感。后者依恃道德感化，仁义礼信，百姓不但有羞耻感，并能在不道德前自觉止步，规范自己的言行。应该说，孔老夫子的理论设计是不错的，官也好，民也好，做起来都不太困难。而汉朝也给予了儒家独尊的地位，皇帝甚至宣称以“孝”治国，但后来“德治”却慢慢地变了味，官方嘴里出来的儒学怎么越来越像骗人的呢？为何与夫子“道不远人”的教诲渐行渐远？德治之剑为何一钝再钝？

时间一点一点地流逝，中华文明是延续下来了，成为世界四大文明中仅有的未间断者，这无疑是炎黄子孙的骄傲。但“智者之虑，必杂其利害”，历史证实了儒学内在的超稳定性与凝固性，作为其结果，封建社会显得太漫长、太牢固、太皮实了，以至于我们政治理念的脚步似乎也一直在庞龙的歌声中迟滞，“亲爱的，你慢点飞，小心前面带刺的玫瑰”。明清以降，封建社会的积弱积贫日渐销蚀了古老帝国的自信，我们对于西洋文明的接受史也就写满了艰难。于是乎，巨龙飞了两千年，把天下太平的希望寄托于几个清官的情结仍是国人挥不去的蝴蝶梦，领导人的雅量也依旧是百姓茶余饭后津津乐道的话题，法律条文数也数不清，可在“朕即法律”面前常常身心俱疲……

考察“德治”成败，不外乎这样三个要素在起着作用：倡导者的示范效应、响应者的观望效应、违背者的惩戒效应，三者缺乏任何一个都可能造成德治的失败。

一是倡导者的示范效应。仅从《论语》来看，在孔子的德治设计中，对倡导者原本有着极为明确的道德义务要求。“为政以德，譬如北辰，居其所而众星共之。”这句话把德治的作用点得很是明白，为政者应该心知肚明。既然德治有着如此大的效力，那就不是随随便便可以成功的。季康子问政于孔子。孔子对曰：“政者，正也。子帅以正，孰敢不正？”作为最高统治者，你打出了“德治”的大旗，要老百姓买账，那你也跑不了：“其身正，不令而行；其身不正，虽令不从。”道德，不仅是律人的，更是律己的。打铁先得自身硬，你要不硬，你的江山就不是一块铁板，而可能变成锈铁，不堪一击。

可是两千多年的封建时代中，除了少数几个真正简朴明德的皇帝（往往还都是打江山的开国帝王）可称典范，绝大多数都跟“脏唐臭汉”相去不远。就拿一代明主李世民来说，登基伊始，便信誓旦旦地宣告要“专以仁义诚信为治，望革近代之浇薄”。话说得煞是漂亮，可他怎么做的呢？“玄武门之变”成全了他的王位，也成就了其道德之脏：逼父退位，已经不只是“谋反”，而是“实反”了；后来又事实上逼父迁宫，犯了十恶第六项“大不敬”和“不孝”两条；杀长兄——皇太子建成，犯了十恶第四项“恶逆”；杀弟元吉，犯了十恶第八项“不睦”。若再加上他收兄弟妻、娶同宗兄弟妇等行为，犯了十恶第十项“内乱”。10 条重罪，他占了 6 条，你说该杀谁的头？要说他是不仁、不义、不忠、不孝的乱臣贼子，恐非虚言。清人赵翼《读廿二史札记》不仅述说了李世民拿父亲玩弄宫女之事逼其起兵造反的道德之脏,而且把此后唐王室的色秽报应条分缕析。此等形象,如何做得天下榜样? 几不知置德治示范于何地! 历来被推为“英主”的李世民尚且如此,其他皇帝如何学可想而知了。

统治阶级只许州官放火,不许百姓点灯,拿着手电筒只照别人,自然缺乏必要的影响力。要百姓艰苦奋斗,自己却大鱼大肉;要百姓勤俭节约,自己却夜夜笙歌;要将士在前方冲锋陷阵,帝王在宫中酒池肉林。自身不正,焉能正人? 德治,也就成了一句空话!

倡导者的另一示范作用体现在处理君臣之间的道德义务关系上。孔子的设计中,君臣本应享有同等的权利和义务。齐景公问政时,他以“君君,臣臣,父父,子子”劝谕国君每个人都要扮演好自己的社会角色,尽心尽责,严格自律。但齐景公的理解显然出了问题,他同意孔子的说法,但却引申出了假使不如此,“虽有粟,吾得而诸?”把君臣的对等权利义务片面化,君父对臣子有权利而无义务,臣子对君父有义务而无权利。有学者据此批驳“东方伦理之缺点,在详言卑对尊之道,而不详言尊对卑之道”。这显失公平! 孔子的本意哪里是这样的? “君使臣以礼,臣事君以忠。”君对臣要讲礼,不可随便呵斥,臣对君要忠,不可随意改换门庭。“出门如见大宾,使民如承大祭”,是对谁说的? 君王! 后来的“小人儒”或泥古不化,或为取悦帝王,单方面削减帝王的道德义务,并有意无意地纵容帝王,粉饰太平,遂使德治之剑甫一出鞘便锋芒遭掩。

二是响应者的观望效应。德治的响应者队伍由两部分人构成:官僚链条和平民集体。最高领导人发出德治号召后,官僚是首先的贯彻者、组织者、执行者。长期混迹于官场的人,察言观色、见风使舵是必备本领。如果皇帝是真德治、真廉洁，要动真格的，那就积极响应——我们也不排除封建官僚队伍中有不少人真心希望整饬纪律，由官府做百姓的道德之师。但如果看透了皇帝的伎俩，知道德治不过是帝王手中的道具，那他就会把架势摆足，既让上头看到官员的组织行为，又不让它真正落到实处——那样势必限制官员自己的利益。有李世民的“作秀”在前，边庭守将也就把“官兵同乐”的德治挂在嘴上，军中出现严重的苦乐不均，以致边塞诗人悲愤地吟出“战士军前半死生，美人帐下犹歌舞”。当然，也有一种可能，就是在德治号召之下，不谙官场潜规则的愣头青，如屈原、郭嵩焘，拿着鸡毛当令箭，人家都在“扎扎实实”地走过场，唯独他捧出一颗滚烫的心要向苍天、向帝王、向百姓问个究竟，结果得到的是青山不语、王顾左右和阵阵窃笑。等到“德治”的浪潮退下，才蓦然发现，自己就是沙滩上那个最尴尬的裸泳者……

未受足够教化的百姓在骨子里是逐利的，永远不要对他们的道德自觉抱持过高的要求。德治需要每个人都遏制自己的欲望，做出一定程度的“利他”行为。要推行德治，首先要摆平守德与利益之间的关系。中国的老百姓是最善于观望的：当守德与获利一致时，他们才会在群体政治上步入道德正途；当二者相背时，他们会毫不犹豫地选择后者。在他们的哲学里，生存是第一位的，谁也不能指责他。当整个社会气候不好时，有德君子处处吃亏，无德小人处处占便宜；当社会价值体系崩溃、价值观念颠倒时，无德小人被视为“能人”，有德君子则被视为无用之“笨伯”。如此一来，再加上统治者的道德示范作用微弱，德治之剑又一次锋芒受挫。

三是违背者的惩戒效应。德治治人心，法治治人行。德治直指人心，于是具备了宗教的部分教化功能，但又不可像穆斯林国家那样以教立国，政教合一，守之者赢得尊重，违之者接受刑罚。儒教之德治重倡导而轻惩戒，所以历来封建统治者不得不祭出“儒表法里”的法宝。天长日久，德治就成了虚伪而又虚弱的幌子。

在德治的语境中，对违背者的惩罚是缺席的，这不能不说是德治乏力的重要原因。对不道德者，它既没有法律层面的鞭笞杖徒，也没有民间下地狱、入油锅的可怕诅咒。唯一的“利器”好像是唾沫花子，据说其功效能淹死人，但我想那人一定是初犯，脸皮太薄，倘若脸上糊的唾沫多了，也就炼出功夫了，回到家，拭去秽物，搂着不道德行为换来的实惠独自偷着乐，他也觉着挺合算。帝王违背德治，虽是自毁长城，可谁也管不了他，“朕即法律”呀！任何忠臣削减封建帝王特权的努力都是徒劳，弄不好还会丢了小命，看是你的“强项”硬，还是朕的刀子快！臣子若是向帝王乞求接受批评的雅量，对不起，我没有，别的地方找去！反正雅量不是我的法定义务！大不了失去你对我的尊敬，没关系，尊敬值几多钱？想巴结我的人还排着队呢！那么，百姓如果违背德治之规，多是利益使然。谁来管呢？官府有教化与监管责任，可不孝之子出得多了，官府也管不过来，便以“清官难断家务事”为由搪塞。家族起初是个监督实体，后来大家都想当好人，不说话了。乡村监督机制也应该发挥作用，坐在里弄纳鞋底的大嫂飞短流长，弄得绯闻女子抬不起头，可保不齐哪天自家男人也卷了进去，嘴自然就堵上了。谁有德？谁无德？不好说，说不好，还是不说地好！“德治”飞入寻常百姓家，就悄悄地成了说不清道不明的“玩意儿”！

至此，“德治”之剑锈迹斑斑。即使镀上再厚的金，也掩不住内心的虚妄。

追究原因，一言以蔽之，在于国人混淆了道德与法律的界限。孔子是讲德治的，在道德话语环境中对每个人都提出了要求；韩非子是讲法治的，把儒家的道德话语转化为法律话语，“君君臣臣父父子子”，便衍化为“三纲”之说。后来官家的人提要求时上纲上限，把道德之事提高到法律水平，而一旦事情出来，又看人下筷子，把法律罪责归于道德缺陷而轻轻放下。

如今，我们埋葬了封建主义，迎来了新中国、新时代、新时期、新世纪，这把华夏宝剑还能磨出来吗？能！怎么磨？大家一起来！

首先，要厘清道德与法律的畛域，“上帝的归上帝，恺撒的归恺撒”。是道德范畴的东西就不要用法律评说，充分尊重法律赋予公民包括隐私权在内的各项权利，同性恋、变性人在自由的前提下所做的性向选择都应该得到保护。自由并不像我们过去理解的那样等同于无组织、无纪律、自由散漫，它是一种权利，代表着任何人都可以做不危害他人权利的事。金星变性成功，演艺事业有了收获，这没有妨害任何人，自然也是他(她)的自由。李玉刚上了“星光大道”，用男女声变调唱歌，有人惊叹其艺术才华，有人讽之扭捏作态。总之，“有伤风化”在今天已不再属于法律惩罚的范围，这对扩大公民生活空间意义非凡。当然，触犯法律的行为也不可以道德谴责掩饰，街亭失守就该斩，诸葛也得上书“请自贬三等”，否则何以“去偏私”、树军威？曹阿瞒“割发代首”的骗人把戏在二十一世纪也不得重演。在封建体制中，“王子犯法，与庶民同罪”只能是放在草民百姓心头的一根“按摩棒”，哄你开心了事，没谁当真。今天，“法律面前，人人平等”，我们喊了不少日子，也曾经对特权意识下的不平等长吁短叹。可喜的是,官员依法行政,百姓依法维权渐成气候。《物权法》等一批批保障公民权益的法律相继走入我们的生活。我们也欣喜地看到,重庆九龙坡区政府无比耐心地和拆迁户谈判,深圳建造“华尔街”的推土机也没有野蛮地摧毁孤楼。房主在孤军奋战之后分别拿到了100多万元和1200万元的拆迁赔偿,这是中国法律的胜利!现代法制的胜利!只是,我们的官方媒体不该再以“最牛钉子户”来称呼他们,那是一个充满歧视的、冰冷的语词,与和谐社会太不相称。他们依法维护自己的权利,是谁眼中的“钉子”?又是哪部法律里的“刁民”?!

其次,要对“德治”持敬畏之心,把它放到应有之位置,每个人都在内心树立起“荣辱观”,给自己划上一道红线。何为荣,何为辱,心里清楚还不算,必须见到行动上。倡导德治者先得律己,把自己也摆进去,才能让民众心服口服,效果也才能显现。响应者积极行动起来,官员在其位谋其政,“敬其事而后其食”,“得一官不荣,失一官不辱”,以平常心待人、接物、处事,为官一任,造福一方,杜绝了“官出数字,数字出官”,做好一个官员该做的事,便为德治尽了应尽之力。所谓的“为官之德”,说白了就是做官人的良心。至于老百姓,要降低物质欲求,日子穷有穷的过法,富有富的过法。我们已经进入发展期,大多数地区温饱都不是问题,增一文不是富,少一文不是穷。想更好地发展没有错,别墅谁都想住,宝马谁都想开,但君子爱财,取之有道。当“取”不到的时候,则要耐得寂寞,守住底线。切莫试图把电影里的奢华生活搬入你家,并为着这一目标不择手段,不顾荣耻。否则,不管位有多高,权有多重,都可能沦为违背德治者的惩戒典型。

亮剑必先磨剑！德治之剑曾经蒙尘，也曾经锈蚀，曾经遭遇弃置，也曾经黯然神伤。但是，它毕竟蕴含日月精华、山川灵魄，封建腐儒不明就里，打着保护的旗号糟蹋着它，毁灭着它。拂去层层尘土，使其再露峥嵘，完成这一历史课题的人是谁？只能是我们，当仁不让的我们！意气风发的我们！无所畏惧的我们！有了以人为本，有了科学发展，有了现代政治文明，德治便成为构建和谐社会的题中应有之义。

“十年磨一剑，霜刃未曾试。今日把示君，谁有不平事？”1000年前贾岛拭剑的红绸还在飘扬，仰天的发问也言犹在耳，诗人的剑要用流氓恶霸的血来喂，他要削平的是晚唐的不平世道。可是，封建的根子坏了，剑再快又有何用？今天，我们建立了民主的社会主义政治体系，党领导着人民不断走向文明、走向繁荣、走向和谐，佩上德治之剑，则如虎添翼，威风八面，势不可挡！

艺术篇

《论语》中的领导艺术

子张问仁于孔子。孔子曰："能行五者于天下，为仁矣。"请问之。曰："恭、宽、信、敏、惠。恭则不侮，宽则得众，信则人任焉，敏则有功，惠则足以使人。"

子曰："唯女子与小人为难养也，近之则不孙，远之则怨。"

子曰："君子喻于义，小人喻于利。"

做领导，简单讲就是：给你一拨人，你得能把他们拢在一起，朝着一个方向走。有人把这事儿搞复杂了，说领导是一门艺术，如何如何高深，值得好好研究，为此，甚至还引入了西方的管理思想，从人性的角度、系统论的角度加以探讨。西方的东西可以借鉴，但领导、管理中国人，还是要用切合中国人思维方式与价值观念的管理方式。《道德经》说："大音希声，大象无形"，最高明的往往是最简单的。一群西装革履的人中间那个穿布鞋的一定是大领导。所以，领导艺术其实也很简单，千万别玩花活，踏踏实实来就行。

首先要杜绝个人英雄主义，强化团队意识，因为"一枝独秀不是春"，作为领导，你的职责是带领这一大帮人创造出最大效益，"大家好，才是真的好"这句广告词自然是有道理的。假如领导干部过分显示自己的才能，不但无法给下属起到表率作用，甚至可能引起他们的反感。不要忘了，你的权力是会受到妒忌的。攀比是一种不好的社会心理，但能够长期存在，正是因为"比较"是人的本性，是不自觉的下意识行为，所以，在一个集体之中，每个人都需要与众不同的长项、强项、过人之处作为支撑，显示出自己活着的价值和意义。一个单位中，下属觉得你领导已经有权力，可以发号施令，高我们一头，那我们作为员工有什么比你强的呢？你的协调能力比我强，我认！但我的工作能力比你强点总可以吧？我的家庭比领导家幸福，可以吧？我儿子比你儿子有出息，可以吧？你虽然贵为领导，可也不能占全呀！懂得了这个群众心理，作为领导，就要高姿态、低调子，永远不要幻想在下属面前通过炫耀自己的才能和功绩来树立光辉形象。因为你是领导，掌管不了他的生杀，但可以掌握"予夺"吧？所以，你说什么，他即使不喜欢，也得耐着性子听，可转过身去呢？

你想成为他们的偶像,可这样做很可能成为他们的"偶像"——呕吐对象。

当子张问仁于孔子。孔子回答得更为详尽:"能行五者于天下,为仁矣。"请问之。曰:"恭、宽、信、敏、惠。恭则不侮,宽则得众,信则人任焉,敏则有功,惠则足以使人。"笔者认为,这正是极朴素的领导艺术。

一、"恭则不侮"事何难

一个人,面对一群人,尽管他们是你的手下,你也不能不尊重他们,保持恭敬态度,否则便是自取其侮。明智的领导都懂得"水可载舟,亦可覆舟"的道理,群众的力量不可小觑,他们是创造历史的主要动力。推翻一个王朝都不是什么难事,推倒你一个领导人还不容易?作为领袖,政治人物常常在几十万人的盛大场合,面对自己的人民,喊出"我热爱你们"之类的口号。其对民众的恭敬甚为高明,这是"舟"对"水"的热爱与回报,也在无形之中鼓励"水"以后更好地载舟。尽管可能有作秀之嫌,但总比独裁专制者要好得多。

李宗仁与蒋介石交恶,正是缘于蒋之不恭。1948 年 5 月,蒋希望孙科出任副总统一职,这样他就可以随心所欲地操控权力。但选举结果令其大失所望,李宗仁当选。就职典礼举行之前,李几次向蒋介石请示出席典礼时的服装问题。蒋回答应穿西装大礼服。李宗仁赑夜找上海有名的西服店赶制一套高冠硬领的燕尾服。就职前夕,总统侍从室却又传出蒋先生的手谕,说明天穿空军常服。李宗仁只得照办。就职典礼开始,礼炮 21 响过后,赞礼官恭请正副总统就位时,李宗仁突然发现蒋介石并没穿空军常服,而是长袍马褂,旁若无人地站在台上，李仁立其后，活像是蒋的侍从副官。南京的5月，天气已经很热了。在典礼之后，捂着一身厚厚的军服，挂着沉重的勋章，行走数里前去拜谒中山陵，李宗仁心中的懊恼与愤懑可想而知。蒋李关系自此更加恶化。副总统从心底里就不再辅佐总统，全是蒋氏因为一次“不恭”而自取其侮。

二十一世纪的今天，法制文明的阳光已经普照中华大地，封建君臣关系早已杳如黄鹤。然而，封建制度虽然消亡了，但只要行政单位存在，领导与被领导的关系就永远不会消失。今天学习《论语》，并不是要重温古老的封建文化，而是希望从封建君臣处理上下关系的技巧中汲取有用成分，以便古为今用。

定公问：“君使臣，臣事君，如之何？”孔子对曰：“君使臣以礼，臣事君以忠。”（《八佾》）

这是鲁定公十年孔子任鲁司寇时之事。定公问：“君主使用臣子，臣子服侍君主，各自应该怎么做？”孔子答道：“君主应该依礼使用臣子，臣子应该忠心耿耿地服侍君主。”

君臣关系是封建政治中基本关系之一。孔子规定的君臣关系是礼与忠。二者应该是相辅相成的关系，即君臣都能按照这一要求去做。但绝大多数情况下二者是不对等关系，凡事决定权在君，臣只有被动接受的份儿。“事君尽忠”未必能换来君王的礼遇。明初的君臣关系十分微妙。朱皇帝出身寒微，忌讳颇多，群大臣如履薄冰，小心翼翼，大事小事莫不尽心竭力，忠贞不贰，但大臣能得善终者不多。

可见，孔子对君臣关系的规定实在是一种理想化的表述。如果君臣都是君子，那么，“礼”与“忠”就是一种完美之境。然而君子从来都不多有，政坛又多险恶，"满朝君子"只能是挂在月宫的桂花，谁都无法身临其境。有人因此说孔子在封建时代讲这话有欺骗性，也是不公平的。诚然，君臣关系、领导与被领导关系还是放在法律范围比较稳妥，但圣人提了一个理想化的关系模式，至少给了我们一个梦。在梦变成现实之前，我们最好把这种关系中的合理成分引入上下级关系之中，这并不困难。

二、以道事君，可犯而不可欺

对上要忠，真实反映下级情况，坚决贯彻首长指示。

子路问事君。子曰："勿欺也，而犯之。"（《宪问》）

子路问如何侍奉君王，孔子说千万别欺骗他，但如果认为自己做得对，可以坚持，甚至冒犯他。中国古代并不缺乏忠臣、诤臣、谏臣，他们以个人利益，乃至身家性命作代价，为着帝国的兴盛而执拗上谏，为自己赢得了生前身后名。不过，家天下的时代，碰上个明白君王，知道你是为他的天下操心，为他的子孙思谋，还能领情，不计较你对他权威的冒犯。如果不能遭逢明主，目光短浅，还死爱面子，那可惨喽。宋·欧阳修、宋祁《新唐书·卷一一零·列传第二十二魏徵》，魏徵曾上疏数十，直陈其过，劝太宗宜内自省，居安思危，察纳雅言，择善而从。后魏徵逝世，太宗亲临吊唁，痛哭失声，叹曰："以铜为镜，可使穿戴之时，端庄齐整；以史为镜，可知历朝以来，存亡兴替；'以人为镜'，可观人之举措，以明本身得失，吾常保此三镜，以防己过。今魏徵已死，吾亡一镜矣。"可见，真实反映情况，也要看领导是否信任你。信任，则"犯上"就会被看作忠心耿耿，魏征为什么敢直谏，那是因为唐太宗欣赏他，如果没有这个前提，有十个脑袋都不够砍。领导不信任你,那就认为你在挑刺儿,故意捣蛋。这也是考验领导人胸怀的时候。

1960年,毛泽东在北京收到了时任甘肃省长的邓宝珊呈送的一样特殊物品:一种用油渣和榆树皮粉糅合而成的食物,这种食物是当时甘肃人赖以生存的东西。对他的这一举动,当时省委领导人都不理解,不同意,甚至埋怨、担忧和攻击,而他却处之泰然,他说:"我个人的进退荣辱并不是什么大事,群众的吃饭问题要紧。"①农民出身的毛泽东并未愠怒,他从这团食物中了解到,他的人民正在遭受怎样的苦难,而国家如何尽快走出困难时期,也是他日日萦系心头的大事!

国民党的情况正相反。张群一直是蒋介石的亲信,早在1927年,国民革命军总司令蒋介石因宁汉分裂宣布下野,并利用这段时间造访日本,张群就陪同赴日,在东京拜访日本友人与涩泽荣一。蒋介石后来会见日本前首相吉田茂、池田等时,也都有张群在场。等蒋氏退守小岛之后,张群在日本,有人曾问他:"岳公,你追随蒋先生最久,和他关系也最密切。大陆失陷,你是否也要负一部分责任?负一部分没有及时进言的责任?"张群坦率地说:"我只是个厨子,主人喜欢什么菜,我做什么菜。"②也许正是抱持着明哲保身、得过且过、不负责任的"豁达"态度,张群万事不操心,"潇洒"地活到102岁。

季子然问:"仲由、冉求可谓大臣与?"子曰:"吾以子为异之问,曾由与求之问。所谓大臣者:以道事君,不可则止。今由与求也,可

---

① 余世存:《非常道》,骨气第十一,北京:社会生活文献出版社2005年版,第116页。

② 同上,依附第三十,第263页。

谓具臣矣。”曰：“然则从之者与？”子曰：“弑父与君，亦不从也。”（《先进》）有权臣问孔子，如何评价他的弟子子由与冉求这两个已经走上仕途的年轻人。孔子说真正意义上的“大臣”，应该用最合乎仁义的内容和方式来对待君主，如果这样行不通，那宁可辞职不干。我这俩弟子可以算具有相当才能的臣子，但还做不到以道事君。对方又问：“他们会一切都顺从上级吗？”孔子断然否认：“杀父亲、杀君主的事他们绝不会顺从的。”在孔子看来，以道事君是比较高的为臣之道了，一般人不大容易做得来，即使对他的弟子也不轻许。但“弑父与君”却是最低的为臣之道。这里，孔子表面上有些自谦，说我的弟子只是“具臣”，还达不到“大臣”，但骨子里是骄傲的——我教出来的学生怎么可能糊涂到犯上作乱呢？同时，他对对方的问话可能也包含着些许的不悦——他们又不是木偶，怎么可能不动脑子完全听别人的摆布呢？所以他的回答多少有些赌气的意思。

“名师出高徒”并非虚语。孔子提出“以道事君，不可则止”的为官理念，告诉弟子们做官要“恭”，对得起那个位置。而弟子们也毫不含糊，忠实地去践行老师教诲。柳下惠就是其中的一位。

柳下惠为士师，三黜。人曰：“子未可以去乎？”曰：“直道而事人，焉往而不三黜？枉道而事人，何必去父母之邦。”（《微子》）柳下惠就是历史上那位著名的“坐怀不乱者”，想必定力非同一般，这一则可作佐证。他做法官的时候，多次被撤职。有人就撺掇他离开鲁国，到别的地方去求发展。他正气凛然地说，我做官自有我奉行的原则，那就是直道事人。君子正直地工作，肯定会得罪领导，走到哪里都一样，都可能被多次撤职。我如果是一个终日只想保位置的小人，枉道事人，曲意逢迎，那我又何必离开我的祖国呢？言外之意就是，“以道事君，不可则止”，老师就是这么教的，我也是这么想的。官位并不是最重要的。做人做官，总是要有点“精、气、神”的！何必为了官位而改变自己的君子修为呢？

三、以礼待人

上级在下属面前，不应该是一副高高在上的面孔。在各种不同的场合与背景之下，领导人要恰当地体现这种领导关系，表现对下属的严格、爱护、包容、激励等，展现自己的威力与亲和力，这也是“恭”的题中应有之义。铁面仇和在下属面前常有温和一面，无论是对省环保厅、建设厅的主官，还是对不在自己分管领域的部门官员，仇和总不忘先强调，“你们才是这方面的专家”，言必称“请教”。

子曰:“君子易事而难说也:说之不以道，不说也;及其使人也，器之。小人难事而易说也:说之虽不以道，说也;及其使人也，求备焉。”(《子路》)考虑到孔子的教学对象与教学背景，这段话并不难理解。孔子说，君子式的领导人很好相处，但讨好他并不容易，耍小聪明小手段取悦于他，他不会真正高兴起来。但他在对部下的使用问题上，能够做到量才使用，容其短，用其长。在小人式的领导手下工作很难，但取悦于他却很容易，用不正当的方式来讨他高兴，他会高兴的。等他使用人的时候，便会求全责备，以致无人可称其心，所以很难侍奉。究其原因，就是朱熹在解这一则时说的“君子之心公而恕，小人之心私而刻。”君子式的领导与人相处是出于公心，只要大家各自发挥自己的特长，尽心尽力把事业干好，对我个人恭敬不恭敬、送礼不送礼，哪个干部有点小毛病，都无所谓。而小人式的领导与下属打交道时，把事业放在第二位，先把架子摆起，你们都得拿我当大王敬着。有了这样的私心，与下属相处自然苛刻。与这则紧紧相连的一则——“君子泰而不骄，小人骄而不泰”，正好可以作为注脚。

蒋、冯、阎大战前夕，这是多事之秋，用人之际，各方都在笼集人才。冯玉祥在洛阳召集军事会议，邀请“东陵大盗”孙殿英参加——鸡鸣狗盗之徒自有其独特用处。毕竟掘墓敛财的名声不好听，孙怀着极度忐忑的心情赶到洛阳。一见面，冯紧握他的手说：“殿英老弟，你的革命精神我很佩服，咱们是好朋友，好同志！在反对满清这一点，我干的是活的（指驱逐溥仪出宫），你干的是死的（指盗陵）。”在座的可是各路诸侯，其中不乏想看他笑话的。但冯帅这句话给足了他面子，打消其后顾之忧。孙殿英听了这番话，满脸通红，忸怩不安，却很受感动，事后对人说：“总司令真伟大，他要是叫我卖命，孬种才会含糊！”[①]冯氏不愧大人物大器量，更是一君子式领导，在用人问题上能做到“器之”。

一次，有记者问艾森豪威尔将军领导千军万马的诀窍是什么。这位五星上将从口袋里摸出一根旧绒线放在办公桌上，然后用手捏起线头，沿着桌面慢慢拉动。“你看，如果我拉它，这根线就会跟我走遍天涯海角。”接着，艾森豪威尔改用手指推线头，绒线立刻蜷成杂乱无章的一堆。“可如果我推它，则只能越推越乱，整根绒线哪儿也去不了。这就是领导的艺术！”艾氏说的“拉它”，离不开领导者的“以礼待之”。领导艺术，其实就蕴藏在这一推一拉之间。高明的领导高呼“跟我来”，在前面引导部队，靠拉力产生合力、战斗力。不高

① 余世存：《非常道》，武运第四，北京：社会生活文献出版社 2005 年版，第 44 页。

明的领导嚷嚷“给我上”，拿着手枪顶着部队，看谁临阵脱逃就毙谁。这哪里是领导？简直就是村夫牧羊！

如果不能以礼对待下属，想要耍威风，那极容易给自己难堪。张宗昌是北洋军阀当中声名最劣的一个，主政山东时土匪作风不改，毫无建树可言，贩卖鸦片，勾结日本，堪称祸国殃民的军阀样板。百姓呼之为“狗肉将军”、“混世魔王””、“三不知将军”（不知自己手下有多少兵，不知自己有多少钱，不知自己有多少个小老婆），民间流传不少关于他的笑话。张宗昌当年在张作霖手下混事的时候，张作霖委托洋学堂出身的郭松龄整肃军队，郭早就想拿张宗昌开刀，一次视察张宗昌的部队，两下一碰，话说岔了，郭张口便骂，操娘声不绝于口。谁知张宗昌接口道：“你操俺娘，你就是俺爹了！”随即给郭松龄跪了下来，害得比张宗昌年轻好多岁的郭松龄红了脸，整肃也就不了了之了。[①] 孔老夫子说的“恭则不侮”，两千多年中一次次应验。中华经典穿越千古的警示之力，再一次呈现世人面前。

四、以己度人

领导干部有责任、有义务在本单位营造一个宽松和谐的氛围，这样对部下、对自己都不无裨益。包容是一种智慧，更是一种领导哲学，聪明的领导人会着眼身边人的不同需求与特点，以宽和的态度区别。

对下属，报以宽广之前途。

鞍前马后地追随某人几十年，忠贞不渝，死心塌地，结果落个

① 余世存：《非常道》，依附第三十，北京：社会生活文献出版社 2005 年版，第 261 页。

"飞鸟尽,良弓藏,走狗死,狡兔烹"的下场,这事儿自古就不少见,搁谁身上也都不好受。所以古人对"明主"的赞颂之辞从来都不吝啬。"明主"对部下,跟春秋"四君子"养门客的方式差不多,大致也可以分三个层次:下者给你个差事做,让你有口饭吃,能养家糊口,至于能不能混个一官半职,那就看你的造化了;中者给你搭个台子,看你演戏,生、旦、净、末、丑,神仙老虎狗,随你自由挥洒,把本事都使出来;上者则给你指条路子,扶上马,再送一程,直到看你羽翼丰满,走入漫天彩霞。这三种"明主"其实是在不同的伦理关系框架里做事:下者犹如朋友,中者如同兄弟,上者则似长者。三种关系模式下,双方的心态也是大不相同的。朋友之间凭的是情缘。情缘的结交多始于一时一地,浮萍般的偶然聚集使陌路人走到了一起,因缘际会,脾气相投。有道是"在家靠父母,出门靠朋友"。情缘虽然美好,可架不住人情淡如水,缘分似云烟,终究难免情断缘尽的那一刻。那时节,曾经的陌路人又成了陌路人,甚至还会比陌路人多一些抱怨。可谓"聚了,散了;爱了,怨了"。所以这样的明主对待部下,那就是尽心意而已,你爱咋想咋想,反正我已经问心无愧了——本来我就没有助你成才的道德义务嘛。兄弟之间靠的是血缘。血浓于水,俗话说"打虎亲兄弟"嘛。吃过一样的奶水,养着一样的爹娘,共同的利益关系使得彼此相互依存。电视连续剧《大刀》里哥哥总是抢在弟弟前头去冲锋陷阵,而要求长官放弟弟回家去侍奉爹娘,就是这个道理。"一荣俱荣,一损俱损"是这种上下级关系的关节点。你把戏唱好了,我这个当领导的脸上也有光。不过,别忘了"亲兄弟,明算账"这句话。你唱戏出了彩,成了"角儿"呀"腕儿"呀的,总得给扶你上台的兄弟表示一点回报吧?如果这个关系处理不好,那对不起！我倒也不会把你怎么样，但肯定再也不会帮你了。你后半辈子的成就大小，从此与我无关。长者就不一样了。长辈对晚辈，饱含着无限的期望，因此也才会无私奉献，全力以赴，把他所有的才能、知识、社会资源都无偿地赠予后来人。他知道自己这辈子的成就不过如此了，尽心竭力地扶持起一个好后生，既是对社会的贡献，更是对自己的安慰。这样的明主会因为“军功章里有他的一半”而心满意足，无怨无悔。

“己所不欲，勿施于人。”(《颜渊》)这是孔子“恕道”的重要内容。以己之心，度人之心，自己不希望碰上什么事，就不要给别人制造同样的麻烦事。自己不希望受到上司压制，也就不要压制自己的下属。《曾胡治兵录》讲得很好，说领导人要拿部下当子弟，为其前途着想，让他有奔头，他才会感恩戴德，拼命效力。所以领导干部要懂一点领导心理学，以便准确把握部属的发展需求。

“夫仁者，己欲立而立人，己欲达而达人。”(雍也)

这是孔子“恕道”的另一内容，即自己要想有所作为，建功立业，也必须容许别人，尤其是你的部下，同样有所作为。“己立”与“立人”互为因果关系，二者相互依存。领导者的职责不是自己有为，而是为下属创造环境与平台，从而实现成绩共享。部下如果晋职条件成熟，领导人就应该想方设法为他创造更好的条件，帮助其成长。曾国藩在《歧求》一诗中总结多年的为官之道：“善莫大于恕，德莫凶于妒。”告诫为政者不可小肚鸡肠，对部属的成长要多加关心。可现实生活中，武大郎式的领导并不少见，唯恐下属进步太快，超过自己，于是下绊子、设套子。结果呢？往往是两败俱伤，谁也不得善终。凤凰卫视的名嘴窦文涛对董事长刘长乐的肚量就很是佩服。他自诩为老板刘长乐肚量的测试指标，“我在凤凰是后进分子、意见分子，也是麻烦制造者，这么夸老板我也觉得我一身媚骨，但我还是要说我们老板让我在凤凰待下去，是保护了物种的多样性……凤凰主持人很多，很多人讨厌我这种范儿，一个电视台有很多节目，老板就是得肚子大，能装的人和事多。有个老和尚就讲，他们身上穿的和田衣每个方块代表每个人，每块一样大，就代表众生平等。”

五、宽容雅量养君子

从语词来源上看，“雅量”有二意，一指善饮，疑应是其本意；二指宽宏的气度，料当是其引申义，如今最常用的多是这个引申义。《现代汉语词典》列举的例句是“要有倾听批评意见的雅量”。比如武则天就有倾听批评意见的雅量，她读了骆宾王讨她的檄文后非但不生气，反而还很赞赏其才华。

雅量是中国文化的一种传统价值取向，所体现的其实就是宽容之美，多用在上级对待下级、长者对待晚辈。领导人对待下属中的君子人物，要有雅量，否则贻笑士林，对自己的事业发展不利。

何思源绝对是个君子。他是山东菏泽人，毕业于北京大学，留学美、德、法等国，获美国芝加哥大学硕士学位。回国后历任中山大学教授、法学院院长，国民革命军总司令部政治训育部副主任、代主任，国民党山东省党务整理委员会委员、省政府委员兼省政府教育厅长，国民党山东省政府主席，北平市市长等。1949 年 1 月 10 日，傅作义与何思源作为北平城军方和政府的首长合计和平解放事宜，并冒着生命危险促成此事。蒋介石闻讯大怒，密令保密局长毛人凤暗杀何思源。1月18日凌晨，三颗炸弹同时在何宅爆炸，一死五伤，所幸何思源只是胳膊受伤。

中国历史上曾经出过不少卓有雅量的人物，当然大都是些明君贤臣之类的上流人物。最出乎人们意料的是，民国年间，曾广被讥笑为大草包的军阀韩复榘，居然也很有些雅量。据曾在韩手下任山东省教育厅厅长的何思源先生回忆，当年省财政要削减教育经费，他愤然找韩当面抗议，态度相当强硬："这不是我个人的事，事关后代青年。主席要我干，就得这样，不叫我干，我就走路！"韩非但没有被"触怒"，反而起身对他说："决不欠你的教育经费，你放心吧！"果然，韩统治山东期间始终信守诺言，教育经费不仅从未拖欠过，反而年年增加，也从未向教育界安插过一个私人。韩的嫡系亲信们合谋要排挤何下台，结果碰了个大钉子，韩说："全省政府只有何某一个人是山东人，又是读书人，我们还不能容他，不要越做越小，那样非垮台不可。"①

朱元璋在这方面可是远远赶不上韩复榘。大明江山可以说有一半是刘基打下来的，他也被朱元璋尊为"国师"、"先生"。但这只是表面现象，因为朱元璋猜忌功臣在史学界是得到公认的。深知洪武性情的刘基颇有急流勇退的自知之明，洪武元年(1368)八月，大明刚刚建立，他就请求致仕还乡。但三个月后朱元璋的《御宝诏书》就传到他的家乡，言辞中夹枪带棒。头一句话就将了他一军："朕闻同患难而异心者，未辅"。言外之意是，倘若借故不来，便扣你一顶"存有异心"的帽子 。刘基清楚，皇上要他回去的目的，绝非如诏书

① 何思源：《我与韩复榘共事八年的经历和见闻》，《文史资料选辑》第37辑，中华书局1963年版。

所言"同盟勋策,庶不负昔者之多难",而是把他养在"金丝笼"中才更放心。功臣与帝王可以共赴危难,却鲜有同享富贵者。十一月二十九日,朱元璋又连下五个制诰,封赠刘基的祖父、祖母、父、母和大夫人,并欲晋升刘基的爵位。刘基赶忙辞谢爵位,因为他知道皇上此举并非念旧,而是在试探他有无政治野心。果然,次年与朱元璋论相才时,刘基先后否定了杨宪、汪广洋和胡惟庸之后,朱元璋说:"吾之相,诚无逾先生!"这话很值得玩味,颇有几分反唇相讥的意思在里面。此后,被刘基否定的杨、汪、胡相继入主中书省,足以证明朱元璋的心思。洪武三年(1370)大封功臣时,朱元璋对刘基的猜忌心暴露无遗。尽管刘基功勋卓著,但所封 36 位公侯中竟没有他。20 天后,朱元璋才勉强补封汪广洋和刘基为伯爵。然而,就岁禄而言,刘基的 240 石实在少得可怜,因为与他功苦相似的李善长竟为 4000 石!不过,刘基在仕朱之前,就有功成不受赏的思想准备。他曾借郑子叔在逃亡中与安逸中对羹藿的不同感受阐述道:"是岂藿之味异乎?人情而已……故论功而未及者皆不怨,非术也,诚之感也。"他注重以真诚之心对待事业和君王。然而具有讽刺意味的是,朱元璋虽然缺乏诚意,却在召他回来时声称此举"言非儒造,实已诚之意"。赐三等爵时给了刘基一个什么样的名号呢?诚意伯!大概是朱元璋希望刘基继续保持"诚意"吧。

朱皇帝喜怒无常、嫉忌雄猜的性情,使刘基居京期间心力交瘁,形容衰颓。在送宋濂次子还金华时,他这样描述自己的情状:"须发已白过太半,齿落十三四,左手顽不掉,耳聩,足蹇踔不能趋。"①而这时他不过六十三岁呀!京师的悲惨生活持续了一年多,

① 《送宋仲珩还金华序》,见《太师诚意伯刘文成公集》。

朱元璋密令胡惟庸携太医看望病中的刘基,实际是来下毒药。一个月后,大明军师就死在了没有雅量的朱皇帝手上。

康熙皇帝虽是满人,但对宽以驭下之术颇为精通。康熙五十三年(1714年)十二月,康熙帝对大学士等人的上谕说:"清官多刻,刻则下属难堪,清而宽方为尽善。朱子云'居官人,清而不自以为清,乃为真清'。又如《易》云'不家食'。为官之人,凡所用之物,若皆取诸其家,其何以济?故朕于大臣官员,每多包容之处,不察于细故也。人当做秀才时,负笈徒步,及登仕版,从者数十人,乘马肩舆而行,岂得一一问其所以来耶?"①这虽然有默许官员贪墨、享受特权的意味,似应受到批判。但在封建时代,基层官吏要替皇帝处理棘手的底层事务、征收税捐,不给一点好处,谁去做呢?不过在现代化的今天,这种行为是制度所不允许的,也是民众所不允许的。现代政治设计中,民众需要的不是父母官、不是权威、更不是皇帝,而是忠实的守夜人、公正的裁判员和可以有合理收入的理财员。

六、慈悲为怀容小人

每个人来到这个世上,都是有理由的。既然来了,就得活下去。鼠有鼠路,蛇有蛇道,各有各的招儿。君子以事业立身,即使不能发达,但也不会饿死。小人干正事的能力差点,就得靠钻营、投机来换取生存资源。君子所思所想都是正事、大事,小人则有相当充足的时间和精力来琢磨怎样整治人。所以有经验之谈:"宁得罪君子,勿得罪小人。"任何一个集体都不可避免地要鱼龙混杂,"君子与小人

① 《清实录》,圣祖仁皇帝,卷261,中华书局1985年版。

齐飞”。如何驾驭部属中的小人，是领导者无法回避的一个重要问题。中国人生存的智慧是早熟的，春秋战国时期已经相当了得。那时的人们就已认识到小人是惹不起的，要给他们留下适当的生存空间。《韩非子·内储说·下六·微第三十一》有一则故事：齐中大夫有夷射者，御饮于王，醉甚而出，倚于郎门。门者刖跪请曰：“足下无意赐之余沥乎？”夷射叱曰：“去！刑余之人，何事乃敢乞饮长者！”刖跪走退。及夷射去，刖跪因捐水郎门溜下，类溺者之状。明日，王出而呵之，曰：“谁溺于是？”刖跪对曰：“臣不见也。虽然，昨日中大夫夷射立于此。”王因诛夷射而杀之。

夷射作为大夫，地位高贵。刖跪作为看门的残疾人，地位低贱。夷射酒醉出门，守门人顺势讨点残羹剩菜。这富人的剩菜如同长官的雅量一样，想给你就给你，不想给你，你还真没办法。可气的是，这夷射不给也就罢了，还取笑刖跪受过刑罚成了残废(脚被砍掉，不能走路，只好跪着往前爬)。等他离去，刖跪越想越生气，拎起一杯茶水，倾倒在门口的土地上，看上去和人尿差不多。第二天，齐王见之大怒，问是谁干的？刖跪说我也没看见谁在这儿撒尿，不过昨天中大夫夷射出门时在这里站立了一会儿。瞧瞧，多么狡猾而恶毒的小人，仅仅因为没讨到酒菜就设下这么个圈套。虽然说的也不是瞎话，但倒水的事情却不讲，杀人于无形啊！夷射在家里可能酒还没醒，脑袋就掉了，到底都不知道是怎么死的。冤不冤呐！可话说回来，他也该负一定的责任——酒后嘲笑小人！

唐朝的汾阳王郭子仪就比夷射高明得多。

郭子仪懂得“伴君如伴虎”，晚年功成身退，在家里养着一班歌伎。即使客人来访，也一边待客一边赏乐。但有一天家人禀报名不见经传的年轻官员卢杞来见，郭氏马上命令所有女眷、歌伎全部退到大会客室的屏风后面去，不准出来。家眷们以为他有军国大事要和卢杞单独交谈，需要她们回避。后来才知道，卢杞这个人很有才干，但长相很吓人，半边脸是青的，好像庙里的鬼怪。郭子仪怕天生爱笑的女眷们被卢杞误解，导致怀恨在心。偏巧卢杞又是个心胸狭窄、睚眦必报的人。恐怕他的得势之日，就是郭家的遭殃之时。后来，果然卢杞作了宰相，对过去瞧不起、欺负、嘲笑过他的人痛下杀手，要么抄家，要么砍头。唯独对郭子仪全家格外关照，大有报答知遇之意。

刖跪跟卢杞都是小人，不假。但他们起初都属于社会弱势群体，也不假。如何善待这些人，是一个成熟的文明社会必须认真思考的。如果把“小人”的概念由道德领域的谴责对象延展到现实中挣扎在社会底层的弱势群体，也许会有新的发现。

当今世界，恐怖活动泛滥，大有平民化趋势。笔者一直主张文化反恐，其实也有这个意思。歧视足以催生仇恨、招致报复，这是不争的事实。

尽管全球化的浪潮铺天盖地，但世界性的歧视却无处不在：强国与弱国之间，富人与穷人之间，市民与民工之间，大宗教教派与小教派之间，莫不如是。美国一贯推行单边主义，蔑视其他国家作为“地球村”村民的共同存在与平等权利，将自己的意识形态强行推向地球的每一个角落。社会转型时期，大量民工涌入城市，在扮演“求食者”角色的同时也充当城市的建设者，但城里人似乎并不领情，总让他们戴着“民工”的标签别居另处，在候车室设立什么“民工专区”。墨西哥的富人歧视穷人最剧，绑架便在这里衍为产业。黑客原本只为炫耀自己的电脑水平而制造一点病毒捣捣乱，也没想着要制造什么惊天动地、祸国殃民的大灾难，但社会和政府没有给予他们温和的劝说与教化，而代之以严厉的谴责与咒骂。网络小子们便破罐子破摔，侵入政府和军事网站，惹出更大的麻烦。

只要播下歧视的种子，就会结出“恐怖”的罪恶之花，因为歧视发展到一定程度，便不可避免地导致被歧视者的报复。处处遭受歧视和不公正待遇，心理严重失衡，通过正常渠道又得不到有效的排解和平衡，报复就在情理之中了。而丧失理性的报复往往滑过刑事犯罪的边缘，堕入恐怖主义深渊。一些外部因素也常常成为恐怖主义的催化剂。如阿富汗平民备受富国富人之歧视，心理上感到自卑、痛苦、困惑、焦虑，而在恐怖团伙中，他们却可以得到关怀、照顾、友爱和信任，难怪恐怖分子“前仆后继”，候补队伍庞大。一般而言，歧视的程度与恐怖的强度成正比例。美国近年遭受的恐怖袭击是全球最为严重的，无辜的民众也因此而成为霸权政府的牺牲品。1980～2001 年，美国共发生 17 次重大恐怖事件，伤亡11000人。政府如果稍稍收敛对伊斯兰世界的歧视，世贸大厦恐怕就不会着火；如果少插手别国内政，也不会有在世界各地针对美国人的恐怖袭击。南京汤山小老板陈宗武的老婆倘未因瞧不起陈正平而谩骂他，也就不会有 200 人中毒、42 人死亡的“中国 9・11”。这些都是歧视导致恐怖的明证。阿拉伯学生在德国汉堡的阿尔库德清真寺虔诚祈祷“犹太人必须被割断喉咙”，将其归因于两个民族与宗教之间的相互歧视，大概不会错。但“基地”组织之仇恨美国，却的的确确是缘于大国歧视的。2002 年 11 月 24 日，本・拉登在一家伊斯兰网站发表《致美国人民书》:"任何打算摧毁我们城市和村庄的人,我们必将会摧毁他们的城市和村庄。任何试图盗取我们的财富的人,我们必将摧毁他们的经济。任何试图炸死我们同胞的人,我们必将杀死他们的同胞。"旷世恐怖大亨固然可恶可恨,但这席话却不能不引起世人思考受歧视者"以牙还牙,以眼还眼"这个简单的道理。

消除歧视,平等对待别国与他人,不一定能使恐怖销声匿迹,但肯定可以大大缩减恐怖出现的频率和规模。政治家即便做不到根除歧视,但对世人多一点慈爱之心总不会太困难吧?这对谁都有好处。

七、女子与小人难养?

"唯女子与小人为难养也。"这句话让天下女人恨死孔子了,其实仇恨缘于误解。于丹说这是"女人的心理和小孩子一样,让男人无法捉摸",错!

我们中华民族历史上有"孟母三迁"、"岳母刺字"等优秀女性传说,受儒家学说熏陶出来的东亚有明成皇后、大长今等贤良女子,所以孔子不可能抱有女性歧视成见。要准确理解原文,必须还原历史语言环境。原文是"唯女子与小人为难养也。近之则不孙,远之则怨。"(《阳货》)孔子培养的都是未来的领导干部,所以这里的"女子与小人"指领导身边的品行不高的亲信。这是孔子从历史事实中得来的经验之谈。这种人,领导与他太过亲密,他就不拿领导当回事,在领导跟前没大没小,不讲礼节,故意给别人显示他跟领导有多"铁",甚至背后打着领导的旗号胡作非为;领导如果稍稍疏远他,他又像弃儿一般牢骚满腹,四处诉说,似乎遭受了天大的委屈。因此,生活在领导身边、个人品行不端、以亲信自居，构成孔子所谓的"女子与小人"的三个条件，缺一不可。如果处江湖之远，不得成天在领导身边转悠，他没有机会"逊"；如果个人品行端正，自能摆正自己位置，就不会有逊、怨之事；如果不是领导亲信，即便领导疏远他，他也不敢埋怨——你见过几个七品芝麻官抱怨皇帝总也不到他那里巡视？要知道，孔子是圣人而不是怨妇，他不会愚蠢到下这么一个得罪天下一多半人的"全称否定判断"。文学作品和现实生活中，受到伤害与抛弃的怨妇通常采用这样的口吻——"你们男人没有一个好东西"！至于有人推测孔子是在生活中受到某个女人的伤害，才讲出这句话，那可真是应了一句古话——"以小人之心度君子之腹"！

领导干部身边有哪些人，需要怎样管教，相信本书的读者都是心知肚明的，作者也不便展开来谈。这里只举几则历史典故来说明问题。

纪晓岚在皇帝身边工作几十年，深知宫中和官场的人际状况，对封建官场也有着深刻洞察。他在《阅微草堂笔记》中写道："其最为害民者，一曰吏，一曰役，一曰官之亲属，一曰官之仆隶。其四种人，无官之责，有官之权。官或自顾考成，彼则惟知牟利，依草附木，怙势作威，足使人敲髓洒膏，吞声泣血。"官员身边的人不担负半点责任和义务，却时不时地打着官员的旗号狐假虎威，糟蹋钱物，祸害百姓。所以，清康熙二十五年下令限制外放官员带家属人数。县官带 10 人(不算妇女)，州官 20 人，满族官员加倍。

道光二十二年(1842 年)，闽浙总督颜伯焘革职回原籍广东，途经漳州。其随从的差役、轿夫、家属、舆马、仆从近3000人，搬运箱笼什物多至六七百人，一连 10 天才过完漳州。这样庞大的搬运队伍，搬运的却不全是颜氏私产。原来，颜氏的仆人和营弁包揽了商人的银标和货物，用公家驿传伕马运送赚钱。客商省了运费，又有亲军营保护，不怕强盗拦劫，何乐而不为？颜氏并不知道仆人和营弁的这些手脚，但身边人却趁机揩油，中饱私囊，还让他背上黑锅。此堪谓“小人难养”之一例。

《韩非子》有“狗恶酒酸”的寓言，颇能说明官员管好身边人的必要性：人有酤酒者，为器甚洁清，置表甚长，而就算不售。里人曰：“公之狗猛，人挈器而入，且酤公酒，狗迎而噬之，此酒所以酸而不售也。”夫国亦有猛狗，用事者是也。有道术之士，欲千万乘之主，而用事者迎而龁之，此亦国之猛狗也。好酒卖不出去，以致发酸坏掉，不怪酒酿得不好，也不怪酒缸不干净，只是酒肆门前的狼狗太凶，买酒的人不敢靠近。酒卖不了没关系，大不了坏掉，可“国之猛狗”不管一管，糟蹋的可就不是一缸酒喽！

“门子”历来地位独特，位不高，作用却不小，这才有了“走后门”的必要。门子不检点，坏的是官员的名声！可是官员哪有精力管得了这么多？晚清浙江桐乡县令方雨亭有个好办法。他在县衙里用了个不识字的裁缝作号房，他认为不识字的人是不会舞弊的。

八、民无信不立

信，在《论语》中占有极其重要的地位。孔子曾不厌其烦地向我们讲述“信”的重要性，比如“人而无信，不知其可也。大车无輗，小车无軏，其何以行之哉？”（《为政》）信与輗、軏之作用相似，皆处于联结之枢纽，使整体和谐运转。做人如果失去信用，就不知道他还怎么立身处世？这就好比大车子没有輗，小车子没有軏，在辕木与横木之间少了这个灵活的接榫，那车子如何能行走四方呢？官员作为社会管理者，如果失去信用，必然政令不畅，无人信服。孔子及其弟子这样来认识信用的重要性。子夏曰："君子信而后劳其民，未信则以为厉己也；信而后谏，未信则以为谤己也。"(《子张》)官员树立起自己的威信，才能具备立身之本，对下的领导工作才能顺利开展，对上的建议才能得到采纳。否则，一个不讲诚信、不被信任的官员，工作会很被动：对下的领导，会被误解为迫害下属；对上的建议，会被误解为诽谤领导。

子贡问政。子曰："足食。足兵。民信之矣。"子贡曰："必不得已而去，于斯三者何先？"曰："去兵。"子贡曰："必不得已而去，于斯二者何先？"曰："去食。自古皆有死，民无信不立。"(《颜渊》)

子贡向孔子请教构成一个国家政治的必备要素。孔子给提了三点：充足的粮食储备、强大的国防力量和老百姓对政府的信任。子贡还想知道这三者的重要程度排序，孔子就跟他讲了这一番话：先去掉军队，因为有了充足的信任与粮食，完全可以军民一体，平时为民，战时为兵。招之即来，来之能战。所以，条件不允许的话，军队可以作为非必备要素从国家体系中删除。至于粮食与信任的轻重关系，孔子还是倾向于后者。自古皆有死，民无信不立：与其去信，宁去食。民无食必死，然无信则涣散斗乱。若能有信，即使一时无食，国民同舟共济，仍将有食。若是政府丧失了百姓的信任，则争食的结果是谁也不得好过。

今天是法制时代，个人的信用固然重要，但更重要的是法律的信用，这是现代政治文明的基础！维护法律的尊严与信用，对领导者而言，重要的不是思想上的认识，而是一定要付诸实践。对法律的尊崇，体现在行动上，就是领导干部要自觉地把规章制度落到实处，这样，才能树立起个人威信、单位威信、国家威信。

1. 按制度办事

中国的政治文化中历来缺少法律意识。“政”和“法”的较量中，法律总是大不过行政，人们已经习惯了法律的摆设意义。即使现在，我们说宪法是国家的根本大法，似乎都有一点心虚，说的人和听的人都不愿意大加深究。2007 年 6 月 19 日有这样一条消息：西北政法大学图书馆前一个宪法和地球仪造型的雕塑被拆除。据说这是受国外法学院校园雕塑启发而设计，从照片上看也不错。有报道说，雕塑被拆除的原因是雕塑照片上网被戏称为“宪法顶个球”。不知拆除决定是来自政法学院的法律教授们，还是宣传部门的领导们。如果真是因民众对宪法失去信心而生出嘲笑，就拆了雕塑，十足是鸵鸟策略。法学院的教授学生，以法律为职业的社会栋梁，岂能以眼不见为净而忽略对他们来说乃安身立命之基础的最重要事实。当年国家主席刘少奇被批斗，白发苍苍遭到体罚，他拿出一本宪法，指望宪法能保护他。可是，在他手里握着国家主席权力的时候，宪法并没有保护小民百姓，所以，这时候也就保护不了国家主席，这时宪法是真的一点都不顶用。这个事情应该告诉我们一个道理，宪法照理应该是保护人民的，可是宪法顶用不顶用，全在于人自己。宪法是人和人之间的契约。宪法顶用不顶用，取决于你自己怎么看宪法。如果你真的要宪法顶用，那么在国家体制结构中，不应该存在高居于宪法之上的机构和部门，没有什么人可以任意解释宪法,可以按照需要来摆布宪法。[①] 道德话语与法律话语不能混淆。近世大学者王国维在其《人间词话》中有句名言:“有有我之境,有无我之境。”原以为此话只是针对诗词创作说的,现在忽然发觉还有更深广的寓意。原来道德话语和法律话语也存在着“有我之境”与“无我之境”的分别。道德话语一定要在有我之境时,才能收喻人之效,法律话语一定要在无我之境时,方能公平。道德话语不可无条件地当作法律话语来说,法律话语也不能随意地拿到道德语境下去说。有位西方学者曾形容过中西方法律的根本差别,他说中国古代的法律:“更像一种内部行政指示……而不大像法典,甚至连一般的法规都不像。”他解释说:“在研究中国法律时,必须从法官并且最终从皇帝的角度去观察问题。”这与西方人“总是倾向于从诉讼当事人的角度去观察法律”截然不同。为什么会有这么大的差别呢?他的答案是:“对中国人来说,法律就是靠严刑推行的命令,法律制度是一个极为严厉的,潜在地无处不在的,全权的政府的一部分。”易言之,就是“朕即法律”。中国的法律是有我之境的法律,皇帝或实际最高当权者就是那个“我”,一旦触及“我”,或与“我”有关的特定主体,法律便失灵了。因为“皇帝是法律承认的唯一的‘人’。但他是没有义务的,他的所有行为都是单方面的,因为他从不服从任何其他人”。西方近现代的法律是无我之境的法律,根本不存在“我”。这就是中西法律的本质区别。[②]

因为人们的戏言而拆除雕塑,足见有关部门的心是发虚的。尽

① 林达:《宪法的自信来自哪里》,http://www.sina.com.cn,2007年7月19日。

② 苏亦工:《朕即法律:从〈贞观政要〉对唐太宗的评价看中国的法律与道德》,《南方周末》,2007年10月25日。

管是法学院的领导，自己对法律也没有太大的信心。这从另一个方面折射出法律在中国目前还处于较为尴尬的地位，法制建设还有漫漫长途要走。其实美国最出名的雕塑——自由女神像，也经常被人在漫画上涂改成搞笑的样子，用来批评嘲笑美国的制度、政府或者社会。比如给女神穿上旗袍、改为坐姿、面孔换成拉登、手里的火炬换成自个儿……但人们都付之一笑，因为他们知道现实生活中法律还是不可撼动的。当年杜鲁门总统在竞选的时候，他回答周围的人说，如果竞选总统职位，竟需要牺牲宪法，需要漠视我们在宪法里写下的原则，那么这个总统不值得做。

按制度办事，当然也要讲艺术，这就是中国特色。中国人都好面子，领导人的面子尤其要紧。下属即使占有事理、占有法理，批评上级时也得给他留面子。否则他是断然不会接受的，弄不好还会打击报复提意见的人。1880 年，清宫里出了件惹得朝野大哗的事件，事情不大，却关乎西太后老佛爷的脸面。有一天慈禧太后让太监给她妹妹——醇亲王的福晋送几盒食物。按宫廷护卫制度，出入亲王府都要查验腰牌，偏巧那天送东西的小太监就忘了携带腰牌。结果护军严格执法，拒不放行。人家按章办事是没有错的，可这小太监仗着自个儿有来头，就跟护军吵了起来，一怒之下还耍泼摔掉了食盒。更可气的是，小太监回去在老佛爷面前添油加醋，嫁祸于人，诉说护军如何如何无礼，砸了东西。西太后自然大怒，这不是给我上眼药吗？下令罢免护军都统，并将当值护军交刑部处置。老佛爷不管好自己身边的人，还听信谗言惩罚并无过错的护军。这一下，朝臣反响强烈，谏章一个接一个地上，一致批评太监的跋扈。可西太后不这么想，打狗还得看主人呢，你们欺负我身边的小太监就是存心给我难堪，所以谏言一概无效，非杀了那几个护军。这时，官场老狐狸张之洞出马了，人家心里也有一杆秤，但知道怎么个称法更合适。他从老佛爷自身安全的角度，引经据典地说明严格宫廷护卫制度的必要性，动之以情，晓之以理，这才把这件事情摆平。

2. 消除自以为是的长官意志

法律面前，人人平等。这就必然极大地约束长官意志。人在没有当官的时候，都骂当官的搞特殊，嫌他们盛气凌人，高高在上。可等自己当了官，多年的媳妇熬成婆，那又是另一种心态，自己也想风光一把。可法律制订出来，就是约束所有公民的行为。当然，它同时也保障所有公民的权利不受侵犯。对领导人而言，要尊重法律，树立威信，最大的关隘就是从自我做起，收敛自以为是的长官心态。有这样一则笑话："老师说，没有一个学生不怕我；交警说，没有一个司机不怕我；领导说，在单位没有一个敢监督我。"

据最新解密的《蒋介石日记》，宋美龄终生不育，乃是由于受到刺客惊吓引起小产而致。蒋先前好色，但遇到宋之后基本就戒除了这一毛病，蒋宋爱情也还是美满的。但不可否认的是，宋确实不是蒋的原配。20 世纪 60 年代末，《纽约时报》有报道说，宋美龄是蒋介石的第三任夫人，而非原配，宋当时正好在纽约，看后怒不可遏，马上命令驻美大使周书楷前去交涉，要求该报更正、道歉。周以为此事难办，且报道属实，拖延久之。因此惹恼了宋美龄，将周叫到寓所，宋斜躺在床上问周何以不照令办事。周说这是在美国，让人家更正道歉很难，宋不依不饶，争执之下，周耐不住性子，说："我是中华民国的大使，不是你的仆人！"宋美龄听后马上从床上跳起，打了周一耳光，尖声吼叫："我就是中华民国。"[1]这个声音我们听起来是不是很熟悉呢？

3. 把权力关进制度的笼子

封建时代，对官员权力的约束只能依赖皇权和官员良心的自律。季康子问政于孔子。孔子对曰："政者，正也。子帅以正，孰敢不正？"（《颜渊》）正直诚信，是官员的首要品质，也是开展工作的重要保障。如果自己做不好表率作用，那么对下属的要求就会乏力。季康子作为地方长官，很是为地面上治安不佳，盗贼丛生而忧虑，遂向孔子请教。孔子说："苟子之不欲，虽赏之不窃。"（《颜渊》）假如您自己不贪婪不敛财，那么就算悬赏让人去偷盗也不会有人去做。这话说得真是够犀利，也直指痛处。季康子有点下不来台，心想我怎么能跟他们贱民一个标准来要求呢？我是王室呀！当然就应该享受王室待遇嘛！于是又向孔子发问："如杀无道，以就有道，何如？"意思是说你别管我的表率作用到底怎么样，我还是按照官的做派来行事吧，假如把不守法的人都杀掉，号召大家向有道之士、守法公民学习，效果如何呢？孔子仍然不依不饶："子为政，焉用杀？子欲善，而民善矣。君子之德风，小人之德草。草上之风，必偃。"（《颜渊》）说你作为执政官，哪里用得着杀伐以治呢？你要是心里向善，老百姓也就追求善。你们领导人的品德和老百姓的品德相比，那就好像风和草的关系一样，你们往哪边刮，他们就往哪边倒。言外之意，你还是管好自己吧，以身作则太重要啦。

所以，孔子的学说不是不好，但为什么就推行不开呢？原因就

---

① 余世存：《非常道》，依附第三十，北京：社会生活文献出版社 2005 年版，第 263 页。

在于宣讲方式欠佳,出发点是好的,但执政者接受起来肯定是有困难的,千万不要高估了封建执政者的自我道德要求标准。正是因为大多数领导者的自我标准不高,一些严格律己、以身示范的人和事才会传为美谈。1932年,张元济主持商务印书馆,儿子张树年自美国留学归国,想进商务印书馆,张坚决反对,称:“我历来主张高级职员的子弟不准进公司,我应以身作则,言行一致。”其德如“风”,别人还怎么好意思开口?戴季陶做国民政府考试院院长,唯才是举,给人以“天下人才尽入彀中”之感。有一次,因一已达分数线的学生没有被录取,戴在国民会议上要求从严处分自己,蒋介石无奈,只有罚扣其薪金三个月。

一位基层带兵人总结说,要树立威信,凡事一定公开公正,率先垂范,言必信,行必果。抓好主官思想意识,使之明确政绩观,他才能抓好副职及下属;抓好班子团结,加强理论学习,善于归纳、总结,才能提高水平,驾驭活跃的战士(很多基层干部大道理讲不通,小道理讲不透);依据条令完善奖惩机制,尤其不对下属封官许愿,以免使之产生失落感。

总之,官员的形象连着政府的形象,维护政府的诚信,官员责无旁贷。今天的官员队伍整体素质在不断提高,这是不争的事实,但个别官员诚信度差的现象也不容忽视。官员个人不负责任的言行使政府诚信大大受损,终究还得自己来“买单”!

今天,对权力的约束一定依靠制度。习近平主席讲:“要把权力关进制度的笼子”,受到人民的热烈好评。美国总统小布什也曾说过:“人类千万年的历史,最为珍贵的不是令人炫目的科技,不是浩瀚的大师们的经典著作,不是政客们天花乱坠的演讲,而是实现了对统治者的驯服，实现了把他们关在笼子里的梦想。因为只有驯服了他们，把他们关起来，才不会害人。我现在就是站在笼子里向你们讲话。”东西方政治制度有很大的差别，但人民对公权力的滥用之警惕是一样的。有一则寓言故事很能说明问题：森林里，老虎经常欺侮别人，大家又恨又怕。老虎看出大家的不满，就做了个笼子，钻进去，锁好。大家高兴了，又唱又跳。老虎嫌吵，打开门伸出头一声咆哮，动物们吓得四处逃窜。老虎骂道：“这群傻瓜，钥匙还在我手里，你们就敢开始嚷嚷了！”把权力关进制度的笼子里，关键是钥匙在谁手里！

九、敏则有功业易建

工作扎实细致，是领导人忠于职守的具体体现。单位要出成绩，领导要出政绩，不可能永远依赖拉虎皮作大旗的虚假宣传。那样瞒得了一时，瞒不了一世。领导人只有一心扑在工作上，对工作流程的方方面面、各个环节都严抠细摸，杜绝任何一星半点的纰漏，才能保证工作尽善尽美。敏，有两层含义：一是感觉灵敏，二是眼光尖锐。感觉灵敏，就是说对于外界事物的变化反应很快，能迅速做出相应的对策。眼光尖锐，则是从事物的细微变化中提前感知发展的趋势。这两层含义合在一起，就要求领导人仔细观察行业动态，以便及时掌握前沿信息，同时，认真发掘自己治下的潜在瑕疵，以防微杜渐。

子张问政。子曰：“居之无倦，行之以忠。”(《颜渊》)“子以四教：文、行、忠、信。”(《述而》)孔子教导弟子从政之人的四个品质。有再好的文化素养和道德品质，也得积极行动起来，忠实履行岗位职责，敏锐捕捉工作中的发力点，执行末端抓细节，扎扎实实地干，才能做出成绩。细节的重要性表现在三个方面。

细节反映真相。曾经看过一个报道：一位企业家到内地投资，重点考察了A城市和B城市。这两个城市经济发展水平都差不多，基础设施也不相上下。但生活中一个无意的细节使他做出了选择。在A城擦皮鞋时，大婶先把他一只皮鞋的鞋带解开，擦完后不友好地说："老板，请付钱吧。"企业家莫名其妙，对擦鞋的大婶说："擦完再给你吧。"大婶说："你是外地的吧？我们这里擦皮鞋就是这个规矩。"企业家无奈地递上5元钱。大婶接过钱后，才给他系上鞋带，然后，再解开另一只皮鞋，慢慢地擦起来。企业家虽然有些郁闷，但这个细节让他不得不怀疑这个城市市民的道德水准——一定是有人擦完鞋没付钱就跑掉过。在B城，他先后搭乘了5次出租车，下车前，5位司机都很有礼貌地提示："先生，请带好您的随身物品。"最终，他把投资地选择在B城，为当地创造了5000人的就业机会和每年上亿元的税收。

细节释放信号。2010年，一中层外交官到南亚开会，抱怨："作为中国的代表，让我住这么小的房间，这很不合适。"失去国人惯有的谦逊。这一看似不经心的举动，被美国布鲁金斯学会中国中心主任李侃如解读为"震惊，中国怎么变得让人看不懂了？"个人言行被上升为国家态度。在中国和平崛起的时代，它对中国国际形象造成的影响不容小觑。

细节决定成败。英国国王理查三世的历史教训深刻阐明了这个道理。1485年，他在波斯沃斯战役中被李奇蒙德伯爵亨利带领的军队击败，莎士比亚的名句："马，马，一马失社稷！"使这一战役永载史册。从那时起,人们就说:失了一颗马蹄钉,丢了一个马蹄铁;丢了一个马蹄铁,折了一匹战马;折了一匹战马,损了一位国王;损了一位国王,输了一场战争;输了一场战争,亡了一个帝国。所有的损失都是因为少了一个马蹄钉,帝国亡于细节。

古训云:“道自微而生”。还有一句格言:“创造新陆地的,不是那滚滚的波浪,而是它底下细小的泥沙。阻止我们前进步伐的,不是前面的高山,而是鞋里的一粒沙子。”

十、惠以使人巧用“利”

惠,即福利和激励。《财富》杂志评出的最受欢迎的100家最佳公司中的大多数都慷慨地为员工提供诸如理发、修鞋和免费早餐等看起来不起眼却充满人情味的“软福利”。

有人觉得,小恩小惠是不是有点小儿科,甚至有点收买人心的卑鄙意味。这样理解可就错了,小恩小惠固然登不上大雅之堂,但却情深意长——这至少说明领导心里是装着部下的。部下过生日,安排人送上一束鲜花。员工家里遭遇天灾人祸,派人前去慰问。你为我工作,我对你关心。这个道理很简单,但所产生的作用却甚大,激发员工的回报热情。这种关心,与其说是小恩小惠,毋宁说是精神奖励,充满温暖的一句话,就能四两拨千斤,使员工产生无穷的精神动力。

子曰:“君子喻于义,小人喻于利。”(《里仁》)这是说针对两种不同的被领导者,分别使用不同的教育手段:对君子,他本来就是明白人,你跟他讲大道理,就能以理服人,取得良好的教育效果;对小人,大道理讲不通,晓以利害却能击中其要害。比如战时征兵肯定是件难事,如何顺利展开呢?这需要对不同的人用不同的手段。对君子式的热血青年,跟他讲保家卫国是每个公民的义务,也是一件无上光荣的事情,上战场,就是民族的英雄。说这些就足够了,他会义无反顾地冲上前线。对小人式的青年,只能用另外一套手法。他顾念家中老母妻儿,只想守住田地家产。你跟他讲公民义务,没用!你再讲道理,说要是大家都不当兵,国破家必亡,覆巢之下,岂有完卵?他稍微动点心,可还是不甘心:“别人怎么不去?反正到时候完的又不是我一家!”这时如果再以战功奖赏利诱之,问题就基本解决了。和平时期,人们对奖状、奖章之类的精神鼓励渐渐麻痹,整个社会的人都变得越来越实际。所以,物质奖励也是必要的,因为它更加可感,看得见摸得着。这里头有相当一部分责任应该归咎于领导者,有新闻报道说,解放初的劳模当年为保护集体财产而受伤,落下终身残疾,老境颓唐,地方政府无人过问,或者以政策缺失搪塞,致使老英雄守着一堆奖状吃糠咽菜,流血又流泪!如此“榜样”摆在那里,谁还再看重你的精神鼓励?那不是犯傻吗?所以,政府的诚信与号召力紧密相关。

就管理工作而言,物质奖励也有一定的适用范围。管理学大师彼得·德鲁克说:“管理人员必须努力去降低物质报酬的作用,而不是把物质报酬当作一种胡萝卜。物质报酬这根胡萝卜不像恐惧的大棒那样已失去了效力。恰恰相反,它仍是强有力的,在使用它时必须倍加小心。它已成为一种非常强有力的可靠的工具。但由于物质期望水平的日益增长,使得作为一种激励力和一种管理工具的物质报酬——胡萝卜的效力愈来愈小。能激励人们进行工作的物质报酬的增量必然愈来愈大。”

其实，这一点孔子早就注意到了。子曰："放于利而行，多怨。"(《里仁》)所以一定要慎用、少用。好事会变成坏事，坏事会变成好事。尤其对于时下的国人而言，物质奖励由激励因素蜕变为保健因素，不但起不到激励的作用，反而造成不必要的麻烦，增加攀比、猜忌等矛盾，破坏气氛。相对而言，荣誉感、成就感等精神之惠有时更有效果，不可攀比性乃其优势。

"使人"之惠不一定总是以物质或者金钱形式出现，对下属的无意过失给予忍让，同样是一种恩惠。《东周列国志》中有"绝缨会"的故事，表现的正是楚庄王对下属无心之失的豁达大度。春秋时期，楚庄王在一次平定叛乱后大宴群臣，宠姬嫔妃也统统出席助兴。席间美酒佳肴，觥筹交错，大家都忘了时间。黄昏时分，楚王命点上蜡烛夜宴尽欢，还叫最宠爱的两位美人轮流给文臣武将敬酒。窗外忽然吹来一阵疾风，把蜡烛都吹灭了。有一位官员酒醉失态，斗胆拉住了许姬的手，许姬在挣脱的过程中顺手搦下了那人帽子上的缨带。在男女授受不亲的封建社会，这是让人很丢面子的事情，尤其是发生在尊贵的王妃身上，简直就是冒天下之大不韪。许姬哭哭啼啼地要楚王点亮蜡烛，查看众人的帽缨，找出那个无礼的家伙。不料，楚庄王听完，却传令不要点燃蜡烛，而是大声说："寡人今日设宴，与诸位务要尽欢而散。现在，请诸位都去掉帽缨，以便更加尽兴饮酒。"酒席散后，人们终究都不知道那个人是谁。楚庄王这么做，当然有他的道理："若察而罪之，显妇人之节，而伤国士之心，使群臣俱不欢，非寡人出令之意也。"何况此次君臣宴饮，旨在狂欢尽兴，融洽君臣关系。酒后失态乃人之常情，若要严加责罚，岂不事与愿违？话说得入情入理，楚庄王既保护了下属，又平息了妃子的怨气。两年之后，楚庄王伐郑。战将唐狡主动请缨，做了开路先锋，“所至力战，当者辄败，兵不留行，每夕扫除营地，以待大军。庄王率诸将直抵郑郊，未曾有一兵之阻，一日之稽。”拼力死战，大败敌军。战后论功行赏，唐狡不好意思地说：“我怎么还敢讨赏呢？绝缨宴上牵美人衣裙的罪犯就是我。蒙大王昔日不杀之恩，今日才舍命相报。”权衡利弊得失，楚庄王应该还不算太糊涂吧。

一言以蔽之，领导艺术并不复杂。只要对周围的人怀着一颗仁爱之心，对手中的事抱着满腔忠义之情，树立诚信形象，理顺上下关系，兢兢业业，勤勤恳恳，严于律己，宽以待人，那么，不管怎样做都是有道理的。一举手，一投足，无不释放领导艺术的魅力。

附录

廉政建设与民众价值观关联探讨

内容提要：中国经济高速发展，物质生活的迅猛提升衬托出了精神文明的相对滞后。在网络的放大作用下、在个别公职人员的玩忽职守中，食品安全、医患纠纷、贪腐行为等现象合成了道德滑坡印象，人们在价值观方面表现出怀疑与失望情绪。在传统的"官—民"二元文化结构中，廉政建设与民众价值观之间有着千丝万缕的联系。

关键词：廉政　转型期　价值观

中共《十八大报告》指出："要坚持中国特色反腐倡廉道路，坚持标本兼治、综合治理、惩防并举、注重预防方针，全面推进惩治和预防腐败体系建设，做到干部清正、政府清廉、政治清明。"清正是社会公众历来对官员的主要期望，他们希冀在清廉政府的治理下，达成清明政治，也为自己找到价值规范与行为准则的参考坐标。历史证明，当一个时代吏治清明的时候，民风也淳朴，社会风清气正，民众价值观比较一致，和谐共生，幸福指数很高。当一个时代吏治腐败的时候，民风也变得刁蛮，民众的价值观相互冲撞，在价值领域呈现出严重危机。中国共产党领导的国家政权,一直把廉政建设作为保持自己的本色、坚持为人民服务宗旨的一项重大政治措施。目前,我国公务员队伍总体是清正廉洁的,社会是和谐的,但不时见诸报端的腐败案件又极大地损害了政府在公众心目中的形象。为此,本文拟分析民众价值观与腐败行为的因果关联,建构以廉政引导民众价值观的内在逻辑,探讨其实践路径。

一、民众价值观与腐败行为的因果关联

随着市场化的发展,经济高速增长,社会凸显,社会道德建设和法制建设滞后,拜金主义、享乐主义和极端个人主义严重侵蚀着人们的思想。在一些人那里,功利性目标已经越来越成为现代生活的主导,甚至是唯一目标。其中,尤以公款吃喝和权色交易、行政腐败最为引人注目。《十八大报告》指出:"这个问题解决不好,就会对党造成致命伤害,甚至亡党亡国。"它不但严重破坏党在人民群众心目中的形象,对社会大众的传统价值观也造成不小冲击。

(一)行为示范的作用

中国几千年的文化传统中,社会阶层通常表现为"官—民"二元结构。春秋以降,士为四民(士、农、工、商)之首,也是民众群体中最有可能向官吏阶层转化的一个集团。因此,历来人们对"士"的道德要求普遍高于其他群体,如"文官不爱钱,武官不惜死",要求文士鞠躬尽瘁,要求武士赴汤蹈火,"死不旋踵"。在不绝如缕的官箴中,"清慎勤"一则最为简洁醒目,几乎成为这个群体必须奉若圭臬的核心价值观。但在市场经济条件下,社会保障尚不十分完善,人们追逐利益的本性被最大限度地激发出来,而官员贪腐的消息又一再刺

激着公众的神经。“腐败行为具有极强的召唤力和示范作用，一旦某个人通过滥用职权等不正当手段谋得了金钱、地位和权力等利益，其他人就会羡慕，去逢迎，或仿效去实施腐败行为，这一链条的延伸必然促进腐败群体的形成和腐败现象的迅速蔓延；同时，它又会反过来，促使腐败文化得到传播与扩张。”①唯利是图价值观的流行，使社会生态恶化，公众价值观产生危机，社会治理出现“公地悲剧”，就是迟早的事了。

（二）价值扭曲的效应

新中国成立之初，人们热情高涨，全体社会成员以共同的理想、信念、尺度、原则为追求目标，为着社会主义建设目标而奋斗，在观念上形成共有的价值认同，并形成共同的价值观，对社会价值规范自觉接受、自愿遵循。而在社会转型期，东西方文化交流、交融、交锋，价值观在向多元化发展。多元价值观的产生是社会生产方式变革的产物；多元价值观的形成是社会利益主体分化的必然反映；多元价值观的分立也是西方文化侵蚀的结果。“资本主义价值观念的某些因素，特别是资本原始积累时期的某些野蛮和粗鄙现象，在我国现实生活中有一定的表现，如唯利是图、损人利己、坑蒙拐骗和假冒伪劣商品的泛滥，拜金主义、奢侈腐化现象的盛行等。”②今天，主流价值观所抨击的拜金主义、享乐主义与极端个人主义，说到底，还是个人利益至上的实用主义。这在官员和群众身上不同程度地存在着。就官员而言，热衷“形象工程”、建造豪华办公场所、强制拆迁无疑为个人政绩服务，以求尽快升迁，而吃拿卡要、执法不公、滥用

① 高建林：《价值认同：多元价值语境下的廉政文化建设》，山东社会科学，2009年12期，第28页。

② 赵秀莹：《论我国公务员行政价值观变革》，中国海洋大学2004年版。

职权则又在满足个人的权势欲望。行政价值观扭曲，腐败迅速蔓延，成为一种社会风气和生活方式渗透到人们的日常行为中，导致人们将腐败利益合法化和正常化。善恶颠倒，是非混淆，一些通过不正当手段谋官位、取私利的人，被羡慕为“有能力”“、有门路”。现在，实用主义价值观进一步加剧。来自人民网的文章指出：“少数领导干部失德问题尤为突出。有的滥用权力、以权谋私，有的贪图享乐、玩物丧志，有的官气熏天、横行霸道，有的信念丧失、求神拜佛……官德不彰，民风难淳，加强官德建设，刻不容缓。”①扭曲的价值观使得不少人在“义利之辨”中迷失自我，加剧价值危机。

(三)督察乏力的困境

中国向来有“吏为民师”的传统，无论是道德标准还是价值规范，往往上行下效，“上梁不正下梁歪”。一部中国封建时代民主法治史，几乎就是一部廉吏“为民做主”的历史。人们把清明政治的希望全部寄托在包公、海瑞这样的清官身上。“二十四史”中也有一系列的《循吏传》。这些“青天大老爷”之所以深孚众望，就是因为自身廉洁，刚正不阿，心中无私。他们与豪强恶霸斗争不手软，牵涉到上级敢于犯颜直谏，督察基层官吏和民间纠纷时更是说话有底气。但如果自身“贪赃”，那么行政行为中势必“枉法”。让这样的官员来督察、纠正民间的不端行为、不法之举，其效果是可想而知的。当代中国每年数万起的群体性事件，其中有当地企业的见利忘义和个别公务员的行政不作为，但也不乏群众对政府所有公职人员的恶意揣测。瓮安、海原等事件中都能找到这样的影子。处置群体性事件，

① 《透视官德后发制人 7 种现状：部分官员将命运寄托鬼神》，人民网，2010 年 8 月 24 日。

讲究“现场第一原则”[1],即事发的第一时间,要有主要领导在现场敢于承担责任,讲明真相,引导群众,安抚民心。但是,假如当地主要领导不够清廉,形象不好,名声欠佳,那么只能收到负面效果。[2]鲁国权臣季康子问政于孔子曰:“如杀无道,以就有道,何如?”孔子对曰:“子为政,焉用杀?子欲善,而民善矣。”就是说领导阶层如果有善政善风,被领导者自然一心向善,服从教化。

二、以廉政引导民众价值的逻辑建构

当前,整治腐败已经刻不容缓,亟须以清廉的政治、自律的官员和严明的纪律来引导民众价值观,建立政府公信,端正社会风气,修复社会秩序。

(一)廉政是树立政府公信的必要手段

每一个领导者都希望在群众面前有威信,这样才能政令畅通,令行禁止。但在行政实践中,有的官员为了解决眼前的麻烦,采用饮鸩止渴式的处置方法,透支政府公信。官箴云:“吏不畏吾严而畏吾廉,民不服吾能而服吾公。公则民不敢慢,廉则吏不敢欺。”这是很有道理的。公能生明,廉能生威,廉政是树立政府公信的必要手段。唐诗中揭露军中严重苦乐不均:“战士军前半死生,美人帐下犹歌舞。”试想,这样的“司令部”对战士有公信力吗?部队又如何能够生成战斗力呢?

当前,个别领导干部因贪腐而影响了行政效率。腐败已成为人

---

① 刘子富:《新群体性事件观:贵州瓮安6·28事件的启示》,新华出版社2009年版,第61页。

② 李祖华:《谈谈你对省委副书记警告官员不如跳河算了的看法》,人民网,2008年12月25日。

们最深恶痛绝的政治弊端,最容易激起民愤。所以中央对于党的建设问题一直十分重视。十四届四中全会通过《中共中央关于加强党的建设几个重大问题的决定》后,在 2001 年 9 月的十五届六中全会,就审议通过了《中共中央关于加强和改进党的作风建设的决定》,接着在 2004 年 9 月,十六届四中全会又审议通过了《中共中央关于加强党的执政能力建设的决定》。中纪委四次全会提出:"大力推进廉政文化建设,积极倡导以廉为荣,以贪为耻的社会风尚。"胡锦涛同志指出,要把廉政文化建设作为建设社会主义先进文化的重要内容,并进一步完善反腐倡廉教育的工作机制,形成反腐倡廉教育的整体合力。

(二)廉政是引导社会风气的必然要求

风气建设是一项长期的工程。政府的廉洁与社会的和谐,二者之间紧密联系。孔子曾经用"君子之德风,小人之德草。草上之风,必偃"来作比。在春秋时代,"君子"与"小人"尚不完全是道德品质高下的分野,而是社会地位的分层,居上位者为君子,居下位者为小人。君子应该成为公众道德的示范者、社会风气的引领者。孟子赞扬"贤者以其昭昭,使人昭昭",批判"今以其昏昏,使人昭昭。"封建时代,居上位者以为有些事情谋于密室、宫闱,老百姓没有知情权,也就没有知晓的可能。但在民智已开的今天,居上位者的"昏昏"是有目共睹的,因为"群众的眼睛是雪亮的"。尤其是互联网时代,个别地方政府人员的不廉不洁行为很容易被"晒"到世人的眼皮底下。中央政府每一次反腐行动在引来群众拍手称快的同时,其实也在无声地规范着民众的社会行为,潜移默化地影响着民众的价值观念。《十七届四中全会公报》指出:"下大气力解决突出问题,以优良党风促政风带民风，形成凝聚党心民心的强大力量。”

（三）廉政是整饬秩序的必由之路

秩序，只有建立在共同的价值认同才更加稳妥。涂尔干认为：“社会成员平均具有的信仰和情感的总和，构成了他们自身明确的生活体系，我们可以称之为集体意识或共同意识。”①无论职业、身份、种族、信仰有多大差异，只要有共同的价值认同，就可以减少一个社会的内部冲撞，达到和谐共生。《贞观政要·君道》：“若安天下，必先正其身，未有身正而影曲、上治而下乱者。”廉政，其实就是一级做给一级看，上行下效，社会秩序由此得以清理。过去，在社会秩序方面，“维稳”成为关键词，头痛医头，脚痛医脚，结果顾此失彼，政府充当了“消防队”的角色。一方面，维稳经费年年攀升，几近军费开支，给财政造成极大负担；另一方面，也没有收到整顿秩序的预期效果。廉政恐怕是消解民众怨气、强化民众价值认同、使百姓自觉遵守公序良俗的最佳途径。

三、以廉政引导民众价值的实践路径

廉政为社会组织及个人提供了一套共同认可的行为准则，体现了极强的价值导向，促使人们择善而从之。有学者把廉政文化划分为三个层面：社会廉政文化、政府廉政文化、公职廉政文化。② 以建立清廉政府、清明政治或规范公职人员从政行为。这是由外而内、逐渐缩小范围的逻辑架构。我们认为，将廉政由道德领域引入法律

① 埃米尔·涂尔干：《社会分工论》，生活·读书·新知三联书店 2000 年版，第 275 页。

② 陈瑛：《廉政建设需要廉政文化的支撑》，《思想政治工作研究》，2007 年第 7 期，第 29 期。

领域,建立立体廉政体系,效果可能要更好一些。这个立体的体系,落实到实践层面,就是完善制度、强化道德、鼓励监督。

(一)完善制度设计

从人的本性上考察,领导干部和群众精神境界的差距不是很大,也无法完全依赖道德加以弥补。因此,最为稳妥的方法还是依靠制度进行廉政建设。封建时代之所以清官层出不穷却无力阻挡大厦的倾塌,原因就在这里。对待官员的廉政要求,我党"三大法宝"之一就是"批评与自我批评相结合"。但实践证明,自我批评式的自律整顿,常常是"洗个温水澡",不痛不痒,走个过场。1951～1953 年的整党运动中清理不合格党员,以他律为主,出党面高达 6%,效果良好。而改革开放 30 年来的整党教育以自律为主,出党面仅 1.5%,并未遏制腐败。邓小平同志的名言:"制度问题不解决,思想作风问题也解决不了。"今天依然促人警醒。现代社会,对权力的制衡主要还是靠制度。制度是长效性的规范措施,能从根本上解决腐败问题和清除不正之风。

中央颁布了《建立、健全教育、制度、监督并重的惩治和预防腐败体系实施纲要》,提出了廉政制度建设的总体框架。有学者提出廉政制度体系包括:教育评议制度、承诺责任制度、廉政监督制度、奖励惩罚制度、廉政考核制度等制度体系。① 只有各级把廉政价值观鲜明地体现于反腐倡廉监督、预防、惩治制度建设中,才能引导民众树立正确的价值观。

(二)加强公务员道德建设

制度是外在的约束,道德是内在的自觉。追逐利益、舒适、幸福

① 魏钧:《廉政文化的价值观体系与制度建设》,《中国人才》,2006 年 5 月上半月号,第 43 页。

是人性的本能选择,因此,古人才会把"酒色财气"列为修身要着重克服的几大关碍,用今天廉政教育的话讲,就是领导干部要过好交际关、美色关、金钱关和权力关。"西方国家在反腐败的实践中意识到,控制官员越轨行为最有效的手段,是强化政府官员的职业道德和法制观念这一类基础性的东西。"[①]2011 年 10 月 17 日,人社部、国家公务员局下发《公务员职业道德培训大纲》,"十二五"期间,全国公务员将进行不少于 6 学时的轮训。笔者以为有三点很重要。第一,在道德教育中当以耻感教育为最基本内容。孟子说:"人不可以无耻,无耻之耻,无耻矣。"法家的《管子・牧民》明确地将"耻"晋升为国家四大精神支柱之一:"国之四维,礼义廉耻。四维不张,国乃灭亡。"从个人气节上升到国家荣誉的层面,"耻"具有同样重要的价值。清末的龚自珍将个人的知耻与国家的兴亡联系起来,提出了著名的"廉耻论":"士皆知有耻,则国家永无耻矣;士不知耻,为国之大耻。"第二,帮助公务员树立正确的价值观。人们惯常以成功与否作为衡量一个人价值的首要标准,而一般人眼里的成功有两个标准:一是金钱,二是权力。由此导致拜金主义、唯利是图和官本位的思想。对"成功"的正确认识应该是"有志于正义(正当)的事业,从中享受成就感与身心愉悦,即使奉献与磨难也觉得很有价值。"胡耀邦同志当年评价地委书记杨善洲"白天造林,晚上烤火,这也是一种很好的生活方式嘛。" 正如胡锦涛同志所指出的那样,"反腐倡廉必须以树立正确的权力观、地位观、利益观为根本"。第三,算好人生一笔账,教育公职人员廉洁奉公,形成崇廉、尚廉的社会风尚。在这

---

① 赵秀月:《以立体思维营造廉政文化建设氛围》,《科学社会主义》,2009 年第 2 期,第 74 页。

方面,朱元璋对众官吏发表的“水井说”颇有深意。

(三)鼓励群众监督

“知政失者在草野。”即使中央对公务员队伍制订非常严格的纪律要求,也不可能完全杜绝不廉洁的行政活动。因此,群众监督向来是不可或缺的。在实现廉政的过程中,必须发挥我党走群众路线的光荣传统,赋予民间以监督权利,引导公众积极参与廉政监督。河南省委书记卢展工公开表态:“希望媒体监督”。人民群众和新闻媒体积极参与廉政建设,勇于维护公众权利,对于预防和遏制贪污腐败以及有损人民群众利益的现象和行为大有裨益。

以廉政破解价值危机,要放在构建社会主义核心价值体系的大框架下进行。在公务员队伍中构建和培育廉政价值观,并且逐渐渗透到日常生活之中,使“崇廉”、“尚廉”成为公务人员自觉的价值选择。尔后,发挥公务员队伍在全社会的辐射作用,拉动社会主义核心价值体系建设,营造一个风清气正的和谐环境。